Oliver Burkeman
Das Glück ist mit den Realisten

Zu diesem Buch

Dieses Buch nimmt uns mit in eine Welt der lebenden und toten Menschen, die den negativen Pfad zum Glück beschritten haben. Oliver Burkemans Reisen führten ihn in die abgelegenen Wälder von Massachusetts, wo er eine Woche an einem stillen Meditationsort verbrachte; nach Mexiko, wo der Tod nicht gemieden, sondern gefeiert wird; und in die bitterarmen Slums vor den Toren Nairobis, wo Unsicherheit die unausweichliche Realität des täglichen Lebens ist. Er traf moderne Stoiker, Spezialisten für die Kunst des Scheiterns, professionelle Pessimisten und andere Verfechter der Macht des negativen Denkens, von denen sich viele als überraschend fröhlich erwiesen. Kurzum: Oliver Burkeman hat nach einem Gegenmittel gegen den allgegenwärtigen Glückskult und die Doktrin des positiven Denkens gesucht und einen realistischeren Weg zur Zufriedenheit und ja, auch zum Glück gefunden.

Oliver Burkeman, geboren 1975 in Großbritannien, ist ein preisgekrönter Feuilletonist. Für den *Guardian* schrieb er viele Jahre eine wöchentliche Kolumne. Seine Arbeiten sind darüber hinaus in der *New York Times*, dem *Wall Street Journal*, *Psychologies* und *New Philosopher* erschienen. Bei Piper erschien zuletzt sein SPIEGEL-Bestseller *4000 Wochen*. Burkeman lebt in New York City.

OLIVER BURKEMAN

DAS GLÜCK IST MIT DEN REALISTEN

WARUM POSITIVES DENKEN ÜBERBEWERTET IST

Aus dem Englischen von
Henning Dedekind und Heide Lutosch

PIPER

Mehr über unsere Autorinnen, Autoren und Bücher:
www.piper.de

Von Oliver Burkeman liegen im Piper Verlag vor:
4000 Wochen
Das Glück ist mit den Realisten

Unser Versprechen für mehr Nachhaltigkeit
• Klimaneutrales Produkt
• FSC®-zertifiziertes Papier
• Hergestellt in Deutschland

MIX
Papier | Fördert gute Waldnutzung
FSC www.fsc.org FSC® C014496

ISBN 978-3-492-07261-8
Die Originalausgabe erschien 2012 unter dem Titel *The Antidote* bei Canongate Books, Edinburgh & London

Umschlaggestaltung: FAVORITBUERO, München
Umschlagabbildung: Bilder unter Lizenzierung von Shutterstock.com genutzt
Satz: Uhl + Massopust, Aalen
Gesetzt aus der Adobe Caslon
Litho: Lorenz & Zeller, Inning am Ammersee
Druck und Bindung: GGP Media GmbH, Pößneck
Printed in Germany

Für meine Eltern

Das Gesetz von Wirkung und Gegenwirkung hat mich schon immer fasziniert. Manchmal nenne ich es das »Gesetz der Umkehrung«. Wenn du versuchst, an der Wasseroberfläche zu bleiben, so versinkst du; wenn du jedoch zu sinken versuchst, so trägt dich das Wasser … Unsicherheit ist das Resultat des Versuches, sicher sein zu wollen, und im Gegenteil dazu bestehen Erlösung und geistige Gesundung letztlich nur in der grundlegenden Einsicht: Es gibt keinen Weg, uns selbst zu retten.

Alan Watts, *Weisheit des ungesicherten Lebens*

Ich wollte mir ein Exemplar von Die Kraft positiven Denkens *kaufen, doch dann dachte ich: »Wofür zum Teufel soll das gut sein?«*

Ronnie Shakes

Inhalt

1

Wenn man sich zu sehr bemüht, glücklich zu sein

> *»Versuchen Sie, sich diese Aufgabe zu stellen: Denken Sie nicht an einen Eisbären, und Sie werden sehen, dass Ihnen das verfluchte Ding jede Minute in den Sinn kommt.«*
>
> Fjodor Dostojewski, *Winterliche Aufzeichnungen über sommerliche Eindrücke*

Der Mann, der behauptet, er wolle mir das Geheimnis menschlichen Glücks verraten, ist 83 Jahre alt und hat einen beängstigend orangefarbenen Teint, der seiner Glaubwürdigkeit nicht gerade zuträglich ist. Es ist kurz nach acht Uhr an einem Dezembermorgen in einem abgedunkelten Basketballstadion am Rande von San Antonio in Texas, und dem orangefarbenen Mann zufolge werde ich gleich »die eine Sache, die Ihr Leben für immer verändern wird« erfahren. Ich bin skeptisch, doch nicht so sehr, wie ich es normalerweise wäre, denn ich bin einer von mehr als 15000 Menschen bei *Get Motivated!*, Amerikas »beliebtestem Motivationsseminar für Unternehmen«, und die Begeisterung der anderen Teilnehmer wird langsam ansteckend.

»Sie wollen es also wissen?«, fragt Dr. Robert H. Schuller,

altgedienter Selbsthilfeguru, Autor von mehr als 35 Büchern über die Kraft positiven Denkens und im Nebenberuf Gründungspastor der größten Kirche der Vereinigten Staaten, die vollständig aus Glas erbaut wurde. Die Menge brüllt begeistert ein »Ja«. Leicht in Verlegenheit zu bringende Briten wie ich brüllen im Allgemeinen bei Motivationsseminaren in texanischen Basketballstadien nicht mit, aber die Atmosphäre überwältigt zumindest teilweise meine Zurückhaltung. Ich brülle leise.

»Hier kommt es also«, verkündet Dr. Schuller und schreitet steif über die Bühne, die mit zwei riesigen Bannern mit den Aufschriften »MOTIVATE!« und »SUCCEED!«, 17 amerikanischen Flaggen und unzähligen Topfpflanzen dekoriert ist. »Hier ist die Sache, die Ihr Leben für immer verändern wird.« Dann bellt er ein einziges Wort – »Streichen« – und macht eine dramatische Pause, bevor er seinen Satz vollendet: »… Sie das Wort ›unmöglich‹ aus Ihrem Leben. Streichen Sie es! Streichen Sie es für immer!« Das Publikum tobt. Ich kann mich des Eindrucks nicht erwehren, dass ich enttäuscht bin, aber was hätte ich auch anderes von *Get Motivated!* erwarten sollen, einer Veranstaltung, bei der die schiere Kraft der positiven Einstellung alles bedeutet. »Sie sind Herr Ihres Schicksals!«, fährt Schuller fort. »Denken Sie groß, und träumen Sie größer!«

»Lassen Sie Ihre verlorene Hoffnung wieder aufleben … Positives Denken funktioniert *in jedem Bereich* des Lebens!« Die Logik von Schullers Philosophie, der Lehre des positiven Denkens in ihrer reinsten Form, ist nicht gerade komplex: Entscheiden Sie sich dafür, glückliche und erfolgreiche Gedanken zu denken – verbannen Sie die Gespenster der Traurigkeit und des Versagens –, und Glück und Erfolg werden sich einstellen. Man mag einwenden, dass nicht jeder

Redner, der in der Hochglanzbroschüre für das heutige Seminar aufgeführt ist, einen unstrittigen Beweis für diese Sichtweise liefert: Die Hauptrede wird in wenigen Stunden von George W. Bush gehalten, einem Präsidenten, der keineswegs allgemein als erfolgreich angesehen wird. Doch wenn man diesen Einwand gegenüber Dr. Schuller äußerte, würde dieser ihn vermutlich als »Negativitätsdenken« abtun. Die Macht der Positivität zu kritisieren zeigt, dass man sie nicht wirklich begriffen hat. Wäre das der Fall, würde man nicht mehr über solche Dinge meckern, und auch sonst über nichts.

Die Organisatoren von *Get Motivated!* bezeichnen es als Motivationsseminar, doch erfasst dieser Begriff – mit seiner Aura von halbseidenen Lebensberatern in schmuddeligen Hotelsälen – kaum die Dimensionen und die Großartigkeit dieser Veranstaltung. Das Seminar, das etwa einmal im Monat in Städten in ganz Nordamerika stattfindet, steht an der Spitze der globalen Industrie für positives Denken und kann sich einer beeindruckenden Liste prominenter Redner rühmen: Michail Gorbatschow und Rudy Giuliani gehörten und gehören ebenso zu den Stammgästen wie General Colin Powell und – vielleicht etwas unpassend – William Shatner. Sollte Ihnen jemals auffallen, dass sich eine ehemals prominente Persönlichkeit der Weltpolitik (oder William Shatner) in den letzten Monaten aus unerklärlichen Gründen stark zurückgenommen hat, ist die Wahrscheinlichkeit groß, dass Sie ihn oder sie bei *Get Motivated!* wiederfinden, wo er oder sie das Evangelium des Optimismus predigt.

Wie es sich für solche Prominenz gehört, ist auch die Inszenierung alles andere als schäbig, mit schwenkbaren Scheinwerfern, Soundanlagen, aus denen Rockhymnen ertönen, und aufwendiger Pyrotechnik. Jeder Redner wird mit Funkenregen und Rauchschwaden auf der Bühne begrüßt. Diese Spezialeffekte tragen dazu bei, die Begeisterung des Publikums immer weiter zu steigern, wobei es auch nicht schadet, dass ein Besuch bei *Get Motivated!* für viele von ihnen einen zusätzlichen freien Tag bedeutet: Viele Arbeitgeber stufen das Event als Fortbildung ein. Sogar das US-Militär, wo mit »Schulung« in der Regel etwas Strengeres gemeint ist, schließt sich dieser Auffassung an; in San Antonio sind zahlreiche Sitze im Stadion mit uniformierten Soldaten des örtlichen Armeestützpunkts besetzt.

Technisch gesehen bin ich undercover hier. Tamara Lowe, die sich selbst als »weltweit führende Motivationsrednerin« bezeichnet und zusammen mit ihrem Ehemann die Firma *Get Motivated!* leitet, wurde vorgeworfen, Pressevertretern den Zutritt zu verweigern, einer Berufsgruppe, die bekanntermaßen zu negativem Denken neigt.[1] Lowe streitet die Vorwürfe ab, aber um auf Nummer sicher zu gehen, habe ich mich als »selbstständiger Geschäftsmann« angemeldet – eine Kriegslist, die mich, wie ich jetzt feststelle, nur gerissen erscheinen lässt. Obendrein hätte ich mir die Mühe sparen können, denn ich bin viel zu weit von der Bühne entfernt, als dass mich das Sicherheitspersonal beim Kritzeln in mein Notizbuch beobachten könnte. Auf meiner Eintrittskarte ist mein Sitzplatz als »Premier Seating« angegeben, was sich jedoch als weiterer Fall von übertriebener Positivität entpuppt: Bei *Get Motivated!* gibt es nur »Premier Seating«, »Executive Seating« und »VIP Seating«. In Wirklichkeit sitze ich im hintersten Block, auf einem harten Plastiksitz, der im Gesäß schmerzt. Aber ich bin dankbar dafür, denn dadurch sitze ich zufällig neben einem Mann, der, soweit ich erkennen kann, einer der wenigen Zyniker im Stadion ist –

ein liebenswürdiger, breitschultriger Parkwächter namens Jim, der sporadisch aufspringt und in sarkastischem Tonfall ruft: »Ich bin so motiviert!« Er sagt, dass er von seinem Arbeitgeber, dem United States National Park Service, zur Teilnahme verpflichtet wurde. Als ich ihn jedoch frage, warum seine Organisation möchte, dass ihre Ranger bezahlte Arbeitszeit auf diese Weise nutzen, gibt er fröhlich zu, er habe »keinen blassen Schimmer«.

Die Predigt von Dr. Schuller nimmt derweil Fahrt auf. »Als ich ein Kind war, war es für einen Menschen unmöglich, den Mond zu betreten, es war unmöglich, ein menschliches Herz herauszuschneiden und es in die Brust eines anderen Menschen einzusetzen... das Wort ›unmöglich‹ hat sich als ausgesprochen dummes Wort erwiesen!« Er verliert nicht viel Zeit damit, weitere Beweise für seine Behauptung anzuführen, dass jeder die Wahl habe, zu scheitern oder nicht: Es ist offensichtlich, dass Schuller, Autor von *Entdecke deine Möglichkeiten – und lebe sie* oder *Harte Zeiten vergehen, starke Menschen bestehen,* Inspiration dem Argument um Längen vorzieht. Trotz allem ist er aber nur der Aufwärmer für die Hauptredner des Tages. Nach 15 Minuten schreitet er unter Beifall und Feuerwerk davon, die Fäuste siegessicher in Richtung Publikum geballt, das Abbild des positiv denkenden Erfolgsmenschen. Erst Monate später, als ich zu Hause in New York beim Morgenkaffee die Schlagzeilen lese, erfahre ich, dass die größte Kirche der Vereinigten Staaten, die ganz aus Glas erbaut wurde, Konkurs angemeldet hat – offenbar hatte es Dr. Schuller versäumt, dieses Wort aus seinem Vokabular zu streichen.[2]

Für eine Zivilisation, die so sehr auf das Streben nach Glück fixiert ist, erscheinen wir dabei bemerkenswert inkompetent. Eine der bekanntesten allgemeinen Erkenntnisse der »Glücksforschung« ist die Feststellung, dass die zahllosen Vorzüge des modernen Lebens nur wenig zur Verbesserung unserer kollektiven Stimmung beigetragen haben. Die unangenehme Wahrheit ist offenbar, dass ein höheres Wirtschaftswachstum[3] nicht zwangsläufig zu glücklicheren Gesellschaften führt, ebenso wenig, wie ein höheres persönliches Einkommen oberhalb eines bestimmten Grundniveaus die Menschen glücklicher macht.[4] Auch eine bessere Bildung ändert nicht viel, zumindest einigen Studien zufolge.[5] Dasselbe gilt für eine größere Auswahl an Konsumgütern[6] und für größere und schönere Wohnungen, deren Privileg vor allem darin zu bestehen scheint, dass sie mehr Raum zum Trübsalblasen bieten.[7]

Vielleicht braucht man nicht extra darauf hinzuweisen, dass Selbsthilfebücher, die moderne Apotheose des Strebens nach Glück, zu den Dingen gehören, die uns nicht glücklich machen. Die Forschung legt jedenfalls nahe, dass sie nur selten hilfreich sind.[8] Aus diesem Grund sprechen manche Selbsthilfe-Verleger untereinander von der »Achtzehn-Monats-Regel«, welche besagt, dass diejenigen, die am ehesten ein beliebiges Selbsthilfebuch kaufen, in den vorangegangenen 18 Monaten bereits ein Selbsthilfebuch gekauft haben – eines, das offensichtlich nicht all ihre Probleme gelöst hat.[9] Wenn man das Angebot an Selbsthilfebüchern mit nüchternem, unvoreingenommenem Blick betrachtet, ist das nicht sonderlich überraschend. Dass wir uns nach handlich im Buchformat verpackten Lösungen für das Problem des Menschseins sehnen, ist verständlich. Entfernt man jedoch die Verpackung, stellt man fest, dass die Botschaften solcher Werke meistens banal sind. *Die sieben Wege zur Effektivität* rät im Wesentlichen dazu, sich zu überlegen, was einem im Leben am wichtigsten ist, und es dann zu tun; *Wie man Freunde gewinnt. Die Kunst, beliebt und einflussreich zu werden* rät seiner Leserschaft, angenehm statt unausstehlich zu sein und die Menschen häufig mit Vornamen anzusprechen. *Fish!*, eines der erfolgreichsten Managementhandbücher der letzten Jahre, das dabei helfen soll, Glück und Produktivität am Arbeitsplatz zu steigern, schlägt vor, die fleißigsten Mitarbeiter mit kleinen Spielzeugfischen zu belohnen.

Wenn die Botschaften konkreter werden, neigen Selbsthilfegurus oft dazu, Behauptungen aufzustellen, die sich nicht mehr auf seriöse Forschungsergebnisse stützen – wie wir noch sehen werden. Beispielsweise gibt es keine Hinweise darauf, dass man seine Wut loswird, wenn man sie abreagiert, oder dass man seine Ziele eher erreicht, wenn man sie sich vor Augen führt.[10] Man mag von den länderspezifischen Erhebungen zum nationalen Glück, die inzwischen regelmäßig veröffentlicht werden, halten, was man will, doch ist es auffällig, dass die »glücklichsten« Länder nie diejenigen sind, in denen sich die meisten Selbsthilfebücher verkaufen, und auch nicht diejenigen, in denen Psychotherapeuten am häufigsten konsultiert werden. Die Existenz einer florierenden »Glücksindustrie« reicht also eindeutig nicht aus, um landesweites Glück zu erzeugen. Es ist vielmehr zu vermuten, dass sie die Lage eher verschlimmert.

Allerdings ist die Wirkungslosigkeit moderner Glücksstrategien tatsächlich nur ein kleiner Teil des Problems. Es spricht einiges dafür, dass die ganze Vorstellung vom »Streben nach Glück« von vornherein fehlerhaft ist. Wer sagt denn, dass Glück überhaupt ein legitimes Ziel ist? Die Religionen haben es nie besonders hervorgehoben, zumindest nicht, was diese Welt betrifft; auch in der Philosophie wird es keineswegs einhellig befürwortet. Evolutionspsychologen wiederum würden darauf hinweisen, dass die Evolution nur ein geringes Interesse daran hat, dass wir glücklich sind, solange wir nicht so lustlos oder traurig sind, dass wir den Willen zur Fortpflanzung verlieren.

Selbst wenn man davon ausgeht, dass Glück ein lohnenswertes Ziel ist, hat das Ganze einen bösen Haken, denn offenbar schmälert das Streben nach Glück die Chancen, es jemals zu erreichen. »Fragen Sie sich, ob Sie glücklich sind«, bemerkte der Philosoph John Stuart Mill, »und Sie hören auf, es zu sein.« Es hat den Anschein, als könne man das Glück bestenfalls aus dem Augenwinkel erahnen, aber nicht direkt ansehen. (Wir neigen dazu, uns viel häufiger daran zu erinnern, dass wir in der Vergangenheit glücklich waren, als dass wir uns bewusst sind, in der Gegenwart glücklich zu sein.) Erschwerend kommt hinzu, dass sich das, was Glück eigentlich ist, unmöglich in Worten definieren lässt; selbst wenn man es könnte, käme man vermutlich auf so viele verschiedene Definitionen, wie es Menschen auf diesem Planeten gibt. All das verleitet zu der Schlussfolgerung, dass »Wie können wir glücklich sein?« schlichtweg die falsche Frage ist – dass wir uns ebenso gut damit abfinden könnten, niemals eine Antwort zu finden, und uns stattdessen mit etwas Produktiverem beschäftigen sollten.

Aber gibt es vielleicht noch eine dritte Möglichkeit, außer sich vergeblich um Lösungen zu bemühen, die offensichtlich nie funktionieren, oder einfach aufzugeben? Nachdem ich mehrere Jahre lang als Journalist über das Gebiet der Psychologie berichtet hatte, wurde mir schließlich klar, dass es eine solche Möglichkeit geben könnte. Ich erkannte, dass die

Gedanken vieler ernst zu nehmender Psychologen und Philosophen (und sogar des ein oder anderen Selbsthilfegurus) etwas miteinander verband. Die verblüffende Schlussfolgerung, zu der sie alle auf unterschiedliche Weise gelangt waren, lautete, dass das Streben nach Glück oft genau das ist, was uns unglücklich macht. Und dass unser ständiges Bemühen, das Negative – Unsicherheit, Ungewissheit, Versagen oder Traurigkeit – zu beseitigen, die Ursache dafür ist, dass wir uns so unsicher, ängstlich, zweifelhaft oder unglücklich fühlen. Sie empfanden diese Schlussfolgerung jedoch nicht als bedrückend. Stattdessen sahen sie darin einen alternativen Ansatz, einen »negativen Weg« zum Glück, der eine radikal andere Haltung gegenüber allem erfordert, was die meisten von uns ihr ganzes Leben lang zu vermeiden suchen. Dazu gehört, dass man Ungewissheit genießen lernt, Unsicherheit akzeptiert, nicht mehr versucht, positiv zu denken, sich mit dem Scheitern anfreundet und sogar lernt, den Tod zu schätzen. Kurz gesagt, all diese Leute sind sich offenbar einig, dass wir, um wirklich glücklich zu sein, bereit sein müssen, mehr negative Emotionen zuzulassen – oder wenigstens aufhören, vor ihnen davonzulaufen. Das ist ein verwirrender Gedanke, der nicht nur unsere Methoden zum Erlangen von Glück infrage stellt, sondern auch unsere Annahmen darüber, was »Glück« eigentlich bedeutet.

Heutzutage findet dieser Gedanke zweifellos weniger Beachtung als die Mahnung, immer positiv zu bleiben. Doch ist es eine Sichtweise mit einer überraschend langen und respektablen Geschichte. Man findet sie in den Werken der Stoiker im antiken Griechenland und Rom, die hervorhoben, dass es vorteilhaft sei, stets darüber nachzudenken, wie schlecht alles laufen könnte. Sie liegt dicht am Kern des Buddhismus, der dazu rät, dass wahre Sicherheit in der uneingeschränkten Akzeptanz von Unsicherheit liegt – in der Erkenntnis, dass wir nie wirklich auf festem Boden stehen und es auch nie können. Sie steckt hinter der mittelalterlichen Tradition des *Memento mori*, mit der die lebensbejahende Wirkung des Gedenkens an den Tod gefeiert wurde. Und es ist das, was New-Age-Autoren wie den spirituellen Lehrer und Bestsellerautor Eckhart Tolle mit neueren Arbeiten der kognitiven Psychologie über die selbstzerstörerische Wirkung positiven Denkens verbindet. Dieser »negative« Ansatz in Bezug auf das Glück erklärt auch, warum viele Menschen die Achtsamkeitsmeditation als so wohltuend empfinden; warum eine neue Generation von Wirtschaftsexperten den Unternehmen rät, ihre obsessive Zielsetzung aufzugeben und stattdessen die Ungewissheit zu akzeptieren; und warum manche Psychologen in den letzten Jahren zu dem Schluss gekommen sind, dass Pessimismus oft ebenso gesund und produktiv sein kann wie Optimismus.

Alldem liegt das Prinzip zugrunde, das der Gegenkultur-Philosoph der 1950er- und 1960er-Jahre, Alan Watts, in Anlehnung an Aldous Huxley als »Gesetz der umgekehrten Anstrengung« oder »Gesetz der Umkehrung« bezeichnete: der Gedanke, dass in allen möglichen Zusammenhängen, von unserem Privatleben bis zur Politik, der Versuch, alles richtig zu machen, einen großen Teil dessen ausmacht, was falsch ist. Oder, um Watts zu zitieren: »Wenn du versuchst, an der Wasseroberfläche zu bleiben, so versinkst du; wenn du jedoch zu sinken versuchst, so trägt dich das Wasser... Unsicherheit ist das Resultat des Versuches, sicher sein zu wollen.«[11] In vielen Fällen, so schrieb Huxley, sei man umso erfolgloser, je mehr man sich bewusst bemühe, etwas zu tun.[12]

Der negative Weg zum Glück ist kein Argument für stures Gegenhalten um jeden Preis: Man tut sich keinen Gefallen, wenn man beispielsweise vor einen herannahenden Bus läuft, anstatt zu versuchen, ihm auszuweichen. Es sollte auch nicht so verstanden werden, dass Optimismus zwangsläufig etwas Schlechtes wäre. Vielmehr sollte man ihn als dringend notwendiges Gegengewicht zu einer Kultur betrachten, die auf die Vorstellung fixiert ist, dass Optimismus und Positivität die einzig möglichen Wege zum Glück sind. Natürlich stehen viele Menschen dem positiven Denken bereits mit einer gesunden Skepsis gegenüber. Aber es ist bemerkenswert, dass selbst diejenigen, die den »Kult des Optimismus« (wie ihn der Philosoph Peter Vernezze nennt) ablehnen, ihn letztlich stillschweigend gutheißen.[13] Da sie sich mit dieser Ideologie nicht anfreunden können oder wollen, vermuten sie, dass ihre einzige Alternative darin besteht, sich stattdessen in Trübsinn oder eine Art ironische Griesgrämigkeit zu flüchten. Auf dem »negativen Weg« geht es darum, diese Dichotomie abzustreifen und stattdessen das Glück zu suchen, das aus dem Negativen erwächst, anstatt zu versuchen, das Negative mit unablässiger Fröhlichkeit zu überdecken. Wenn die Fixierung auf das Positive die Krankheit ist, dann ist dieser Ansatz das Gegengift.

Der »negative Weg«, und das muss betont werden, ist dabei keine alleinige, umfassende, hübsch verpackte Philosophie; das Gegenmittel ist kein Allheilmittel.

Das Problem des positiven Denkens und vieler verwandter Ansätze zum Glücklichsein besteht zum Teil darin, dass man die großen Fragen auf einheitliche Selbsthilfetricks oder Zehnpunktepläne reduzieren will. Im Gegensatz dazu bietet der negative Weg keine solche Einzellösung. Manche seiner Vertreter betonen, dass sie negative Gefühle und Gedanken zulassen, während andere eher für eine gewisse Gleichgültigkeit ihnen gegenüber plädieren. Einige konzentrieren sich auf radikal unkonventionelle Techniken für das Streben nach Glück, während andere den Begriff des Glücks neu definieren oder gänzlich auf das Streben nach Glück verzichten. Das Wort »negativ« hat auch hier oft eine doppelte Bedeutung. Es kann sich auf unangenehme Erfahrungen und Emotionen beziehen, doch lassen sich bestimmte Glücksphilosophien deshalb am treffendsten als »negativ« bezeichnen, weil sie das Erlernen eines »Nicht-Tuns« beinhalten, also die Fähigkeit, positiven Gefühlen nicht so aggressiv hinterherzujagen.

Hier gibt es viele Paradoxe, und je mehr man sich damit beschäftigt, desto ausgeprägter werden sie. Ist zum Beispiel eine Emotion oder eine Situation wirklich »negativ«, wenn sie letztlich zu Glück führt? Wenn »positiv denken« nicht glücklich macht, ist es dann richtig, es überhaupt »positiv denken« zu nennen? Wenn man das Glück umdefiniert, um dem Negativen Rechnung zu tragen, ist es dann noch Glück? Und so weiter. Keine dieser Fragen lässt sich eindeutig beantworten. Das liegt zum Teil daran, dass die Befürworter des negativen Weges statt strenger Überzeugungen lediglich eine allgemeine Lebensauffassung teilen. Ein weiterer Grund ist, dass eine wesentliche Säule ihres Ansatzes gerade darin besteht, dass Glück Paradoxe beinhaltet; dass es unmöglich ist, sämtliche Probleme zu lösen, ganz gleich, wie verzweifelt wir uns das auch wünschen mögen.

Dieses Buch ist das Protokoll einer Reise durch die Welt des »Gesetzes der Umkehrung« und der lebenden und toten Menschen, die den negativen Pfad zum Glück beschritten haben. Meine Reisen führten mich in die abgelegenen Wälder von Massachusetts, wo ich eine Woche an einem stillen Meditationsort verbrachte; nach Mexiko, wo der Tod nicht gemieden, sondern gefeiert wird; und in die bitterarmen Slums vor den Toren Nairobis, wo Unsicherheit die unausweichliche Realität des täglichen Lebens ist. Ich traf moderne Stoiker, Spezialisten für die Kunst des Scheiterns, professionelle Pessimisten und andere Verfechter der Macht des negativen Denkens, von denen sich viele als überraschend fröhlich erwiesen. Aber ich begann in San Antonio, weil ich den Kult des Optimismus in seiner extremsten Form erleben wollte. Wenn es stimmte, wie ich mittlerweile glaubte, dass Dr. Robert Schullers Variante des positiven Denkens in Wirklichkeit nur eine übertriebene Version jener einseitigen Überzeugungen war, zu denen wir alle beim Thema Glück neigen, dann war es sinnvoll, das Problem zunächst einmal in seiner reinsten Form zu erleben.

So kam es, dass ich mich in einem dunklen Randbereich des Basketballstadions widerwillig erhob, weil die begeisterte Zeremonienmeisterin von *Get Motivated!* einen »Tanzwettbewerb« angekündigt hatte, an dem alle Anwesenden teilnehmen mussten. Wie aus dem Nichts tauchten riesige Strandbälle auf, die über die Köpfe der Zuschauer hinweghüpften, während aus der Musikanlage Wham! dudelte. Der Hauptpreis, eine Gratisreise nach Disney World, wartete nicht auf den besten Tänzer, sondern auf den motiviertesten, aber das machte für mich keinen Unterschied: Ich fand das Ganze zu anstrengend, um mehr zu tun, als nur leicht zu wippen. Der Preis wurde schließlich an einen Soldaten vergeben. Ich hatte den Verdacht, dass diese Entscheidung aus Lokalpatriotismus getroffen wurde und nicht als Anerkennung für einen besonders motivierten Tanz.

Nach dem Wettbewerb, während einer Pause vor dem Eintreffen George Bushs, verließ ich das Hauptstadion, um mir einen überteuerten Hotdog zu kaufen, und kam dabei mit einer anderen Teilnehmerin ins Gespräch, einer elegant gekleideten pensionierten Lehrerin aus San Antonio, die sich als Helen vorstellte. Das Geld sei knapp, erklärte sie, als ich sie fragte, warum sie an der Veranstaltung teilnehme. Sie sei widerstrebend zu dem Schluss gekommen, dass sie aus dem Ruhestand zurückkehren und wieder arbeiten müsse, und sie habe gehofft, dass *Get Motivated!* sie motivieren würde. »Die Sache ist allerdings die«, sagte sie, als wir uns über die Redner unterhielten, die wir gesehen hatten, »es ist ziemlich schwer, ständig diese guten Gedanken zu denken, wie sie es einem sagen, stimmt's?« Einen Augenblick lang wirkte sie bedrückt. Dann fasste sie sich wieder und wedelte lehrerhaft mit einem Finger, als wollte sie sich selbst zurechtweisen. »Aber so darf man nicht denken!«

Einer der wichtigsten Experten auf dem Gebiet des positiven Denkens und seiner Probleme war ein Psychologieprofessor namens Daniel Wegner, der das Mental Control Laboratory an der Harvard University leitete. Dies ist, auch wenn der Name es vielleicht vermuten lässt, keine von der CIA finanzierte Einrichtung, die sich der Wissenschaft der Gehirnwäsche widmet.

Wegners geistiges Terrain war die sogenannte »ironische Prozesstheorie«, die untersucht, auf welche Weise unsere Bemühungen, bestimmte Gedanken oder Verhaltensweisen zu unterdrücken, ironischerweise dazu führen, dass sie sich stärker ausprägen. Ich hatte einen schlechten Start mit Professor Wegner, weil ich seinen Nachnamen in einer Zeitungskolumne versehentlich als »Wenger« tippte. Verärgert schickte er mir eine E-Mail (»Schreiben Sie meinen Namen richtig!«) und schien für das Argument, dass mein Versehen ein interessantes Beispiel für genau die Art von Fehlern war, die er erforschte, nicht besonders empfänglich zu sein. Der Rest unserer Kommunikation erwies sich als etwas angespannt.

Die Probleme, denen Wegner einen Großteil seiner Karriere gewidmet hat, haben ihren Ursprung allesamt in einem einfachen und äußerst irritierenden Gesellschaftsspiel, das mindestens auf die Zeit von Fjodor Dostojewski zurückgeht, der damit seinen Bruder gequält haben soll. Es ist eine Art Aufgabe: Schaffen Sie es – so wird das Opfer gefragt –, eine ganze Minute lang nicht an einen Eisbären zu denken? Sie können die Antwort natürlich erraten, aber es ist trotzdem lehrreich, den Versuch zu wagen. Warum versuchen Sie es nicht selbst? Schauen Sie auf Ihre Uhr oder suchen Sie eine Uhr mit Sekundenzeiger, und versuchen Sie, ab jetzt zehn Sekunden lang nicht an einen Eisbären zu denken. Los geht's!

Mein Beileid zu Ihrem Scheitern.

Wegners erste Untersuchungen zur ironischen Prozesstheorie bestanden lediglich darin, amerikanischen Universitätsstudierenden diese Aufgabe zu stellen und sie dann zu bitten, ihre inneren Monologe laut zu führen, während sie den Versuch unternahmen. Dies ist eine recht plumpe Methode, um in die Gedankenwelt eines Menschen einzudringen, aber ein Auszug aus einer typischen Mitschrift demonstriert dennoch eindrucksvoll die Aussichtslosigkeit des Versuchs:[14]

> Natürlich ist das Einzige, woran ich jetzt denken werde, ein Eisbär … Denk nicht an einen Eisbären. Hmm, woran habe ich vorher gedacht? Wissen Sie, ich denke oft an Blumen … Okay, also, meine Fingernägel sind wirklich schlimm … Jedes Mal, wenn ich … hmm, reden, denken,

nicht an den Eisbären denken will, muss ich noch mehr an den Eisbären denken…

An dieser Stelle fragen Sie sich vielleicht, warum es bestimmten Sozialpsychologen anscheinend erlaubt ist, das Geld anderer Leute auszugeben, um das Offensichtliche zu beweisen. Natürlich ist es praktisch unmöglich, das Spiel mit dem Eisbären zu gewinnen. Aber Wegner stand erst am Anfang. Je mehr er das Feld erforschte, desto mehr gelangte er zu der Vermutung, dass der innere Mechanismus, der unsere Bemühungen zunichtemacht, den Gedanken an den Eisbären zu unterdrücken, ein ganzes Gebiet mentaler Aktivitäten und äußerer Verhaltensweisen beherrschen könnte. Das Spiel mit dem Eisbären scheint eine Metapher für vieles zu sein, was im Leben schiefläuft: Allzu oft ist das Ergebnis, das wir zu vermeiden suchen, genau das, das uns magnetisch anzuziehen scheint. Wegner nannte diesen Effekt den »genau kontraintuitiven Irrtum«, der, wie er in einem Aufsatz erklärte, »darin besteht, dass wir es schaffen, das Schlimmste zu tun, den Fehler, der so ungeheuerlich ist, dass wir im Voraus darüber nachdenken und beschließen, ihn nicht geschehen zu lassen. Wir sehen eine Spurrille auf der Straße vor uns und lenken unser Fahrrad direkt hinein. Wir notieren uns, dass wir im Gespräch keinen wunden Punkt erwähnen wollen, und zucken dann entsetzt zusammen, wenn wir genau das ausplaudern. Wir tragen das Glas vorsichtig quer durchs Zimmer und denken die ganze Zeit: ›Bloß nichts verschütten‹, und dann kippen wir es vor den Augen unseres Gastgebers auf den Teppich.«[15]

Die Fähigkeit zum ironischen Irrtum ist keineswegs nur eine gelegentliche Abweichung von unserer ansonsten tadellosen Selbstbeherrschung, sondern scheint tief in der Seele zu schlummern, fast wie ein Wesenskern unserer Persönlichkeit. Edgar Allan Poe nennt sie in seiner gleichnamigen Kurzgeschichte den »Geist des Bösen«: jenen namenlosen, aber ausgeprägten Drang, sich in die Tiefe zu stürzen, den man mitunter verspürt, wenn man an einer steilen Klippe entlanggeht oder auf die Aussichtsplattform eines hohen Gebäudes klettert – nicht aus einer selbstmörderischen Motivation heraus, sondern eben weil es so verhängnisvoll wäre, dies zu tun. Der Geist des Bösen plagt auch soziale Interaktionen, wie jeder weiß, der schon einmal über eine Folge von *Lass es, Larry!* gelacht hat.

Laut Wegner liegt dies an einer Fehlfunktion der dem Menschen eigenen Fähigkeit zur Metakognition, des Denkens über das Denken. Metakognition finde dann statt, »wenn das Denken sich selbst zum Gegenstand macht«.[16] In erster Linie ist dies eine äußerst nützliche Fähigkeit: Sie ermöglicht es uns zu erkennen, wenn wir unvernünftig sind, in eine Depression abgleiten oder von Ängsten geplagt werden, und dann etwas dagegen zu unternehmen. Wenn wir jedoch metakognitives Denken direkt dazu anwenden, unsere anderen, alltäglichen Gedanken auf der »Objektebene« zu steuern – indem wir beispielsweise Bilder von Eisbären unterdrücken oder düstere Gedanken durch fröhliche ersetzen –, bekommen wir Probleme. »Metagedanken sind Anweisungen, die wir uns selbst über unser Denken auf Objektebene geben«, wie Wegner es formuliert, »und manchmal können wir unsere eigenen Anweisungen schlichtweg nicht befolgen.«[17]

Wenn Sie versuchen, nicht an einen Eisbären zu denken, gelingt es Ihnen unter Umständen, alternative Gedanken in Ihren Kopf zu zwingen. Gleichzeitig wird jedoch ein metakognitiver Überwachungsprozess in Gang gesetzt, der Ihren

Verstand nach Anzeichen dafür absucht, ob Sie bei der Aufgabe erfolgreich sind oder daran scheitern. Und hier wird es gefährlich, denn wenn Sie sich zu sehr anstrengen – oder, wie Wegners Studien nahelegen, wenn Sie müde, gestresst oder deprimiert sind, wenn Sie versuchen, mehrere Aufgaben gleichzeitig zu bewältigen, oder wenn Sie anderweitig unter »geistiger Belastung« stehen –, geht die Metakognition häufig schief. Auf der kognitiven Bühne nimmt der Überwachungsprozess dann mehr als nur einen Teil des Rampenlichts ein. Er drängt sich in den Vordergrund des Bewusstseins – und plötzlich können Sie nur noch an Eisbären denken und daran, wie schlecht es ihnen gelingt, nicht an sie zu denken.

Könnte es sein, dass die ironische Prozesstheorie auch Aufschluss darüber gibt, was mit unserem Streben nach Glück falsch läuft und wie es kommt, dass unsere Bemühungen um eine positive Einstellung anscheinend oft das Gegenteil bewirken? In den Jahren seit Wegners ersten Eisbär-Experimenten haben seine Forschungen und die anderer immer mehr Beweise für diese These geliefert. Ein Beispiel: Wenn Versuchspersonen von einem unglücklichen Ereignis erfahren, dann aber angewiesen werden, zu versuchen, nicht traurig darüber zu sein, fühlen sie sich am Ende schlechter als Personen, die zwar von dem Ereignis erfahren, aber keine Anweisungen bezüglich ihrer Gefühle erhalten.[18] In einer anderen Studie schlugen die Herzen von Panikpatienten, die sich Entspannungskassetten anhörten, schneller als die von Patienten, die sich Hörbücher ohne explizit »entspannenden« Inhalt anhörten.[19] Trauernde, die sich am meisten bemühen, ihre Trauer zu unterdrücken, brauchen Studien zufolge am längsten, um ihren Verlust zu verarbeiten.[20] Auch im sexuellen Bereich scheitern unsere Bemühungen um mentale Unterdrückung: Menschen, die aufgefordert werden, nicht an Sex zu denken, zeigen – gemessen an der elektrischen Leitfähigkeit ihrer Haut – eine stärkere Erregung als diejenigen, die nicht angewiesen werden, solche Gedanken zu unterdrücken.[21]

Aus dieser Perspektive betrachtet erweisen sich viele der von der Selbsthilfeindustrie propagierten Techniken zum Erreichen von Glück und Erfolg – vom positiven Denken über das Visualisieren von Zielen bis hin zur »Motivation« – als äußerst zweifelhaft. Jemand, der sich vorgenommen hat, »positiv zu denken«, muss seinen Geist ständig nach negativen Gedanken absuchen, denn anders kann man seinen Erfolg bei dieser Aufgabe gar nicht messen. Doch lenkt dieses Absuchen die Aufmerksamkeit auf die Präsenz negativer Gedanken. (Schlimmer noch: Wenn die negativen Gedanken überwiegen, kann es zu einem Teufelskreis kommen, da das Unvermögen, positiv zu denken, der Auslöser für einen neuen Strom selbstzerstörerischer Gedanken darüber sein kann, dass man nicht positiv genug denkt.) Nehmen wir an, Sie beschließen, Dr. Schullers Vorschlag zu befolgen, und versuchen, das Wort »unmöglich« aus Ihrem Wortschatz zu streichen, oder – etwas allgemeiner – sich ausschließlich auf erfolgreiche Ergebnisse zu konzentrieren und nicht mehr an Dinge zu denken, die nicht gelingen. Wie wir noch sehen werden, gibt es bei diesem Ansatz eine ganze Reihe von Problemen. Das grundlegendste ist jedoch, dass Sie sehr wohl scheitern können, und zwar genau dadurch, dass Sie ständig Ihren Erfolg im Auge behalten.

Dieses Problem der Selbstsabotage durch Selbstüberwachung ist nicht die einzige Gefahr des positiven Denkens. Ein weiterer Aspekt wurde 2009 aufgedeckt, als die in Kanada ansässige Psychologin Joanne Wood die Wirksamkeit von »Affirmationen« untersuchte, jenen schwungvollen, selbstgefälligen Phrasen, die durch ständige Wiederholung die Stimmung ihrer Anwender heben sollen.[22] Affirmationen haben ihren Ursprung im Werk des französischen Apothekers Émile Coué aus dem 19. Jahrhundert, eines Wegbereiters der zeitgenössischen Positivdenker, der die bis heute berühmteste Affirmation prägte: »Es geht mir mit jedem Tag in jeder Hinsicht immer besser und besser!«

Die meisten Affirmationen klingen ziemlich billig, und man möchte meinen, dass sie wenig Wirkung zeigen. Dann sind sie doch bestimmt auch ganz harmlos? Wood war sich da nicht so sicher. Ihre Argumentation stimmt zwar mit der von Wegner überein, stützt sich aber auf eine andere psychologische Tradition, die sogenannte »Theorie des sozialen Vergleichs«. Diese Theorie besagt, dass wir zwar gern positive Botschaften über uns selbst hören, uns aber noch mehr nach dem Gefühl sehnen, überhaupt ein kohärentes, konsistentes Selbst zu sein. Botschaften, die diesem Selbstverständnis widersprechen, verunsichern uns, weshalb wir sie oft ablehnen – selbst, wenn sie positiv sind, und sogar dann, wenn die Quelle der Botschaft wir selbst sind. Woods Vermutung war, dass Menschen, die Affirmationen anwenden, per definitionem ein geringes Selbstwertgefühl besitzen – dass sie aber genau aus diesem Grund gegen die Botschaften der Affirmationen reagieren, weil sie mit ihrem Selbstbild in Konflikt geraten. Botschaften wie »Es geht mir mit jedem Tag in jeder Hinsicht immer besser und besser« stehen im Widerspruch zu ihrer geringen Selbsteinschätzung und werden daher abgelehnt, um die Kohärenz des eigenen Selbstbildes nicht zu gefährden. Als Folge davon kann sich ihr geringes Selbstwertgefühl sogar verschlechtern, da die Menschen sich bemühen, ihr bestehendes Selbstbild gegenüber den eintreffenden Botschaften zu behaupten.

Genau das passierte bei Woods Studien. In einer Reihe von Experimenten wurden Menschen in Untergruppen mit niedrigem und hohem Selbstwertgefühl eingeteilt und dann gebeten, Protokoll zu führen: Jedes Mal, wenn eine Glocke läutete, sollten sie den Satz »Ich bin ein liebenswerter Mensch« laut zu sich selbst sagen. Anhand verschiedener ausgeklügelter Stimmungsmessungen zeigte sich, dass diejenigen, die den Prozess mit einem geringen Selbstwertgefühl begannen, deutlich weniger glücklich wurden, wenn sie sich einredeten, dass sie liebenswert seien. Sie fühlten sich von vornherein nicht besonders liebenswert – und der Versuch, sich etwas anderes einzureden, verstärkte lediglich ihre negative Einstellung. Das »positive Denken« hatte ihre Stimmung noch verschlechtert.

Der Auftritt von George Bush auf der Bühne in San Antonio wurde durch das plötzliche Erscheinen seiner Geheimdienstleute angekündigt. Es handelte sich um Männer, die in ihren dunklen Anzügen und mit ihren Ohrstöpseln wahrscheinlich überall aufgefallen wären – bei *Get Motivated!* allerdings stachen sie mit ihrem starren Stirnrunzeln doppelt so stark heraus. Der Schutz ehemaliger Präsidenten vor potenziellen Attentätern war offenbar kein Job, bei dem es sich lohnte, das Positive zu sehen und darauf zu vertrauen, dass alles glattlief.

Bush selbst hingegen betrat die Bühne mit einem Grinsen. »Wissen Sie, der Ruhestand ist gar nicht so übel, vor allem, wenn man sich in Texas zur Ruhe setzen kann«, begann er, bevor er in eine Rede einstieg, die er offensichtlich schon mehrmals gehalten hatte. Zunächst erzählte er eine volkstümliche Anekdote darüber, wie er die erste Zeit nach seiner Präsidentschaft damit verbracht habe, hinter seinem Hund aufzuräumen (»Mir wurde klar, dass ich mich acht Jahre lang davor gedrückt hatte!«). Dann schien es einen seltsamen Augenblick lang so, als wäre das Hauptthema seiner Rede, wie er einmal einen Teppich für das Oval Office aussuchen musste (»Ich dachte mir, als Präsident muss man ganz schön viele Entscheidungen treffen!«). Doch sein eigentliches Thema, so stellte sich bald heraus, war der Optimismus. »Ich glaube nicht, dass man eine Familie, eine Schule, eine Stadt, einen Staat oder ein Land leiten kann, wenn man nicht optimistisch ist, dass die Zukunft besser wird«, sagte er. »Und ich kann Ihnen versichern, dass ich selbst in den finstersten Tagen meiner Präsidentschaft optimistisch war, dass die Zukunft für unsere Bürger und die Welt besser würde als die Vergangenheit.«

Man braucht keine bestimmte politische Meinung über den 43. Präsidenten der Vereinigten Staaten zu haben, um zu erkennen, dass seine Worte eine grundsätzliche Merkwürdigkeit am »Kult des Optimismus« verdeutlichen. Bush machte keinen Hehl aus den zahlreichen Kontroversen seiner Amtszeit – eine Strategie, die man bei einem Motivationsseminar vor einem wohlwollenden Publikum und ohne das Risiko feindseliger Fragen vermuten könnte. Stattdessen hatte er beschlossen, sie als Beweis für seine optimistische Haltung umzudefinieren. Für Bush waren die glücklichen und erfolgreichen Phasen seiner Präsidentschaft selbstverständlich ein Beleg für die Vorzüge einer optimistischen Einstellung – doch dasselbe galt für die unglücklichen und erfolglosen Zeiten. Wenn es schlecht läuft, braucht man den Optimismus schließlich umso dringender. Oder anders ausgedrückt: Wenn Sie sich erst einmal entschlossen haben, die Ideologie des positiven Denkens zu verinnerlichen, können

Sie praktisch alles als Rechtfertigung für positives Denken interpretieren. Sie brauchen keine Zeit darauf zu verwenden, sich zu überlegen, ob Sie das Richtige tun.

Könnte diese seltsam unwiderlegbare Ideologie der Positivität um jeden Preis – Positivität ohne Rücksicht auf die Ergebnisse – ernsthaft gefährlich sein? Gegner der Außenpolitik unter Präsident Bush könnten Grund zu dieser Annahme haben. Dies ist auch Teil der Argumentation von Gesellschaftskritikerin Barbara Ehrenreich in ihrem 2009 erschienenen Buch *Smile or Die. Wie die Ideologie des positiven Denkens die Welt verdummt*. Eine unterschätzte Ursache für die globale Finanzkrise der späten 2000er-Jahre war ihrer Meinung nach eine amerikanische Unternehmenskultur, in der bereits der Gedanke an die Möglichkeit des Scheiterns – geschweige denn das Aussprechen dieses Themas in Meetings – als peinlicher Fauxpas empfunden wurde.

Die Banker, deren Narzissmus durch eine Kultur geschürt wurde, die großartige Ambitionen über alles stellte, verloren die Fähigkeit, zwischen ihren ichbezogenen Träumen und konkreten Ergebnissen zu unterscheiden. In der Zwischenzeit gingen die Hauskäufer davon aus, dass sie alles bekommen könnten, was sie wollten, wenn sie es nur genug wollten (viele von ihnen hatten Bücher wie *The Secret – Das Geheimnis* gelesen, in dem genau das behauptet wird), und nahmen entsprechende Hypotheken auf, die sie nicht zurückzahlen konnten. Der Finanzsektor war von irrationalem Optimismus durchdrungen, und die professionellen Optimismus-Prediger – die Redner, Selbsthilfegurus und Seminarveranstalter – förderten diesen Optimismus nur zu gern. »Im gleichen Maße, wie das positive Denken selbst zu einem Wirtschaftszweig wurde«, schreibt Ehrenreich, »wurde die Wirtschaft sein wichtigster Kunde und griff begierig die

Verheißung auf, mithilfe mentaler Anstrengungen sei alles möglich.« Dies sei »eine nützliche Botschaft für die Arbeitnehmer [gewesen], die an der Wende zum 21. Jahrhundert gezwungen waren, für weniger Geld und bei sinkender Arbeitsplatzsicherheit immer länger zu schuften«, aber auch »eine befreiende Ideologie für die Führungskräfte auf höchster Ebene. Weshalb sollte man sich mit Bilanzen und langweiligen Risikoanalysen befassen, warum sich Sorgen wegen der schwindelerregenden Verschuldung und möglichen Zahlungsausfällen machen, wenn für die Optimisten, die daran glauben, ohnehin alles gut werden wird?«[23]

Ehrenreich führt die Ursprünge dieser Philosophie auf das Amerika des 19. Jahrhunderts zurück, insbesondere auf die quasireligiöse Neugeist-Bewegung. Diese entstand in Auflehnung gegen die vorherrschende düstere Lehre des amerikanischen Calvinismus, die besagte, dass unermüdliche harte Arbeit die oberste Pflicht eines jeden Christen sei – mit dem zusätzlichen Nachteil, dass man dank der Prädestinationslehre möglicherweise ohnehin schon dazu verdammt war, die Ewigkeit in der Hölle zu verbringen. Die Neugeist-Bewegung hingegen verkündete, dass man durch die Kraft des Geistes Glück und weltlichen Erfolg erlangen könne. Gemäß der aus der Neugeist-Bewegung heraus entstandenen Lehre der Christlichen Wissenschaft vermag diese Geisteskraft sogar körperliche Leiden zu heilen. Doch wie Ehrenreich deutlich macht, führte die Neugeist-Bewegung ein eigenes strenges Wertesystem ein und ersetzte die obligatorische harte Arbeit des Calvinismus durch obligatorisches positives Denken. Negative Gedanken wurden heftig angeprangert – eine Botschaft, in der sich die Verurteilung der Sünde durch die alte Religion widerspiegelte, ergänzt durch ein Beharren auf »der unausgesetzten inneren Arbeit der

Selbstprüfung«. Unter Berufung auf die Soziologin Micki McGee zeigt Ehrenreich, wie unter dieser neuen Orthodoxie des Optimismus »die unausgesetzte, nie endende Arbeit am Ich [...] nicht nur als Weg zum Erfolg, sondern auch als eine Art säkularer Erlösung« angeboten wurde.

George Bush stand also in einer altehrwürdigen Tradition, als er die Bedeutung von Optimismus in allen Lebenslagen beschwor. Doch seine Rede bei *Get Motivated!* war fast so schnell vorbei, wie sie begonnen hatte. Eine Prise Religion, eine wenig erhellende Anekdote über die Terroranschläge vom 11. September 2001, ein paar lobende Worte für das Militär, und schon winkte er zum Abschied – »Danke, Texas, es ist gut, zu Hause zu sein!« –, während sich seine Leibwächter um ihn scharten. Unter dem Jubel hörte ich, wie Jim, der Parkranger auf dem Nebensitz, einen Seufzer der Erleichterung ausstieß. »Okay, ich bin motiviert«, murmelte er vor sich hin. »Ist es jetzt Zeit für ein Bier?«

»Man kann auf vielerlei Weise unglücklich sein«, sagt eine Figur in einer Kurzgeschichte von Edith Wharton. »Zufriedenheit stellt sich hingegen nur ein, wenn man aufhört, dem Glück hinterherzujagen.«[24] Diese Bemerkung bringt das Problem des »Optimismuskults« auf den Punkt – den ironischen, selbstzerstörerischen Kampf, der die Positivität untergräbt, wenn wir uns zu sehr anstrengen. Sie verweist aber auch auf die Möglichkeit einer hoffnungsvolleren Alternative, einer radikal anderen Herangehensweise an das Thema Lebensglück. Der erste Schritt besteht darin, dass man lernt, dem Positiven nicht mehr so verbissen hinterherzulaufen. Viele Befürworter des »negativen Wegs« zum Glück gehen noch weiter und argumentieren – widersprüchlich, aber überzeugend –, dass das bewusste Eintauchen in das, was wir als negativ empfinden, eine Vorbedingung für wahres Glück sein könnte.

Die vielleicht anschaulichste Metapher für diese ganze seltsame Philosophie ist ein kleines Kinderspielzeug, das als »chinesische Fingerfalle« bekannt ist, wenngleich vieles darauf hindeutet, dass es wahrscheinlich gar nicht chinesischen Ursprungs ist. Die »Falle« ist eine Röhre aus dünnen geflochtenen Bambusstreifen mit einer Öffnung an jedem Ende, die etwa so breit ist wie ein menschlicher Finger. Der Psychologe Steven Hayes, ein ausgesprochener Kritiker des kontraproduktiven positiven Denkens, bewahrt in seinem Büro an der Universität von Nevada eine Schachtel davon auf; er verwendet sie, um seine Argumente zu veranschaulichen. Das ahnungslose Opfer wird aufgefordert, seine Zeigefinger in die Röhre zu stecken, und sitzt dann in der Falle: Als Reaktion auf den Versuch, die Finger wieder herauszuziehen, verengen sich die Öffnungen an beiden Enden der Röhre und umschließen die Finger nur noch fester. Je stärker man zieht, desto mehr ist man gefangen. Nur wenn man nachlässt und die Finger weiter hineinschiebt, lassen sich die Enden der Röhre weiten, sodass sie abfällt und man wieder frei ist.

Wie Hayes feststellt, ist es bei der chinesischen Fingerfalle somit kontraproduktiv, das vermeintlich Vernünftige zu tun.[25]

Auf dem negativen Weg zum Glück geht es darum, stattdessen das andere zu tun – das vermeintlich Unlogische.

2

Was würde Seneca tun?

Die stoische Kunst, sich dem Worst-Case-Szenario zu stellen

> *»Pessimismus ist, hat man sich erst daran gewöhnt, genauso angenehm wie Optimismus.«*
> Arnold Bennett, *Things That Have Interested Me*

Es ist ein gewöhnlicher Frühlingsmorgen auf der Central Line der Londoner U-Bahn, das heißt, es gibt die üblichen »kleinen Verspätungen«, und unter den dicht gedrängten Pendlern macht sich ein Gefühl der Verzweiflung breit. Das einzig Außergewöhnliche ist, dass ich mich in wenigen Augenblicken vollkommen freiwillig einer der schrecklichsten Erfahrungen meines Lebens aussetzen werde. Wenn wir uns dem Bahnhof Chancery Lane nähern – aber noch bevor die automatische Stimme der Lautsprecheranlage diese Tatsache verkündet –, werde ich die Stille durchbrechen und laut die Worte »Chancery Lane« rufen. Auf der Weiterfahrt nach Holborn, Tottenham Court Road, Oxford Circus und anderen Stationen möchte ich dies fortsetzen und unterwegs den Namen der jeweiligen Station ansagen.

Ich bin mir darüber im Klaren, dass dies nicht gerade das Schlimmste ist, was man sich vorstellen kann. Leser, die schon einmal von Piraten als Geisel genommen oder lebendig begraben wurden – oder auch nur eine besonders turbulente Flugreise hinter sich haben –, werden das alles vielleicht etwas dramatisierend finden. Doch Tatsache ist, dass meine Handflächen schwitzen und mein Pulsschlag immer schneller wird. Ich konnte noch nie gut mit Peinlichkeiten umgehen, und jetzt ärgere ich mich darüber, dass ich jemals auf den Gedanken verfallen bin, absichtlich eine solche Situation herbeizuführen. Ich führe dieses Ritual der vorsätzlichen Selbsterniedrigung nach den Anweisungen eines modernen Psychologen durch, des 2007 verstorbenen Albert Ellis. Er wollte damit eine uralte Philosophie anschaulich demonstrieren, nämlich die der Stoiker, die unter den Ersten waren, die den Weg zum Glück vom Negativen abhängig machten. Ellis empfahl die »U-Bahn-Übung«, die er ursprünglich seinen Therapiepatienten in New York verordnet hatte, um zu demonstrieren, wie irrational wir selbst an leicht unangenehme Erfahrungen herangehen – und welch ungeahnte Vorteile sich darin entdecken ließen, wenn wir uns nur dazu durchringen könnten, hinzusehen. Der Stoizismus, der in Griechenland entstand und in Rom heranreifte, sollte nicht mit dem »Stoizismus« verwechselt werden, wie das Wort heute üblicherweise verwendet wird – einer müden, klaglosen Resignation, mit der sich eher die Haltung meiner Mitreisenden in der U-Bahn beschreiben lässt. Echter Stoizismus ist viel härter im Nehmen und umfasst die Herausbildung einer Art muskulärer Ruhe im Angesicht schwieriger Umstände. Das ist auch der Zweck von Ellis' qualvoller Übung, die mich direkt mit all dem konfrontieren soll, was ich insgeheim über Peinlichkeiten, Hemmungen und meine eigene Außenwirkung denke. Sie wird mich dazu zwingen, die Unannehmlichkeiten zu erleben, die ich befürchte, und dabei etwas zu erkennen, was psychologisch faszinierend ist: dass meine Ängste, wenn sie real und damit überprüfbar werden, offenbar schlicht nicht den Tatsachen entsprechen.

Wenn Sie nicht gerade zu den Menschen gehören, denen überhaupt nichts peinlich ist, können Sie wahrscheinlich nachempfinden, wie ich mich fühle. Wenn man darüber nachdenkt, ist es allerdings schon etwas seltsam, in dieser Situation überhaupt negative Gefühle zu haben. Schließlich kenne ich niemanden im Waggon persönlich, ich habe also nichts zu verlieren, wenn man mich für verrückt hält. Außerdem weiß ich aus früherer Erfahrung in der U-Bahn, dass ich, wenn andere Leute anfangen, laut mit sich selbst zu reden, sie ebenso ignoriere wie alle anderen; das ist mit großer Wahrscheinlichkeit das Schlimmste, was mir passieren kann. Außerdem reden die anderen Leute, die laut sprechen, oft Kauderwelsch, während ich immerhin die Namen der Stationen ansagen werde. Man könnte fast behaupten, dass ich einen Dienst an der Öffentlichkeit leiste. Auf jeden Fall wird das viel weniger nervig sein als die ganzen undichten iPod-Kopfhörer in meiner Nähe.

Warum also habe ich das Gefühl, dass ich mich gleich übergeben muss, als der Zug vor der Einfahrt in Chancery Lane seine Geschwindigkeit zunächst beinahe unmerklich drosselt?

Hinter vielen der beliebtesten Ansätze zum Glücklichsein verbirgt sich die simple Philosophie, sich darauf zu *konzentrieren,* dass alles gut läuft. In der Welt der Selbsthilfe ist der offenkundigste Ausdruck dieser Sichtweise die Technik der »Positiven Visualisierung«: Wenn man sich in Gedanken vorstellt, dass sich alles zum Guten wendet, so die Überlegung, ist die Wahrscheinlichkeit viel größer, dass dies auch eintritt. Das modische New-Age-Konzept des »Gesetzes der Anziehung« geht noch einen Schritt weiter und besagt, dass Visualisierung das Einzige ist, was man braucht, um Reichtum, gute Beziehungen und Gesundheit zu erlangen. »Es liegt tief in der menschlichen Natur, genau das zu werden, was man sich vorstellt«, sagte Norman Vincent Peale, der Autor von *Die Kraft positiven Denkens,* in einer Rede, die er Mitte der 1980er-Jahre vor Führungskräften der Investmentbank Merrill Lynch hielt.[1] »Wenn Sie sich selbst als angespannt, nervös und frustriert wahrnehmen, dann sind Sie mit Sicherheit auch so. Wenn Sie sich in irgendeiner Weise als minderwertig sehen und dieses Bild in Ihrem Bewusstsein verankern, wird es durch den Prozess der gedanklichen Osmose ins Unbewusste übergehen, und dann werden Sie so sein, wie Sie es sich vorstellen. Wenn Sie sich dagegen als organisiert, kontrolliert, fleißig, als Denker und Arbeiter sehen und an Ihr Talent und Ihre Fähigkeiten und an sich selbst glauben, dann werden Sie genau das sein.« Merrill Lynch ging in der Finanzkrise 2008 pleite und musste von der Bank of America gerettet werden; die Leserinnen und Leser sind gehalten, ihre eigenen Schlüsse zu ziehen.

Doch selbst diejenigen, die sich über Peales Predigten lustig machen, dürften sich wohl schwertun, die zugrunde liegende Sichtweise zu bestreiten: dass es, sofern es einem gelingt, im Allgemeinen das Beste ist, optimistisch in die Zukunft zu blicken. Sich darauf zu konzentrieren, wie man sich die Dinge erhofft, und nicht, wie man sie nicht erhofft, erscheint als vernünftige Methode zur Selbstmotivation und Maximierung der eigenen Erfolgschancen. Wenn Sie zu einem Vorstellungsgespräch gehen, ist es sicher besser, davon auszugehen, dass Sie erfolgreich sein werden. Wenn Sie sich mit jemandem verabreden wollen, sollten Sie davon ausgehen, dass sie oder er tatsächlich »Ja« sagen könnte. Die Bereitschaft, positiv zu denken, ist möglicherweise so eng mit dem menschlichen Überleben verknüpft, dass die Evolution uns in diese Richtung gelenkt hat. In ihrem 2011 (deutsch 2013) erschienenen Buch *Das optimistische Gehirn* trägt die Neurowissenschaftlerin Tali Sharot die zunehmenden Beweise dafür zusammen, dass ein gut funktionierender Verstand möglicherweise so angelegt ist, dass er Erfolgschancen höher einschätzt, als sie tatsächlich sind. Gesunde und glückliche Menschen, so legt die Forschung nahe, haben im Allgemeinen ein weniger genaues, übermäßig optimistisches Verständnis ihrer tatsächlichen Fähigkeit, Ereignisse zu beeinflussen, als diejenigen, die unter Depressionen leiden.[2] Doch diese Sichtweise birgt Probleme, die über die bloße Enttäuschung hinausgehen, wenn sich die Dinge nicht positiv entwickeln. Im Falle der positiven Visualisierung sind diese Probleme besonders akut.

In den letzten Jahren haben die in Deutschland geborene Psychologin Gabriele Oettingen und ihre Kollegen eine Reihe von Experimenten durchgeführt, um die Wahrheit über »positive Zukunftsfantasien« herauszufinden. Die Ergebnisse sind verblüffend: Je mehr Zeit und Energie man darauf verwendet, darüber nachzudenken, wie gut die Dinge laufen könnten, desto geringer ist die Motivation der meisten Menschen, diese Ziele zu erreichen. Versuchspersonen, die aufgefordert wurden, darüber nachzudenken, wie sie eine besonders erfolgreiche Arbeitswoche absolvieren könnten, erreichten am Ende weniger als diejenigen, die zwar aufgefordert wurden, über die kommende Woche nachzudenken, denen aber keine weiteren Hinweise gegeben wurden, in welche Richtung dies gehen sollte.[3]

In einem genialen Experiment ließ Oettingen einen Teil der Teilnehmerinnen und Teilnehmer leicht dehydrieren.[4] Anschließend führten sie eine Übung durch, bei der sie sich vorstellten, ein erfrischendes, eiskaltes Glas Wasser zu trinken. Die anderen nahmen an einer separaten Übung teil. Die dehydrierten Wasser-Visualisierer erfuhren – entgegen der Selbsthilfedoktrin der Motivation durch Visualisierung – eine signifikante *Verringerung* ihres Energieniveaus, was anhand der Blutdruckwerte festgestellt wurde. Sie wurden nicht motivierter, Flüssigkeit aufzunehmen, sondern ihr Körper entspannte sich, als wäre ihr Durst bereits gestillt. In zahlreichen weiteren Versuchen reagierten die Menschen auf die positive Visualisierung regelmäßig mit Entspannung. Unterbewusst schienen sie die Visualisierung von Erfolg damit zu verwechseln, dass sie ihn bereits erreicht hatten.

Daraus folgt natürlich nicht zwangsläufig, dass es besser wäre, stattdessen zu einer negativen Visualisierung überzugehen und sich darauf zu konzentrieren, was alles schiefgehen könnte. Doch genau das ist eine der Schlussfolgerungen des Stoizismus, einer philosophischen Schule, die wenige Jahre nach Aristoteles' Tod in Athen entstand und das westliche Denken über Glück fast fünf Jahrhunderte lang beherrschte.

Soweit bekannt ist, war der erste Stoiker Zenon von Kitium, der um 334 v. Chr. im heutigen Larnaca an der Südküste Zyperns geboren wurde. »Sein Kopf war von Natur aus auf eine Seite geneigt«, schreibt der griechische Historiker Diogenes Laertius im dritten Jahrhundert in seinem Werk *Über Leben und Lehren berühmter Philosophen,* welches die wichtigste Quelle für die frühen Stoiker darstellt. »Er war dünn, groß gewachsen, von dunkler Hautfarbe, mit schlaffen, schwachen Beinen, [...] und er liebte, wie es heißt, Feigen, sowohl frische als auch in der Sonne getrocknete.« Der Legende nach war Zenon ein Kaufmann, der im Alter von etwa 30 Jahren nach Athen kam, möglicherweise nach dem traumatischen Erlebnis eines Schiffsunglücks. Dort begann er, bei dem kynischen Philosophen Krates von Theben zu studieren. Laertius berichtet über ein frühes Erlebnis, das Zenon bei Krates hatte und das möglicherweise dazu beiträgt, den Fokus des Stoizismus auf irrationale Überzeugungen als Ursache für emotionale Not zu erklären. Der Erzählung nach gab Krates Zenon eine Schüssel mit »Linsenbrei« und verlangte, dass er sie durch die Straßen Athens trage, doch dann zerschlug Krates die Schüssel mit seinem Stock, sodass sich der gesamte Inhalt über Zenon ergoss. »Der Brei lief ihm die Beine hinab«, berichtet Laertius, woraufhin Zenon beschämt davonlief. »Warum läufst du fort, wenn du nichts Böses getan hast?«, rief ihm Krates höhnisch nach. Er spottete über Zenos Annahme, er hätte Grund, sich zu schämen. Als Zenon begann, selbst Philosophie zu lehren, tat er dies in der *Stoa Poikile*, der »bemalten Säulenhalle« an der Nordseite der antiken Agora von Athen – daher die Bezeichnung »Stoiker«. Der Einfluss der Schule verbreitete sich schließlich bis nach Rom, und es sind die Werke dieser späteren römischen Stoiker – allen voran Epiktet, Seneca der Jüngere und Mark Aurel –, die erhalten geblieben sind.

Von Beginn an unterstrich der Stoizismus die grundlegende Bedeutung der Vernunft. Die Natur, so argumentierten die Stoiker, habe dem Menschen in einzigartiger Weise die Fähigkeit zur Vernunft verliehen, und daher bedeute ein »tugendhaftes« Leben – also ein Leben, das dem Menschen angemessen ist und ihm entspricht – ein Leben in Übereinstimmung mit der Vernunft. Die römischen Stoiker fügten noch eine psychologische Komponente hinzu: Ein tugendhaftes Leben im Einklang mit der Vernunft, so argumentierten sie, führe zu innerer Gelassenheit – einem Geisteszustand, den der Stoizismusforscher William B. Irvine durch das Fehlen negativer Emotionen wie Trauer, Wut und Angst sowie durch das Vorliegen positiver Emotionen wie Freude gekennzeichnet sieht.[5] Genau hier liegt der wesentliche Unterschied zwischen dem Stoizismus und dem modernen »Optimismuskult«. Für die Stoiker war der ideale Geisteszustand die Ruhe, nicht die erregbare Heiterkeit, die Positivdenker üblicherweise zu meinen scheinen, wenn sie das Wort »Glück« in den Mund nehmen. Gelassenheit sollte nicht dadurch erreicht werden, dass man krampfhaft nach angenehmen Erlebnissen strebt, sondern dadurch, dass man eine Art ruhiger Gleichgültigkeit gegenüber den eigenen Lebensumständen pflegt. Eine Möglichkeit, dies zu erreichen, bestand nach Ansicht der Stoiker darin, sich negativen Gefühlen und Erfahrungen zuzuwenden, sie nicht zu meiden, sondern sie stattdessen genau zu untersuchen.

Wenn diese Konzentration auf das Negative widersinnig erscheint, hilft es vielleicht, die Lebensumstände der Stoiker selbst zu betrachten. Epiktet wurde in der heutigen Türkei in die Sklaverei hineingeboren; obwohl er später freigelassen wurde, starb er als Krüppel infolge der brutalen Behandlung durch seine Herren. Seneca hingegen war der Sohn eines Adligen und machte eine glänzende Karriere als Privatlehrer des römischen Kaisers. Diese endete jedoch abrupt, als sein Arbeitgeber – bei dem es sich leider um den geistesgestörten Nero handelte – Seneca einer Verschwörung gegen ihn verdächtigte und ihm befahl, Selbstmord zu begehen.

Für Neros Verdacht gab es offenbar kaum Beweise, doch zu diesem Zeitpunkt hatte er bereits seine Mutter und seinen Stiefbruder ermordet und sich den Ruf erworben, nach Einbruch der Dunkelheit Christen in seinen Gärten zu verbrennen, um eine Lichtquelle zu schaffen. Man kann ihm also kaum vorwerfen, dass er sich untypisch verhalten hätte. Seneca, so heißt es, versuchte zu tun, wie ihm geheißen war, und schnitt sich die Adern auf, um zu verbluten. Er starb jedoch nicht und bat daher um Gift, was ihn ebenfalls nicht umbrachte. Erst als er ein Dampfbad nahm, an dem er erstickte, gelang ihm schließlich der Suizid. Es mag kaum überraschen, dass eine Philosophie, die aus schwierigen Lebensumständen heraus entstand oder in einem Kontext entwickelt wurde, wo selbst glücklose Adlige ein grausiges Schicksal ereilen konnte, nicht zu positivem Denken neigte. Welchen Wert hatte es, sich selbst einzureden, dass sich alles zum Besten wenden würde, wenn es doch so viele Anzeichen dafür gab, dass dies eher unwahrscheinlich war?

Es ist jedoch eine merkwürdige Wahrheit, dass der stoische Ansatz zum Glücklichsein durch Negativität mit genau jener Art von Erkenntnis beginnt, wie sie Norman Vincent Peale befürworten würde: dass es auf unsere *Überzeugungen* ankommt, wenn es darum geht, ob wir uns optimistisch oder niedergeschlagen fühlen. Die meisten Menschen, so sagen die Stoiker, gehen in dem Irrglauben durchs Leben, dass wir wegen bestimmter Personen, Situationen oder Ereignisse traurig, ängstlich oder wütend sind. Wenn man sich über einen Kollegen am Nebentisch ärgert, der nicht aufhört zu reden, nimmt man natürlich an, dass der Kollege die Quelle des Ärgers ist; wenn man hört, dass ein geliebter Verwandter krank ist, und sich um ihn sorgt, liegt es nahe, die Krankheit für die Quelle des Kummers zu halten. Wenn man seine

Erfahrungen jedoch genau betrachtet, kommt man – den Stoikern zufolge – schließlich zu dem Ergebnis, dass keines dieser äußeren Ereignisse an sich »negativ« ist. Tatsächlich kann außerhalb des eigenen Geistes eigentlich gar nichts als negativ oder positiv bezeichnet werden.

Was tatsächlich Leid verursacht, sind die Vorstellungen, die man über diese Dinge hat. Der Kollege ist nicht per se lästig, sondern weil wir glauben, dass es wichtig ist, unsere Arbeit ohne Unterbrechung zu erledigen. Auch die Krankheit eines Verwandten ist nur deshalb schlimm, weil man glaubt, dass es besser ist, wenn die Familie gesund bleibt (schließlich werden jeden Tag Millionen von Menschen krank, über die meisten haben wir keinerlei Meinung und fühlen uns deshalb auch nicht beunruhigt). »Die Umstände sind es nun einmal durchaus nicht, wodurch die Seele berührt wird«, drückt es der stoische Philosoph und Kaiser Mark Aurel aus. »Die Seele stimmt und bewegt sich einzig selber, und je nach dem Urteil und der Auffassung, zu der sie's bringen kann, gestaltet sie die Dinge, die vor ihr liegen.«[6] Wir denken, dass Kummer ein einstufiger Vorgang ist: Etwas in der Außenwelt verursacht Kummer in unserer Innenwelt. Tatsächlich aber handelt es sich um einen zweistufigen Vorgang: Zwischen dem äußeren Ereignis und dem inneren Gefühl steht eine Vorstellung. Wenn man die Krankheit eines Verwandten nicht als schlimm empfände, wäre man dann deswegen beunruhigt? Offensichtlich nicht. »An sich ist nichts weder gut noch schlimm; das Denken macht es erst dazu«, lässt Shakespeare seinen Hamlet äußerst stoisch sagen.

Das soll nicht heißen, dass es keine negativen Emotionen gibt, dass sie keine Rolle spielen oder dass sie durch bloße Willenskraft einfach beiseitegeschoben werden können. Die Stoiker stellen keine derartigen Behauptungen auf; sie beschreiben lediglich den Mechanismus, durch den Kummer, Not und Sorgen entstehen – und zwar ausnahmslos. Sogar der Verlust der Wohnung, des Arbeitsplatzes oder eines geliebten Menschen ist aus dieser Sicht kein negatives Ereignis an sich, sondern lediglich ein Ereignis. Dem könnte man entgegenhalten: Aber was ist, wenn es wirklich schlimm ist? Wenn man kein Zuhause und kein Einkommen hat, könnte man verhungern oder erfrieren. Das wäre doch sicher schlimm? Aber es gilt dieselbe unerbittliche Logik. Was macht die Aussicht, zu verhungern oder zu erfrieren, überhaupt so beunruhigend? Es ist die Überzeugung, dass der eigene Tod von Nachteil ist. Diese Erkenntnis über die Funktionsweise von Emotionen liegt auch der modernen kognitiven Verhaltenstherapie zugrunde, wie der führende stoische Philosoph A. A. Long hervorhebt. »Es steckt alles drin [im Werk der Stoiker]«, sagte er zu mir. »Insbesondere die Vorstellung, dass Urteile in unserer Macht stehen, dass unsere Emotionen durch unsere Urteile bestimmt werden und dass wir immer einen Schritt zurücktreten und fragen können: ›Sind es die anderen Menschen, die mich stören? Oder das Urteil, das ich über andere Menschen fälle?‹« Dies sei eine Denkmethode, die er selbst regelmäßig anwende, um mit alltäglichen Ärgernissen umzugehen, wie etwa der Wut im Straßenverkehr, erklärte Long. Hatten sich andere Autofahrer wirklich »falsch« verhalten? Oder war es zutreffender, dass der Grund für seine Wut die eigene Auffassung war, dass sie sich anders verhalten *sollten*?

Diese Unterscheidung ist wesentlich. Die Vorstellung, dass es letztlich unsere Überzeugungen sind, die uns Kummer bereiten, wird, wie wir gesehen haben, von Stoikern und Positivdenkern gleichermaßen geteilt. Darüber hinaus gehen die beiden Traditionen jedoch völlig auseinander. Die Kluft wird am deutlichsten sichtbar, wenn es um Zukunftsvorstellungen geht. Die Verfechter des Optimismus argumentieren, dass man so viele positive Erwartungen an die Zukunft wie möglich nähren sollte. Auf den ersten Blick mag dies ein guter Gedanke sein – ist es aber nicht. Wie die Experimente von Gabriele Oettingen zeigen, kann die Fokussierung auf ein gewünschtes Ergebnis die Bemühungen, dieses zu erreichen, sogar behindern. Ganz allgemein würden die Stoiker sagen, dass es keine besonders gute Technik zum Glücklichsein ist. Ständiger Optimismus in Bezug auf die Zukunft sorgt nur für einen umso größeren Schock, wenn etwas schiefgeht; indem der Positivdenker darum kämpft, ausschließlich an positiven Überzeugungen hinsichtlich der Zukunft festzuhalten, ist er am Ende schlechter vorbereitet und noch stärker verzweifelt, wenn schließlich Dinge geschehen, an denen er schlicht nichts Gutes finden kann. (Und solche Dinge passieren.) Dies ist ein Problem, das allen Ansätzen zum Glücklichsein zugrunde liegt, die ein zu großes Gewicht auf den Optimismus legen. Der Versuch, die Dinge in einem ausschließlich positiven Licht zu sehen, ist eine Haltung, die ständiges, mühsames Auffrischen erfordert. Sollten sich die eigenen Bemühungen als unzureichend erweisen, wenn man mit einem unerwarteten Schock konfrontiert wird, sinkt man in eine – möglicherweise noch tiefere – Trübsal zurück.

Indem sie ihre strenge Rationalität auf eine gegebene Situation anwenden, bieten die Stoiker einen eleganteren, nachhaltigeren und beruhigenderen Weg an, mit der Möglichkeit umzugehen, dass etwas schiefgeht: Anstatt sich zu bemühen, jeden Gedanken an diese Worst-Case-Szenarien zu vermeiden, raten sie dazu, sich aktiv mit ihnen auseinanderzusetzen und sie sich vor Augen zu führen. Damit wären wir bei einem wichtigen Meilenstein auf dem negativen Weg zum Glück angelangt – einer psychologischen Taktik, die William Irvine als »die wertvollste Einzeltechnik im Werkzeugkasten der Stoiker« bezeichnet.[7] Er nennt sie »negative Visualisierung«. Die Stoiker selbst nannten sie, etwas drastischer, die »Voraussicht von Übel«.

Der erste Nutzen davon, sich Gedanken über mögliche negative Entwicklungen zu machen, ist ein ganz einfacher. Die Psychologie ist sich seit Langem darin einig, dass einer der größten Feinde des menschlichen Glücks die »hedonistische Adaption« ist – dass alles, was uns Freude bereitet, sei es nun ein neues elektronisches Gerät oder etwas so Wichtiges wie eine Ehe, schnell in den Hintergrund unseres Daseins gedrängt wird. Wir gewöhnen uns daran, und damit lässt die Freude darüber nach. Daraus folgt, dass der Gewöhnungseffekt umkehrbar ist, wenn man sich regelmäßig vor Augen führt, dass man alles, was man derzeit genießt, auch wieder verlieren könnte – ja, dass man es am Ende sogar ganz sicher verlieren wird, wenn der Tod einen ereilt. Der Gedanke an die Möglichkeit, etwas zu verlieren, das man schätzt, verlagert es aus dem Hintergrund zurück in den Mittelpunkt des Lebens, wo es wieder Freude bereiten kann. »Wann immer du an etwas hängst«, schreibt Epiktet, »verhalte dich nicht so, als wäre es etwas, das dir nicht genommen werden kann, sondern als wäre es etwas wie ein Glas oder ein Kristallkelch … wenn du dein Kind, deinen Bruder, einen Freund küsst … erinnere dich daran, dass du einen Sterblichen liebst, etwas, das nicht dir gehört; es ist dir für die Gegenwart gegeben worden, nicht untrennbar und nicht für immer, sondern wie eine Feige oder eine Traube zu einer bestimmten Jahreszeit.«[8] Jedes Mal, wenn man seinem Kind einen Gutenachtkuss gibt, soll man also ausdrücklich die Möglichkeit in Betracht ziehen, dass es morgen sterben könnte. Das ist ein erschreckender Rat, der allen Eltern entsetzlich erscheinen mag, doch Epiktet bleibt beharrlich: Durch diese Praxis werden Sie Ihr Kind umso mehr lieben und gleichzeitig den Schock mildern, sollte diese schreckliche Möglichkeit jemals eintreten.

Der zweite Nutzen, der darin liegt, sich stets auf das Schlimmste vorzubereiten, ist subtiler und vermutlich noch stärker: Es ist ein wirksames Mittel gegen die Angst.

Denken Sie einmal darüber nach, wie wir normalerweise versuchen, Sorgen über die Zukunft zu zerstreuen: Wir versuchen, uns zu beruhigen und uns selbst davon zu überzeugen, dass alles in Ordnung kommen wird. Beruhigung ist jedoch ein zweischneidiges Schwert. Kurzfristig kann sie wunderbar sein, aber wie alle Formen des Optimismus muss sie kontinuierlich erneuert werden: Wenn Sie einen von Angst geplagten Freund beruhigen, steht er oft nur wenige Tage später erneut angsterfüllt vor Ihrer Tür. Schlimmer noch, Beruhigung kann die Angst sogar noch steigern: Wenn Sie Ihrem Freund versichern, dass das von ihm befürchtete Worst-Case-Szenario wahrscheinlich nicht eintreten wird, bestärken Sie ihn ungewollt in seiner Überzeugung, dass es eine Katastrophe wäre, wenn es doch einträte. Sie ziehen die Spirale seiner Angst an, anstatt sie zu lockern. Allzu oft, so betonen die Stoiker, wenden sich die Dinge nicht zum Besten.

Wahr ist allerdings auch: Wenn etwas schiefgeht, dann geht es mit ziemlicher Sicherheit meist weniger schief, als man befürchtet hat. Der Verlust des Arbeitsplatzes bedeutet nicht gleich Hunger und Tod; der Verlust eines Freundes oder einer Freundin bedeutet nicht gleich ein Leben in unendlichem Kummer. Diese Ängste beruhen auf irrationalen Einschätzungen über die Zukunft, meist, weil man die Angelegenheit nicht ausreichend durchdacht hat. Wenn man das Gerücht über Kürzungen im Unternehmen hört, stellt man sich sofort vor, völlig mittellos zu sein; verhält sich ein Partner abweisend, stellt man sich ein Leben in Einsamkeit vor. Solche irrationalen Vorstellungen lassen sich durch rationalere Urteile ersetzen, indem man sich plastisch vergegenwärtigt, was tatsächlich alles schiefgehen könnte. In der Regel werden Sie feststellen, dass Ihre Befürchtungen übertrieben waren. Wenn Sie Ihren Arbeitsplatz verlieren, gibt es bestimmte Schritte, die Sie unternehmen können, um einen neuen zu finden; wenn Ihre Beziehung in die Brüche geht, würden Sie es wahrscheinlich schaffen, ein gewisses Lebensglück zu finden, auch wenn Sie Single bleiben. Die Konfrontation mit dem schlimmsten Szenario nimmt ihm viel von seiner Angst auslösenden Kraft. Das Glück, das durch positives Denken erreicht wird, kann flüchtig und unbeständig sein; die negative Visualisierung erzeugt eine weitaus zuverlässigere Ruhe.

Seneca treibt diese Denkweise zu ihrer logischen Schlussfolgerung. Wenn die Vorstellung des Schlimmsten eine Quelle der Beruhigung sein kann, wie wäre es dann, wenn man bewusst versuchte, einen Vorgeschmack auf das Schlimmste zu erleben? In einem seiner Briefe schlägt er eine Übung vor, die der direkte Vorläufer meiner peinlichen Erlebnisse in der Londoner U-Bahn war, wenn auch zugegebenermaßen extremer: Wenn man am meisten fürchtet, seinen materiellen Reichtum zu verlieren, solle man sich nicht weismachen, dass dies niemals geschehen könne, rät er. (Das wäre der Ansatz von Dr. Robert H. Schuller – sich zu weigern, die Möglichkeit des eigenen Scheiterns in Betracht zu ziehen.) Stattdessen solle man so tun, als hätte man bereits alles verloren: »Setze dir eine bestimmte Anzahl von Tagen, an denen du dich mit der kärglichsten und billigsten Kost, mit grober und rauer Kleidung begnügst, und sage dir während dieser Zeit: ›Ist das der Zustand, den ich gefürchtet habe?‹«[9] Das macht vielleicht keinen großen Spaß. Doch die Übung zwingt dazu, die größten Befürchtungen, wie schlimm eine solche Situation sein könnte, mit der Realität zu vergleichen – die zwar unangenehm, aber auch nicht gar so katastrophal ist. Dadurch begreift man, dass selbst das Worst-Case-Szenario etwas ist, womit man zurechtkommen kann.

Das alles leuchtete mir intellektuell ein, aber ich wollte wissen, ob heute wirklich jemand nach diesen Prinzipien lebt. Ich hatte Gerüchte über eine moderne Gemeinschaft selbst ernannter Stoiker gehört, die über den ganzen Globus verstreut seien, und bei meinen Nachforschungen stieß ich rasch auf das sogenannte International Stoic Forum, ein Internet-Nachrichtenforum mit mehr als 800 Mitgliedern. Bei weiteren Recherchen entdeckte ich die Geschichte eines Polizeibeamten in Chicago, der behauptete, die Prinzipien des Stoizismus anzuwenden, um bei der Konfrontation mit gewalttätigen Bandenmitgliedern die Ruhe zu bewahren. Auf einer anderen Website berichtete ein Lehrer aus Florida von der Gründungssitzung der International Stoic Society, die 1998 in Zypern stattfand.

Dabei tauchte immer wieder ein Name auf – als Moderator des International Stoic Forum, als Mentor des Chicagoer Polizisten und als Autor zahlreicher Web-Postings über die Vorteile eines stoischen Lebens. Ich beschloss, einen Seneca der Neuzeit aufzuspüren. Vielleicht hatte dieser Mensch der Gesellschaft entsagt, wie es Seneca in seinen späteren Jahren getan hatte, und lebte beispielsweise in einer einfachen ländlichen Behausung am Fuße eines Mittelmeervulkans, wo er seine Tage mit philosophischer Kontemplation und seine Abende mit dem Genuss von Retsina verbrachte. Doch der Mensch, zu dem meine Nachforschungen führten, war nichts von alledem. Sein Name war Keith, und er lebte nur eine kurze Zugfahrt nordwestlich von London entfernt, in der Stadt Watford.

Obwohl Dr. Keith Seddon in Watford wohnte, erfüllte er gewisse Kriterien der Weltabgewandtheit. Das wurde mir sofort klar, als ich sein Haus sah. Durch eine hohe Hecke, in der ich schließlich ein sehr kleines Tor entdeckte, von den gepflegteren Nachbargebäuden abgesetzt erinnerte es an ein Zaubererhäuschen, wie es Tolkien ersonnen hätte, wenn *Der Herr der Ringe* im Londoner Pendlergürtel spielen würde. Es war früher Nachmittag, und es regnete stark. Durch das große Erkerfenster konnte ich sehen, dass das vordere Zimmer menschenleer war, aber vollgestopft mit wackeligen Bücherstapeln und einer umfangreichen Sammlung von Panamahüten. Erst nach mehrmaligem Klingeln öffnete Seddon die Tür. Doch als er es tat, sah er genau so aus, wie man ihn sich vorstellt: langer grauer Bart, funkelnde Augen und eine Lederweste, das Ganze gekrönt von einem seiner Panamahüte. »Kommen Sie rein«, sagte er dreimal hintereinander und führte mich aus dem Regen durch den Flur in ein kleines Nebenzimmer mit einem Gaskamin, einem Sofa und zwei Sesseln mit hoher Lehne. In einem von ihnen saß seine Frau Jocelyn. Ein Großteil des übrigen Platzes wurde von noch mehr Büchern beansprucht, die in viel zu kleine Bücherregale gequetscht waren. Werke der klassischen Philosophie drängten sich neben eher esoterischen Titeln: *Das*

Buch ägyptischer Rituale, *Einführung ins Elbische* und *Füllfederhalter der Welt*. Seddon geleitete mich zum Sofa und holte mir eine Cola light.

Es war sofort klar, dass das Schicksal es nicht besonders gut mit dem Paar gemeint hatte. Jocelyn litt an einer schweren, früh aufgetretenen rheumatoiden Arthritis, die sie sehr geschwächt hatte. Obwohl sie erst Anfang fünfzig war, hatte sie große Schwierigkeiten, auch nur ein Glas an die Lippen zu führen, ein Unterfangen, das den Einsatz beider Hände erforderte und ihr offenkundig Schmerzen bereitete. Keith war ihr Vollzeitbetreuer und litt selbst an Myalgischer Enzephalomyelitis, dem chronischen Müdigkeitssyndrom. Beide hatten promoviert und eine akademische Laufbahn geplant, doch dann war Jocelyns Krankheit dazwischengekommen. Keith war Dozent für Fernkurse in Stoizismus und unterrichtete Studierende an amerikanischen Privatuniversitäten, doch auch diese Einnahmequelle versiegte zusehends. Das Geld war inzwischen ziemlich knapp.

Doch die Stimmung in dem überhitzten kleinen Zimmer war alles andere als mutlos. Jocelyn, so stellte sich heraus, bezeichnete sich zwar nicht als Stoikerin wie ihr Mann, hatte aber eine ähnliche Einstellung: Sie sagte, ihre Krankheit habe sich als »dunkles Geschenk« erwiesen. Sobald sie gelernt habe, die Leute zu ignorieren, die ihr sagten, sie solle »dagegen ankämpfen« oder »positiv denken«, habe sie ihre Abhängigkeit von anderen als eine Art Segen begriffen. Sie wirkte gelassen; Keith hingegen war geradezu übersprudelnd. »Als Stoiker ist man wirklich in einer sehr unbequemen Lage«, erklärte er vergnügt. »Die Menschen sind im Laufe der Geschichte diesem riesigen Irrtum über das Glück aufgesessen, und wir, die Stoiker, stehen hier am Rande – eigentlich sind wir schon darüber hinaus – und rufen von jenseits des Horizonts: ›Ihr habt das alles falsch verstanden! Ihr habt alles falsch verstanden!‹«

Keith führte seine Anfänge als Stoiker auf eine bizarre Begebenheit zurück, die ihm im Alter von etwa 20 Jahren widerfuhr, als er durch einen bewaldeten Park unweit seines Hauses außerhalb Londons spazieren ging. Er beschrieb es als einen Wechsel der Perspektive – jene Art aufrüttelnder Einsicht, die oft als »spirituelle Erfahrung« beschrieben wird. »Es war eine ganz kurze Angelegenheit«, erinnerte er sich. »Nur ein oder zwei Minuten. Aber plötzlich, für diese ein oder zwei Minuten, war ich ...« Er hielt inne und suchte nach den richtigen Worten. »Ich war mir *unmittelbar* bewusst, wie alles in Raum und Zeit miteinander zusammenhing«, sagte er schließlich. »Es war, als reiste ich hinaus in den Weltraum, nähme das Universum als Ganzes wahr und sähe alles so miteinander verbunden, wie es gedacht war. Als etwas Vollendetes und Vollständiges.«

Ich nahm einen Schluck Cola light und wartete.

»Es war wie ein Airfix-Modell«, sagte er mit einem ärgerlichen Kopfschütteln, was ich dahingehend interpretierte, dass es in Wirklichkeit eben nicht wie ein Airfix-Modell gewesen war. »Ich spürte, dass alles absichtlich gemacht worden war, von einer Art Instanz. Kein Gott außerhalb des Universums, der die Fäden zieht, verstehen Sie? Sondern so, als ob die ganze Sache selbst Gott wäre.« Er hielt wieder inne. »Wissen Sie, das Komische ist, dass es mir damals gar nicht so wichtig erschien.« Nachdem der 20-jährige Seddon kurz in ein mystisches Reich des kosmischen Bewusstseins eingetreten war, vergaß er es, ging nach Hause und setzte sein Studium fort.

Doch nach einer Weile ließ ihn die Erinnerung an diese zwei Minuten nicht mehr los. Er las das *Daodejing* und suchte nach Hinweisen im Taoismus. Er beschäftigte sich mit dem Buddhismus. Schließlich aber sprach ihn der Stoizismus an. »Er erschien mir einfach viel solider und geerdeter«, sagte er. »Ich dachte: ›Hier gibt es nichts, was ich bestreiten könnte!‹« Es zeigte sich, dass sich seine Vision im Park mit der ganzheitlichen Weltauffassung der Stoiker deckte: Auch sie glaubten, dass das Universum Gott war, dass es einen großen Plan gab und dass alles aus einem bestimmten Grund geschah.

Das stoische Ziel, entsprechend der Vernunft zu handeln, bedeutete, in Übereinstimmung mit diesem universellen Plan zu handeln. Man solle sich den »Kosmos ununterbrochen als ein Lebewesen denken, das nur ein Sein und eine Seele besitzt«, heißt es bei Mark Aurel.[10] »Alles, was sich ereignet, geschieht gerecht.« Aus Sicht heutiger Säkularisten ist dies sicherlich der Teil des Stoizismus, der am schwersten zu schlucken ist. Das Universum »Gott« zu nennen, mag gerade noch akzeptabel sein; das ist wohl nur eine Frage der Formulierung. Doch zu behaupten, dass alles nach einem Plan abläuft, ist weitaus problematischer. Tatsächlich müsse er im International Stoic Forum immer wieder heftige Auseinandersetzungen zwischen atheistischen und theistischen Stoikern schlichten, erklärte Keith mit einem Seufzer. Als guter Stoiker lasse er sich davon freilich nicht allzu sehr aus der Ruhe bringen.

Man muss die stoische Vorstellung eines »großen Plans« jedoch nicht notwendigerweise übernehmen, um dessen umgekehrten Aspekt zu begreifen, der für den Stoizismus im täglichen Leben viel wichtiger ist: dass nämlich wir alle, unabhängig davon, ob es eine höhere Instanz gibt, die den Lauf der Dinge steuert, eindeutig nur sehr wenig Einfluss auf den Kosmos haben. Keith und Jocelyn hatten dies auf die harte Tour erfahren. Sie hätten lieber ohne Jocelyns Arthritis, ohne Keiths ständige Müdigkeit und mit mehr Geld gelebt. Doch ohne dass sie es wollten, gelangten sie durch diese Umstände zur zentralen Einsicht des Stoizismus und der darin liegenden Weisheit, die Grenzen der persönlichen Einflussnahme auf das eigene Schicksal zu erkennen.

Wie Seneca immer wieder feststellt, tun wir gewöhnlich so, als hätten wir größeren Einfluss auf die Welt, als dies tatsächlich der Fall ist. Selbst solch persönliche Angelegenheiten wie unsere Gesundheit, unsere Finanzen und unser Ruf entziehen sich letztlich unserer Kontrolle; wir können natürlich versuchen, sie zu beeinflussen, doch oftmals läuft es nicht nach unseren Vorstellungen. Das Verhalten anderer Menschen liegt sogar noch weiter außerhalb unserer Einflussmöglichkeiten. Die meisten herkömmlichen Vorstellungen von Glück – die darin bestehen, dass man sich alles so einrichtet, wie man es gerne hätte – werden dadurch vor ein großes Problem gestellt. In guten Zeiten vergessen wir leicht, wie wenig Einfluss wir eigentlich haben: Meist können wir uns einreden, dass wir die Beförderung bei der Arbeit, die neue Beziehung oder den Nobelpreis nur unseren eigenen Fähigkeiten und Anstrengungen zu verdanken haben. In unglücklichen Zeiten hingegen wird uns die Wahrheit vor Augen geführt. Arbeitsplätze gehen verloren, Pläne scheitern, Menschen sterben. Wenn Ihre Glücksstrategie davon abhängt, dass Sie die Umstände nach Ihrem Willen gestalten können, ist das eine schreckliche Erkenntnis: Das Beste, was Sie tun können, ist beten, dass nicht so viel schiefgeht, und versuchen, sich abzulenken, wenn es doch passiert. Für die Stoiker bedeutet Gelassenheit jedoch, dass man sich mit der Realität seiner begrenzten Einflussmöglichkeiten auseinandersetzen muss. »Nie habe ich dem Glücke getraut, auch wenn es Frieden zu halten schien«, schreibt Seneca. »Alles das, was es mir höchst gnädig zuerteilte, Geld, Ehrenstellen, Gunst, habe ich an einen solchen Ort gestellt, von wo es solches wieder wegnehmen konnte, ohne dass es mich berührte.«[11] Diese Dinge liegen außerhalb der Kontrolle des Einzelnen; wenn man sein Glück darauf gründet, muss man mit einem bösen Schock rechnen. Das Einzige, was wir wirklich kontrollieren können, so argumentieren die Stoiker, sind unsere Urteile über unsere Umstände – also das, was wir glauben. Das ist jedoch nichts Schlechtes. Wie wir bereits gesehen haben, sind aus stoischer Sicht gerade unsere Urteile die Ursache für unseren Kummer – und daher sind sie alles, was wir beherrschen müssen, um Leid durch Gelassenheit ersetzen zu können.

»Nehmen wir einmal an, jemand beleidigt Sie – und zwar unter der Gürtellinie«, sagte Keith, der sich in seinem Sessel vorbeugte, als er nun tiefer in sein Thema einstieg. »Der Stoiker, wenn er ein guter Stoiker ist, wird nicht ärgerlich oder wütend oder aufgebracht oder verstimmt, denn er wird erkennen, dass im Grunde nichts Schlimmes passiert ist. Um sich zu ärgern, müsste er zunächst zu der Überzeugung gelangen, dass sein Gegenüber ihm Schaden zugefügt hat. Das Problem ist, dass man darauf gepolt wird, sein ganzes Leben lang solche Urteile zu fällen.«

Dies ist ein relativ kleines Beispiel: Es ist leicht zu erkennen, dass eine verbale Beleidigung nicht unbedingt einen persönlichen Schaden verursacht. Beim Tod eines Freundes wäre es ungleich schwieriger, dasselbe Argument anzuführen. Aus diesem Grund ist die Vorstellung eines »großen Plans« letztlich so entscheidend für eine konsequente Hinwendung zum Stoizismus: Nur wenn man den Tod als

Teil eines solchen Plans begreift, kann man darauf hoffen, ihm mit Gelassenheit zu begegnen. »Verachte nicht den Tod, sondern befreunde dich mit ihm, da auch er eines von den Dingen ist, die die Natur will«, sagt Mark Aurel.[12] Doch das ist ein hoher Anspruch. Das Beste, was der Stoizismus – sofern man nicht an Gott glaubt – in dieser Situation leisten könnte, wäre wahrscheinlich die Erkenntnis, dass man eine gewisse Kontrolle über die eigenen Urteile hat. Man könnte sich daran erinnern, dass die Entscheidungsmöglichkeit besteht, ernstlich, aber maßvoll aufgebracht zu sein, anstatt vollkommen zu verzweifeln.

Allerdings entkräftet dies kaum die Nützlichkeit eines stoischen Ansatzes, wenn es um kleinere, alltägliche Formen der Bedrängnis geht – und genau hier sollten Seddons Fernkursstudenten ansetzen. »Versuchen Sie, stoisch zu denken«, riet er ihnen, und zwar für die Dauer eines einzigen Einkaufs im Supermarkt. Ist etwas nicht mehr vorrätig? Sind die Warteschlangen zu lang? Der Stoiker ist nicht unbedingt gezwungen, die Situation zu tolerieren; er könnte stattdessen in ein anderes Geschäft gehen. Sich darüber aufzuregen wäre aus stoischer Sicht jedoch ein Urteilsfehler. Man kann die Situation nicht beeinflussen, also ist es irrational, mit Zorn auf diese Realität zu reagieren. Außerdem steht die Verärgerung mit ziemlicher Sicherheit in keinerlei Verhältnis zum tatsächlichen Schaden, der sich durch derlei Umstände – falls überhaupt – ergibt; es besteht somit kein Grund, das Ganze persönlich zu nehmen. Vielleicht ist es eine Gelegenheit, sich mit der »Voraussicht von Übel« zu befassen: Was ist das absolut Schlimmste, was als Folge dieser Situation eintreten könnte? Wenn Sie sich diese Frage stellen, werden Sie fast immer erkennen, dass Ihre Beurteilung der Situation überzogen ist. Wenn Sie sich davon lösen, erhöhen Sie damit erheblich die Chancen, dass Wut oder Verärgerung Gelassenheit und Ruhe weichen.

Es ist wichtig, hier zwischen Akzeptanz und Resignation zu unterscheiden: Wenn man seine Vernunft einsetzt, um sich nicht mehr an einer Situation zu stören, bedeutet das nicht, dass man nicht versuchen sollte, diese zu ändern. Um ein ganz offensichtliches Beispiel zu nennen: Von einer Stoikerin, die sich in einer missbräuchlichen Beziehung befindet, würde man wohl kaum erwarten, dass sie sich damit abfindet, und es wäre mit Sicherheit das Beste, Maßnahmen zur Beendigung dieser Beziehung zu treffen. Ihre stoische Haltung würde ihr lediglich gebieten, sich der Wahrheit ihrer Situation zu stellen – sie als das zu sehen, was sie ist – und dann die in ihrer Macht stehenden Maßnahmen zu ergreifen, anstatt gegen ihre Umstände zu wettern, als ob sie nicht existieren dürften. »Hier, diese Gurke ist bitter – lege sie weg!«, rät Mark Aurel.[13] »Hier ist ein Dornstrauch – geh ihm aus dem Weg! Weiter ist darüber nichts zu sagen.« Das genügt, ohne auch noch zu fragen: »Wozu in aller Welt ist solches Zeug?«

Oder nehmen wir jemanden, der zu Unrecht verurteilt und inhaftiert wurde, sagte Keith. Als Stoiker wird dieser Mensch sagen, dass es in gewisser Weise keine Rolle spielt, dass er zu Unrecht inhaftiert wurde. Was zählt, ist, wie ich mit der Situation umgehe. Jetzt, wo ich hier bin und nicht irgendwo anders, hier, zu dieser Zeit und an diesem Ort – was kann ich tun? Vielleicht muss ich mich über das Gesetz informieren, in Berufung gehen und für meine Freiheit kämpfen. Das ist gewiss keine Resignation. Rational betrachtet akzeptiere ich die Realität der Situation, deshalb brauche ich mich nicht durch die Einschätzung verunsichern zu lassen, dass sie nicht hätte eintreten sollen. Denn es passiert nun einmal. Für Keith und Jocelyn traf dies genau ins Schwarze. »Ohne den Stoizismus wüsste ich wirklich nicht, wie wir das durchgestanden hätten«, sagte er leise und deutete auf seine Frau und sich selbst.

Als ich mich später auf den Rückweg durch die Watforder Dämmerung machte, hatte ich das Gefühl, wie durch Osmose etwas von Keiths streng rationaler Gelassenheit aufgesogen zu haben. Wieder in London, ging ich Lebensmittel einkaufen. Ich wollte für die Freunde, bei denen ich zu Gast war, das Abendessen zubereiten. Im Supermarkt fand ich mich tatsächlich am Ende einer langen Schlange wieder, die von einem überforderten Mitarbeiter und einer Reihe schlecht funktionierender Kassenautomaten bedient wurde. Ich verspürte einen kurzen Anflug von Ärger, ehe es mir gelang, mich auf die Stoiker zu besinnen. Die Situation war, wie sie war. Ich konnte gehen, wenn ich wollte. Und das Worst-Case-Szenario – ein paar Minuten Verzögerung, bis meine Freunde und ich essen konnten – war so unbedeutend, dass es lächerlich war. Meine irrationale Beurteilung der Situation war das Problem, nicht die Supermarktschlange. Ich war ungemein zufrieden mit mir selbst, weil ich das erkannt hatte. Zugegeben, in der langen Geschichte des Stoizismus war das ein ziemlich kleiner Triumph. Es war zum Beispiel kein Vergleich dazu, angesichts eines erzwungenen Selbstmords durch Verbluten ruhig zu bleiben, wie Seneca. Dennoch, so sagte ich mir ganz stoisch, muss man ja irgendwo anfangen.

Für die Stoiker sind also unsere Urteile über die Welt alles, was wir beherrschen können, aber auch alles, was wir beherrschen müssen, um glücklich zu sein; Gelassenheit beruht darauf, dass wir unsere irrationalen Urteile durch rationale ersetzen. Die Beschäftigung mit dem schlimmsten Fall, die »Voraussicht von Übel«, ist oft der beste Weg, um dies zu erreichen – bis hin zu dem Punkt, diese »Übel« willentlich zu erleben, wie Seneca vorschlägt, um zu begreifen, dass sie vielleicht nicht so schlimm sind, wie man irrationalerweise befürchtet hat.

Letztere Technik war es, die sich Jahrhunderte später als besonders inspirierend für einen eigenwilligen Psychotherapeuten namens Albert Ellis erwies, der mehr als jeder andere dazu beitrug, den Stoizismus wieder in den Fokus der modernen Psychologie zu rücken. Im Jahr 2006, in den letzten Monaten seines Lebens, besuchte ich ihn in einer beengten Wohnung im obersten Stockwerk über jener Einrichtung, die er – mit der für ihn typischen Außerachtlassung von Bescheidenheit – Albert Ellis Institute genannt hatte, in Uptown Manhattan. Er war 93 Jahre alt und stand für das Gespräch nicht aus dem Bett auf. Um seiner schweren Hörminderung Rechnung zu tragen, trug er einen klobigen Kopfhörer und verlangte, dass ich in ein Mikrofon spräche.

»Wie der Buddha vor zweieinhalbtausend Jahren sagte«, erklärte er, kurz nachdem wir zu sprechen begonnen hatten, und zeigte mit dem Finger in meine Richtung, »haben wir alle unseren beschissenen Verstand verloren! So sind wir eben.« Ehrlich gesagt wäre ich enttäuscht gewesen, wenn er sich nicht gleich zu Beginn der Unterhaltung so geäußert hätte, denn er war bekannt für seinen Hang zum Fluchen. Aber ich wusste, dass er mehr zu bieten hatte als nur einen Unterhaltungswert. Einige Jahrzehnte zuvor hatten ihn die amerikanischen Psychologen zum zweiteinflussreichsten Psychotherapeuten des 20. Jahrhunderts gewählt, hinter dem Begründer der humanistischen Psychologie,

Carl Rogers, aber – erstaunlicherweise – noch vor Sigmund Freud.[14] Das war besonders großzügig von ihnen, wenn man bedenkt, dass Ellis einen großen Teil der konventionellen Psychologie als »Schwachsinn« bezeichnete.

Als Ellis in den 1950er-Jahren begann, seine stoisch geprägte Sichtweise der Psychologie zu propagieren, war diese sehr umstritten und stand im Widerspruch sowohl zur Selbsthilfe, die sich auf positives Denken konzentrierte, als auch zur freudianischen Lehre, die den Berufsstand dominierte. Mehrfach wurde er auf Psychologiekongressen verhöhnt. Doch jetzt, mit mehr als 50 veröffentlichten Büchern – ein typischer Bestseller trug den Titel *Training der Gefühle: Wie Sie sich hartnäckig weigern, unglücklich zu sein* –, strahlte er die Zufriedenheit des geistigen Sieges aus.

Ein paar Tage zuvor hatte ich Ellis bei einem seiner berühmten »Freitagabend-Workshops« erlebt, wo er Freiwillige auf die Bühne holte, um sie vor einem Publikum aus angehenden Therapeuten und interessierten Bürgern zu ihrem eigenen Vorteil zu beschimpfen. Die erste Teilnehmerin, die ich sah, war von Sorgen geplagt: Sie konnte sich nicht entscheiden, ob sie ihren Job aufgeben und zu ihrem langjährigen Freund auf die andere Seite des Landes ziehen sollte. Sie wollte ihn heiraten, und sie mochte ihren Job nicht besonders, aber was, wenn er nicht der Richtige für sie war? »Vielleicht stellt sich heraus, dass er ein Idiot ist, und ihr lasst euch scheiden!«, schrie Ellis – weil er taub war, aber auch, wie ich vermutete, weil er gern schrie. »Das wäre höchst unangenehm! Du könntest traurig sein! Aber vielleicht wird es gar nicht so *schlimm*. Es muss nicht unbedingt *ganz und gar* schrecklich werden.«

Diese Unterscheidung – zwischen Ergebnissen, die ganz und gar schrecklich sind, und solchen, die lediglich schlimm sind – mag oberflächlich klingen oder wie billige Wortklauberei. Um zu verstehen, warum weder das eine noch das andere der Fall ist und warum sie den Kern von Ellis' Ansichten über die Tugenden des negativen Denkens trifft, muss man seine Jugend in Pittsburgh in den ersten Jahrzehnten des 20. Jahrhunderts betrachten. Schon in jungen Jahren war es Ellis ein dringendes persönliches Bedürfnis, wie ein Stoiker zu denken. Seine Mutter war, wie er sich erinnerte, selbstverliebt und melodramatisch; sein Vater, ein Handelsreisender, war selten zu Hause. Im Alter von fünf Jahren erkrankte Ellis an einem schweren Nierenleiden, das ihn während seiner gesamten Kindheit zu langen Krankenhausaufenthalten verdammte, während derer ihn seine Eltern fast nie besuchten. Alleine mit seinen Gedanken, vertiefte er sich in philosophische Spekulationen über das Wesen des Daseins und las schließlich Senecas *Briefe an Lucilius*. Der Fokus der Stoiker auf die Bedeutung des eigenen Urteils über die eigenen Umstände sprach ihn an; seine unglückliche Existenz, so erkannte er, könnte ein überraschend nützlicher Nährboden sein, um stoische Weisheit zu erlangen. Im Jahr 1932 war er ein schlaksiger 18-Jähriger, der zwar gewaltige Hemmungen hatte, mit Frauen zu sprechen, aber genug über Philosophie und Psychologie wusste, um zu versuchen, sein Schüchternheitsproblem durch ein praktisches stoisches Experiment in den Griff zu bekommen. Eines Tages in jenem Sommer (dem Sommer, in dem Amelia Earhart den Atlantik überflog und Walt Disney den ersten Technicolor-Zeichentrickfilm herausbrachte) begab sich Ellis in den Bronx Botanical Garden in der Nähe seines Hauses in New York City, um seinen Plan in die Tat umzusetzen.

Ellis hatte beschlossen, einen Monat lang jeden Tag einen festen Plan zu befolgen: Er würde sich auf eine Parkbank setzen, und wenn sich eine Frau neben ihm niederließ, wollte er versuchen, ein unverfängliches Gespräch zu beginnen. Das war alles. Am Ende teilte er sich Bänke und Gesprächsversuche mit 130 Frauen. »Zwar standen dreißig auf und gingen weg«, erinnerte er sich Jahre später.[15] »Aber damit blieb mir eine Auswahl von hundert, was für Forschungszwecke gut genug war. Ich sprach mit allen hundert – zum ersten Mal in meinem Leben.« Nur in einem Fall entspann sich das Gespräch jedoch so weit, dass Ellis und seine Banknachbarin ein weiteres Treffen vereinbarten – »aber sie kam nicht«. Für einen unbeteiligten Beobachter mochte das Experiment wie ein völliger Fehlschlag wirken. Doch Ellis hätte ein derartiges Urteil wahrscheinlich als »Schwachsinn« zurückgewiesen; für ihn war es ein triumphaler Erfolg. Was Ellis über seine unausgesprochenen Überzeugungen hinsichtlich der Konversation mit Frauen begriffen hatte – eine Erkenntnis, die er später auf alle Überzeugungen ausdehnte, die sich hinter Sorgen und Ängsten verbergen –, war, dass sie absolutistisch waren. Anders gesagt: Er wollte nicht nur weniger schüchtern sein und sich mit Frauen unterhalten können. Vielmehr war er von der absolutistischen Überzeugung ausgegangen, dass er dazu ihre Einwilligung benötigte. Später prägte er einen Namen für diese Geisteshaltung: »Musturbation«. Wir erheben die Dinge, die wir wollen, die Dinge, die wir gerne hätten, zu Dingen, von denen wir glauben, dass wir sie haben *müssen*; wir glauben, dass wir unter bestimmten Umständen erfolgreich sein *müssen* oder dass andere Menschen uns gut behandeln *müssen*. Weil wir glauben, dass diese Dinge eintreten *müssen*, folgt daraus, dass es eine absolute Katastrophe wäre, wenn sie nicht einträten. Kein Wunder, dass wir so ängstlich sind: Wir haben beschlossen, dass es nicht nur schlecht wäre, wenn wir unser Ziel nicht erreichen, sondern *ganz und gar* schlecht – absolut schrecklich.

Ellis' Begegnungen im Bronx Botanical Garden hatten ihm gezeigt, dass das Worst-Case-Szenario – Zurückweisung – bei Weitem nicht die absolute Katastrophe war, die er befürchtet hatte. »Niemand zog ein Stilett hervor und schnitt mir die Eier ab«, erinnerte er sich.[16] »Niemand erbrach sich und rannte davon. Niemand rief die Polizei.« Aus stoischer Sicht war es sogar gut, dass keines seiner Gespräche zu einem aufregenden Date geführt hatte; denn hätte er ein derart spektakuläres Ergebnis erzielt, hätte dies vielleicht unterschwellig seine irrationalen Überzeugungen über die Schrecklichkeit des Nichterreichens dieser Ziele verstärkt. Diese »Übung zur Schambekämpfung«, wie er solcherlei Unternehmungen später nannte, war die real und unmittelbar gewordene »Voraussicht von Übel«. Das Schlimmste an einem Ereignis, pflegte Ellis zu sagen, »ist in der Regel der übersteigerte Glaube an seinen Schrecken«. Um diese Überzeugung zu entschärfen, musste man sich mit der Realität auseinandersetzen – und in der Realität erwies sich die Zurückweisung durch Frauen lediglich als unerwünscht, nicht als schrecklich oder furchtbar. Später, als Psychotherapeut, entwickelte Ellis weitere Übungen, um die Scham zu überwinden. Bei einer dieser Übungen schickte er seine Patienten auf die Straßen von Manhattan mit der Anweisung, Fremde anzusprechen und zu ihnen zu sagen: »Entschuldigen Sie, ich komme gerade aus dem Irrenhaus – können Sie mir sagen, welches Jahr wir haben?« Es zeigte den Patienten, dass es sie nicht umbrachte, für verrückt gehalten zu werden. Bei einer anderen Übung wies er die Teilnehmer an, mit der New Yorker U-Bahn zu fahren und dabei laut die Namen der Stationen zu rufen. Als er mir davon erzählte, erwiderte ich, dass ich eine solche Übung als äußerst peinlich empfinden würde. Ellis sagte, genau deshalb solle ich es einmal versuchen.

Die Erläuterung des Unterschieds zwischen einem schrecklichen und einem lediglich unerwünschten Ergebnis wurde zur bestimmenden Mission in Ellis' beruflicher Laufbahn. Er behauptete sogar, dass nichts jemals absolut schrecklich sein könne – »denn wenn man darauf beharrt, dass ein unerwünschtes Ereignis schrecklich oder furchtbar ist, impliziert man damit, wenn man ehrlich zu sich selbst ist, dass es so schlimm ist, wie es nur sein kann«.[17] Nichts könne jedoch zu 100 Prozent schlimm sein, weil es immer noch schlimmer kommen könne, argumentierte er. Selbst wenn man ermordet würde, »wäre das zwar sehr schlimm, aber nicht hundertprozentig schlimm«, denn mehrere geliebte Menschen könnten dasselbe Schicksal erleiden, »und das wäre noch schlimmer. Wenn man langsam zu Tode gefoltert wird, kann man immer noch langsamer zu Tode gefoltert werden«. Allerdings räumte er widerwillig ein, dass es ein Ereignis gebe, das man zu Recht als absolut schlimm bezeichnen könne: die vollständige Vernichtung aller Wesen und Dinge auf dem Planeten. Aber das, so betonte er, »dürfte in naher Zukunft kaum zu erwarten sein«.

Dies mag als seltsam kaltherzige Haltung gegenüber Dingen wie Folter oder Mord erscheinen. Es mutet geschmacklos an, ausgefeilte hypothetische Szenarien zu konstruieren, nur um etwas zu finden, das noch schlimmer sein könnte. Laut Ellis kommt die Strategie, sich auf das Worst-Case-Szenario zu konzentrieren – und zwischen *sehr* schlimmen und *vollkommen* schrecklichen Ereignissen zu unterscheiden –, jedoch erst im Kontext solch extrem unerwünschter Szenarien richtig zum Tragen. Sie verwandelt unendliche Ängste in endliche Ängste. Eine seiner Patientinnen, so erinnerte er sich, war nicht in der Lage, ein Liebesleben zu führen, weil sie extreme Angst hatte, sich beim Küssen oder sogar beim Händeschütteln mit Aids zu infizieren. Wenn ein Freund oder eine Freundin unter solchen Ängsten litte, wäre Ihre erste Reaktion vielleicht, ihn oder sie zu beruhigen, sprich, darauf hinzuweisen, wie unwahrscheinlich es sei, dass dieses Szenario jemals einträte. Das war auch Ellis' erste Reaktion. Doch wie wir gesehen haben, hat die Beruhigung einen Pferdefuß: Die Beruhigung der Frau, dass ihre Befürchtungen aller Wahrscheinlichkeit nach nicht einträten, trug nicht dazu bei, ihre Überzeugung zu zerstreuen, dass es unvorstellbar schlimm wäre, *wenn* sie einträten. Also ging Ellis stattdessen zur negativen Visualisierung über. Angenommen, Sie bekommen Aids, sagte er. Das wäre ziemlich schlimm. Aber *absolut* schrecklich, oder zu 100 Prozent schrecklich?

Natürlich nicht: Man kann sich schlimmere Szenarien vorstellen. Das kann man immer. Und man kann sich vorstellen, dass man trotz Aids immer noch Quellen des Glücks im Leben findet. Die Unterscheidung zwischen einer Beurteilung als »sehr schlimm« und »absolut schrecklich« macht einen großen Unterschied. Nur auf das absolut Schreckliche reagieren wir mit blindem Entsetzen; alle anderen Ängste sind begrenzt und können daher bewältigt werden. Als Ellis' Patientin dies endlich begriffen hatte, konnte sie aufhören, sich vor einem unvorstellbar schrecklichen Unglück zu fürchten, und stattdessen damit beginnen, normale Vorsichtsmaßnahmen zu treffen, um ein höchst unerwünschtes, wenn auch höchst unwahrscheinliches Worst-Case-Szenario zu vermeiden. Darüber hinaus hatte sie die stoische Erkenntnis verinnerlicht, dass es nicht in ihrer Macht stand, das von ihr gefürchtete Schicksal gänzlich auszuschließen. »Wenn man akzeptiert, dass das Universum unkontrollierbar ist«, sagte Ellis, »ist man viel weniger ängstlich.«

Solche stoischen Erkenntnisse kamen Ellis in den Monaten nach meinem Besuch besonders zugute. Seine letzten Tage waren nicht nur von Darmproblemen und Lungenentzündung geprägt, sondern auch von einem Streit mit den anderen Direktoren des Instituts. Sie entließen ihn aus dem Vorstand, sagten seine Freitagabend-Workshops ab und stellten die Zahlungen für seine Unterkunft ein, sodass er zum Auszug gezwungen war. Er klagte, ein Richter entschied zu seinen Gunsten, und zum Zeitpunkt seines Todes war er wieder in seiner Wohnung. Er blieb seinen Prinzipien treu und betonte, dass ihn der Streit nicht aus der Fassung gebracht habe. Natürlich war das alles höchst unerwünscht, aber nicht schrecklich, und es hatte keinen Sinn, darauf zu bestehen, dass das gesamte Universum seinen Wünschen entsprechen müsse. Die anderen Vorstandsmitglieder, so sagte er einem Journalisten, seien »beschissene, fehlbare menschliche Wesen – wie alle anderen auch«.

»Chancery Lane.«

Ich spreche die Worte laut aus, aber so nervös krächzend, dass ich nicht sicher bin, ob sie jemand hört. Ich sehe mich im Waggon um, kann aber keine Anzeichen dafür entdecken, dass jemand etwas bemerkt hat. Dann blickt der Mann mittleren Alters, der mir gegenübersitzt, von seiner Zeitung auf, mit einem Ausdruck, den ich nur als schwaches Interesse beschreiben kann. Ich schaue ihm einen Moment lang in die Augen und wende dann den Blick ab. Sonst passiert nichts. Der Zug hält an. Einige Leute steigen aus. Plötzlich wird mir klar, dass ich unbewusst etwas Katastrophales erwartet habe – zumindest einen Ausbruch von Hohn und Spott. Jetzt, wo es nicht passiert ist, bin ich verwirrt.

Als wir uns Holborn nähern, sage ich »Holborn« – diesmal lauter und nicht mehr so bebend. Derselbe Mann blickt auf. Ein Baby, das zwei Sitze weiter sitzt, starrt mich mit offenem Mund an, aber das hätte es wahrscheinlich sowieso getan.

Bei Tottenham Court Road überschreite ich eine Art psychischer Grenze. Das Adrenalin lässt nach, die Panik löst sich auf, und ich sehe mich mit der Wahrheit konfrontiert, die mir Albert Ellis' stoisches Scham-Angriffsexperiment einbläuen sollte: dass nichts davon auch nur annähernd so schlimm ist, wie ich erwartet hatte. Ich war gezwungen, zu erkennen, dass meine Angst vor einer Bloßstellung auf zutiefst irrationalen Vorstellungen darüber beruhte, wie schrecklich es wäre, wenn die Leute schlecht von mir dächten. Die Wahrheit ist, dass sie sich gar nicht spöttisch oder feindselig äußern – zweifellos hauptsächlich, weil sie viel zu sehr mit sich selbst beschäftigt sind. In Tottenham Court Road schauen ein paar mehr Leute in meine Richtung, wenn ich spreche. Aber das ist mir jetzt egal. Ich fühle mich unbesiegbar.

Drei Stationen weiter, in Marble Arch, stehe ich auf und steige mit stoischer Gelassenheit vor mich hin strahlend aus dem Zug. Auch das scheint niemanden im Waggon sonderlich zu interessieren.

3

Die Ruhe vor dem Sturm

Ein buddhistischer Leitfaden, wie man nicht positiv denkt

> *»Man hat eine genaue Vorstellung, wie etwas zu sein hat. Aber es ist ganz anders.«*
> Marlo Stanfield in *The Wire*

Anfang der 1960er-Jahre bemerkte der auf Hawaii lebende amerikanische Zen-Buddhist Robert Aitken etwas Unerklärliches und Beunruhigendes. Aitken war einer der Pioniere, die den Buddhismus in den spirituell hungrigen Westen brachten, und in seinem Haus in Honolulu hatten er und seine Frau Anne ein *zendo* eröffnet, ein Meditationszentrum, das sich hauptsächlich an die wachsende Hippiebevölkerung der Insel richtete. Doch bei einigen der neuen Meditationsschüler schien irgendetwas nicht zu stimmen. Sie kamen und setzten sich zur verabredeten Zeit auf ihre Kissen, wo sie regungslos wie Steine verharrten und offenbar meditierten; aber wenn die Glocke läutete, die das Ende einer Meditationszeit anzeigte, standen sie auf – und fielen sofort wieder zu Boden.[1] Es dauerte mehrere Wochen, bis

Aitken durch behutsames Nachfragen herausfand, was los war. Unter den Hippies von Honolulu hatte sich herumgesprochen, dass der Versuch, unter dem Einfluss von LSD zu meditieren, der ultimative Trip sei, ein Schnellzug zur geistigen Ekstase.

Mit der wachsenden Begeisterung für buddhistische Meditation in Amerika und Europa verbreitete sich auch die Vorstellung, dass sie eine Abkürzung zur Ekstase sei. Genau das hatte in den 1950er-Jahren auch Jack Kerouac angesprochen, der sie mit einem Enthusiasmus praktizierte, den er sonst nur bei Whisky und halluzinogenen Pilzen an den Tag legte. Da er unter Durchblutungsstörungen litt, war es für ihn eine Qual, länger als ein paar Minuten am Stück im Schneidersitz zu verharren, aber er kämpfte trotzdem weiter, entschlossen, in neue Bereiche der Glückseligkeit vorzudringen. Manchmal schien es sogar zu funktionieren. »Falle mit gefalteten Händen in sofortige Ekstase wie nach einem Schuss Heroin oder Morphium«, schilderte er seinem Freund Allen Ginsberg seine ersten Versuche.[2] »Die Drüsen in meinem Gehirn schütten die gute Glücksflüssigkeit (Heilige Flüssigkeit) aus... das heilt alle meine Leiden... und löscht alles aus...« Häufiger jedoch schmerzten seine Knie einfach zu sehr, sodass er nach kurzer Zeit gezwungen war, »sich wieder zu erheben und seine Beine zu reiben, um den Kreislauf in Gang zu bringen«, wie ein Kerouac-Biograf vermerkt.[3]

Heutzutage ist das vorherrschende Klischee über Meditation, dass sie kein Weg zur Ekstase, sondern zu tranceartiger Ruhe ist. Mitunter scheint es unmöglich, eine Zeitschrift oder ein Feuilleton aufzuschlagen, ohne über die entspannenden Vorteile der Achtsamkeitsmeditation belehrt zu werden. Das Foto, das am häufigsten zur Illustration solcher

Artikel verwendet wird, zeigt eine Frau in einem Trikot am Strand, die Beine gekreuzt, die Augen geschlossen und ein mildes Lächeln auf den Lippen. (Wenn das Thema des Artikels »Meditation im Alltag« lautet, wird stattdessen manchmal ein Mann oder eine Frau im Businessanzug abgebildet – dieselbe Haltung im Schneidersitz, dasselbe Lächeln.) Der australische Meditationslehrer Paul Wilson, selbst ernannter »Guru der Ruhe«, hat viel dazu beigetragen, dieses Klischee zu verstärken: Zu seinen Büchern über Meditation gehören *Das kleine Buch der Freude, Das kleine Buch der Ruhe, Das neue kleine Buch der Ruhe, Das große Buch der Ruhe, Das kleine Buch vom Schlaf* und *Der kleine Lebenskompass*.

Die Vorstellung von Meditation als Weg zur Gelassenheit ist da schon etwas realistischer, da Gelassenheit – im Gegensatz zur ungebrochenen Ekstase – tatsächlich eine ihrer Nebenwirkungen sein kann. All diese Assoziationen haben jedoch zu einem modernen Bild von Meditation als einer ausgefeilten Form des Positivdenkens beigetragen, welches der Wahrheit weitgehend zuwiderläuft. Tatsächlich hat Meditation wenig mit dem Erreichen eines bestimmten gewünschten Geisteszustandes zu tun, egal ob glückselig oder gelassen. Der Kern des Buddhismus ist stattdessen eine oft missverstandene Vorstellung, die den meisten zeitgenössischen Annahmen über das Glücklichsein entgegensteht und die den Buddhismus klar auf dem »negativen Pfad« zum Glücklichsein ansiedelt: die Loslösung.

Die Wurzel allen Leidens, so besagt die zweite der vier »edlen Wahrheiten«, die den Buddhismus definieren, ist die Anhaftung. Die Tatsache, dass wir bestimmte Dinge begehren und andere nicht mögen oder hassen, ist der Grund für praktisch jede menschliche Aktivität. Anstatt die angenehmen Dinge nur in den Momenten zu genießen, in denen sie auftreten, und die unangenehmen Dinge zu ertragen, bilden wir die Gewohnheiten des Anhaftens und der Abneigung aus: Wir klammern uns an das, was wir mögen, und versuchen, es für immer festzuhalten, und stoßen das, was wir nicht mögen, von uns und versuchen, es um jeden Preis zu vermeiden. Beides ist Anhaftung. Aus dieser Perspektive ist Schmerz unvermeidlich, doch Leiden ist ein optionales Extra, das aus unseren Anhaftungen resultiert. Diese spiegeln unseren Versuch wider, die unausweichliche Wahrheit zu leugnen, dass alles unbeständig ist. Wer eine starke Anhaftung an sein gutes Aussehen herausbildet – anstatt es lediglich zu genießen, solange es währt –, wird leiden, wenn es vergeht, was unweigerlich der Fall sein wird; wer eine starke Anhaftung an seinen luxuriösen Lebensstil entwickelt, dessen Leben kann zu einem unglücklichen, angsterfüllten Kampf werden, alles so zu erhalten, wie es ist. Wenn man zu sehr am Leben hängt, erscheint einem der Tod umso beängstigender. (Die Parallelen zum Stoizismus und zu Albert Ellis' Unterscheidung zwischen dem, was wir bevorzugen, und dem, was wir glauben haben zu müssen, sind nicht zufällig; die Traditionen überschneiden sich in unzähligen Punkten.) Loslösung muss nicht bedeuten, sich aus dem Leben zurückzuziehen, natürliche Impulse zu unterdrücken oder sich in strafender Selbstverleugnung zu üben. Es bedeutet einfach, das gesamte Leben – innere Gedanken und Gefühle, äußere Ereignisse und Umstände – ohne Anhaftung oder Abneigung anzunehmen. Nicht anhaftend zu leben bedeutet, Impulse zu fühlen, Gedanken zu denken und das Leben zu erfahren, ohne sich in mentale Narrative darüber zu verstricken, wie etwas »sein sollte«, wie es niemals sein sollte oder wie es für immer bleiben sollte. Der vollkommen losgelöste Buddhist wäre ruhig präsent und urteilsfrei bewusst.

Was, wenn wir ehrlich sind, für die meisten von uns in absehbarer Zeit nicht eintreten wird. Der Gedanke, ohne den Wunsch zu leben, dass die Dinge so und nicht anders sein sollen, erscheint den meisten Menschen als seltsames Ziel. Wie könnte man nicht daran interessiert sein, gute Freunde zu haben, erfüllende Beziehungen zu führen oder materiell gut dazustehen? Und wie sollte man glücklich sein, wenn man nicht so sehr an jemandem hängt? Meditation mag vielleicht tatsächlich der Weg zur Loslösung sein, wie die Buddhisten behaupten – doch für jemanden, der den üblichen Ansätzen zum Glücklichsein folgt, ist keineswegs klar, warum das ein Ziel sein sollte, das man überhaupt erreichen möchte.

Was mich ursprünglich dazu brachte, diese vernünftig erscheinende Sichtweise zu hinterfragen, war der Titel eines schmalen Buches eines anderen amerikanischen Zen-Buddhisten und studierten Psychiaters: *Das Ende der Suche nach Glück*. Der Autor, ein Mann namens Barry Magid, vertrat die These, es sei ein Missverständnis, Meditation einzusetzen, um das eigene Leben im herkömmlichen Sinne »besser« oder »glücklicher« zu machen. Vielmehr gehe es darum, zu lernen, wie man aufhört, alles in Ordnung bringen zu wollen, wie man aufhört, ständig zu versuchen, das eigene Erleben der Welt zu kontrollieren, wie man aufhört, unangenehme Gedanken und Gefühle durch angenehmere zu ersetzen, und schließlich zu begreifen, dass durch die *Aufgabe* des »Strebens nach Glück« ein tieferer Friede entstehen kann.

Das trifft allerdings nicht ganz den Kern, denn Magid wandte sich allgemein gegen die Vorstellung, dass Meditation überhaupt etwas bewirken könne. Wäre dies der Fall, so deutete er an, dann wäre es nur eine weitere Glückstechnik, eine Methode zur Befriedigung unseres Wunsches, an bestimmten Zuständen festzuhalten und andere zu beseitigen. Das war alles höchst verwirrend. Wozu, fragte ich mich, sollte man etwas Sinnloses tun? Warum sollte jemand versuchen, das Streben nach Glück zu beenden, wenn nicht, um glücklich zu werden – und würde er in diesem Fall nicht trotzdem nach Glück streben, nur mit raffinierteren Mitteln?

Barry Magid hatte seine psychiatrische Praxis in einem großen, spärlich eingerichteten Raum im Erdgeschoss eines Wohnblocks in der Nähe des Central Park in der Upper West Side von Manhattan. Abgesehen von einer Schreibtischlampe war der Raum unbeleuchtet, und die beiden Ledersessel standen ungewöhnlich weit voneinander entfernt an gegenüberliegenden Wänden. Aus der Dunkelheit kam Magids Kopf auf mich zu. Er war ein großer, kauziger Mann Anfang sechzig mit einer Nickelbrille, und als ich ihm eine weitschweifige Frage über den Buddhismus und die Loslösung stellte, sah er mich milde amüsiert an. Dann begann er über etwas ganz anderes zu sprechen.

Was ich unbedingt verstehen müsse, sagte er, sei der Mythos von Ödipus. Die berühmte Geschichte des antiken griechischen Königs, der seinen Vater tötet und seine Mutter heiratet, was seine Familie und seine Stadt ins Unglück stürzt und ihn dazu veranlasst, sich die Augen auszustechen, war für Magid die perfekte Metapher dafür, was mit dem Streben nach Glück nicht stimmt. Mit dem »Ödipuskomplex«, Freuds Theorie über den heimlichen Wunsch von Jungen, mit ihren Müttern zu schlafen, hatte das wenig zu tun. Die eigentliche Botschaft des Mythos, so erklärte Magid, liege darin, dass der Kampf, den eigenen Dämonen zu entkommen, ihnen erst ihre Macht verleihe. Es war das »Gesetz der Umkehrung« in mythologischer Form: Das Festhalten an einer bestimmten Version eines glücklichen Lebens und das gleichzeitige Bemühen, sämtliche Möglichkeiten eines unglücklichen Lebens auszuschließen, war die Ursache des Problems, nicht seine Lösung.

Vielleicht kennen Sie die Geschichte. Ödipus wird als Sohn des Königs und der Königin von Theben geboren. Sein schreckliches Schicksal wurde zuvor bereits von einem Orakel prophezeit: Er wird einen Elternteil töten und den anderen heiraten. Seine Mutter und sein Vater, die dies unbedingt verhindern wollen, überreden einen örtlichen Hirten, das Neugeborene mitzunehmen und auszusetzen. Der Hirte kann sich jedoch nicht dazu durchringen, Ödipus sterben zu lassen; das Kind bleibt am Leben und wird später zum Adoptivsohn des Königs und der Königin von Korinth. Doch als Ödipus die beiden irgendwann mit dem Gerücht konfrontiert, er sei adoptiert worden, streiten sie dies ab. Später erfährt er von der schrecklichen Prophezeiung des Orakels und glaubt, dass sie die Eltern seien, auf die sich die Weissagung bezieht. Er beschließt, dem Fluch zu entgehen, indem er sich möglichst weit von dem Paar entfernt, das er für seine Eltern hält, und reist in die Ferne. Leider ist der ferne Ort, den er schließlich erreicht, Theben. Dort führt ihn das Schicksal zu seinem unvermeidlichen Ende: Zunächst wird er in einen merkwürdigen Disput über einen Streitwagen verwickelt und tötet dessen Führer, der, wie sich herausstellt, sein Vater ist. Dann verliebt er sich in seine Mutter.

Eine naheliegende Lesart dieses Mythos ist, dass man seinem Schicksal nicht entkommen kann, ganz gleich, wie sehr man es auch versucht. Magid hingegen bevorzugte eine andere: »Die Kernaussage ist, dass, wenn man davor flieht, es zurückkommt und einen beißt. Ebendas, wovor man flieht – nun, es ist das Fliehen, was die Probleme hervorruft. Für Freud ist unsere gesamte Psychologie um dieses Vermeidungsverhalten herum angeordnet. Das Unbewusste ist der Aufbewahrungsort für alles, was wir vermeiden.«

Der Gründungsmythos des Buddhismus ist praktisch ein Spiegelbild von alldem. Der Buddha wird psychologisch befreit – erleuchtet –, indem er sich der Negativität, dem Leiden und der Vergänglichkeit stellt, anstatt dagegen anzukämpfen. Der Legende nach wurde der historische Buddha als Königssohn Siddharta Gautama in einem Palast am Fuße des Himalaja-Gebirges geboren. Wie bei Ödipus war sein Schicksal vorhergesagt worden: Er würde entweder ein mächtiger König oder ein heiliger Mann werden, lautete die Prophezeiung. Wie alle Eltern in der Geschichte bevorzugten auch die Eltern von Siddharta den Beruf, der mit gutem Einkommen und Sicherheit verbunden war, also sorgten sie dafür, dass ihr Sohn seine Privilegien zu schätzen lernte. Sie machten sein Leben zu einem luxuriösen Gefängnis, verwöhnten ihn mit köstlichen Speisen und Heerscharen von Dienern; er schaffte es sogar, zu heiraten und einen Sohn zu zeugen, ohne auch nur ein Mal seine Wohlstandsblase zu verlassen. Erst im Alter von 29 Jahren wagte er sich außerhalb der Palastmauern.

Dort sah er, was in der buddhistischen Überlieferung als die »Vier Anblicke« bezeichnet wird: einen alten Mann, einen kranken Mann, einen Leichnam und einen asketischen Wandermönch. Die ersten drei symbolisierten die Unvermeidlichkeit der Vergänglichkeit und die drei Schicksale, die uns alle erwarten. Siddharta war so erschüttert, dass er sein bequemes Leben und seine Familie aufgab, um Wandermönch zu werden. Einige Jahre später soll er in Indien erleuchtet worden sein, nachdem er die Nacht unter einem Feigenbaum sitzend verbracht hatte. So wurde er zum Buddha, »dem Erwachten«. Der Mythos besagt jedoch, dass es jene ersten Anblicke waren, die sein Verständnis für die Vergänglichkeit weckten. Der buddhistische Weg zur Gelassenheit begann also mit einer Konfrontation mit dem Negativen.

Aus Barry Magids buddhistisch-freudianischer Sicht rannten die meisten Menschen, die glaubten, »nach Glück zu streben«, in Wirklichkeit vor Dingen davon, derer sie sich kaum bewusst waren. Meditation, wie er sie beschrieb, war ein Weg, mit dem Davonlaufen aufzuhören. Man saß still und beobachtete, wie die Gedanken, Gefühle, Wünsche und Abneigungen kamen und gingen, und man widerstand dem Drang, vor ihnen zu fliehen, sie zu korrigieren oder an ihnen festzuhalten. Mit anderen Worten: Man übte sich in Losgelöstheit. Was auch immer aufkam, ob negativ oder positiv, man blieb im Hier und Jetzt und beobachtete. Es ging nicht darum, in Ekstase zu flüchten – oder gar in Gelassenheit, wie das Wort normalerweise verstanden wird. Schon gar nicht ging es um positives Denken. Es ging um die wesentlich größere Herausforderung, all das zu unterlassen.

Kurz nach dem Treffen mit Magid fasste ich den überstürzten Entschluss, fast eine Woche lang mit 40 Fremden zu meditieren, etwa neun Stunden am Tag, mitten im Wald, im tiefsten Winter, viele Kilometer von der nächsten Stadt entfernt, in fast vollkommener Stille.

Was sich als durchaus interessant erwies.

»Die Grundlagen der Meditation sind wirklich unglaublich einfach«, sagte Howard, einer der beiden Lehrer, die mit der Leitung des Seminars bei der Insight Meditation Society betraut waren, einem umgebauten Herrenhaus aus der Jahrhundertwende in den abgelegenen Kiefernwäldern im Herzen von Massachusetts. Es war früh am Abend. Alle 40 Teilnehmer saßen auf mit Buchweizenschalen gefüllten Kissen in der schlichten Haupthalle des Gebäudes und lauschten einem Mann mit einer unglaublich beruhigenden Stimme. Es war unmöglich, sich vorzustellen, dass er eine Anweisung geben könnte, die man nicht willig befolgen würde. »Setzen Sie sich bequem hin, schließen Sie langsam die Augen und nehmen Sie den Atem wahr, wie er ein- und ausströmt. Sie können sich auf dieses Gefühl in den Nasenlöchern oder im Bauch konzentrieren. Folgen Sie einfach einem Atemzug ein und einem Atemzug aus. Und dann machen Sie es noch einmal.« Einige kicherten nervös, denn so einfach oder langweilig war es doch bestimmt nicht, oder? »Andere Dinge werden sich einstellen«, fuhr Howard fort. »Körperliche Empfindungen, Gefühle und Gedanken werden uns ablenken. Wenn wir in der Meditation bemerken, dass das passiert, urteilen wir nicht. Wir kehren einfach zum Atem zurück.« So einfach war das anscheinend wirklich. Was er nicht erwähnte, war, dass »einfach« nicht gleichbedeutend mit »leicht« war. Wir sollten das noch früh genug erfahren.

Ich war früher am Nachmittag bei der Insight Meditation Society eingetroffen. Mit einer israelischen Studentin, die ich hier Adina nennen will, hatte ich mir ein Taxi vom nächstgelegenen größeren Bahnhof geteilt, der etwa 40 Kilometer entfernt lag. Während wir über holprige Hinterlandstraßen fuhren, erklärte sie, dass sie an dem Seminar teilnahm, weil sie sich verloren fühle. »Es ist, als hätte ich nirgendwo Wurzeln … nichts, woran ich mich festhalten kann, keine Struktur in meinem Leben«, sagte sie.

Ihre Offenheit ließ mich innerlich zusammenzucken: Wir hatten uns gerade erst kennengelernt, und in meinen Augen war das zu viel des Guten. Doch was sie dann sagte, leuchtete mir ein. Sie hoffte, dass die Meditation ein Weg sein könnte, das Gefühl der Verlorenheit nicht zu beenden, sondern es anders zu betrachten – es vielleicht sogar anzunehmen. Die amerikanische buddhistische Nonne Pema Chödrön nennt dies »sich in die Haltlosigkeit unserer Lage hinein entspannen«, und es harmoniert gut mit dem Gedanken der Loslösung. Chödrön zufolge ist »Haltlosigkeit« in Wahrheit die Situation jedes Menschen, und zwar permanent, ob man will oder nicht. Es ist nur so, dass die meisten von uns sich angesichts dieser Wahrheit nicht entspannen können; stattdessen bemühen wir uns krampfhaft, sie zu leugnen.

Unser Taxifahrer schien sich geradezu bilderbuchartig verfahren zu haben, denn er holperte über ausgefahrene Pisten durch den Wald, kehrte dann aber wieder um und verfluchte sein Navigationsgerät. Das Meditationszentrum war schwer zu finden, was nicht weiter verwunderlich war, denn schließlich ging es ja um Isolation. Als wir endlich ankamen, wurde ich in mein Zimmer geführt – eine enge, mönchische Zelle mit Blick über dichte, endlose Wälder. Im Zimmer gab es ein Einzelbett, ein Waschbecken, einen kleinen Kleiderschrank, ein Regal und weiter nichts. Ich verstaute meinen Koffer unter dem Bett und eilte in die Haupthalle, wo eine Mitarbeiterin die Grundregeln für die Woche verkündete. Sie erklärte, dass wir jeden Tag eine Stunde lang bei der Gebäudereinigung, der Essenszubereitung oder dem Abwasch helfen sollten. In wenigen Augenblicken würde sie den kleinen Messinggong auf der Haupttreppe des Gebäudes schlagen, danach werde erwartet, dass wir für den Rest des Seminars schwiegen – mit nur wenigen Ausnahmen, darunter Notfälle und Frage-und-Antwort-Runden mit den Lehrern. Da wir nicht sprächen, sei es am besten, wenn wir auch unsere Blicke gesenkt hielten, um nicht der Versuchung zu erliegen, die Woche über mit Lächeln, Stirnrunzeln und Zwinkern zu kommunizieren, fügte sie hinzu. Alkohol, Sex, Telefon- oder Internetnutzung und Musikhören waren ebenso tabu wie Lesen oder Schreiben, da dies die innere Ruhe im selben Maße stören könne wie eine hörbare Unterhaltung. Wie der Tagesplan verdeutlichte, den wir an der Pinnwand vorfanden, blieb für all das ohnehin keine Zeit:

5:30 Uhr – Weckruf
6:00 Uhr – Sitzmeditation
6:30 Uhr – Frühstück
7:15 Uhr – Arbeitsphase (Küchenreinigung, Essenszubereitung, etc.)
8:15 Uhr – Sitzmeditation
9:15 Uhr – Gehmeditation
10:00 Uhr – Sitzmeditation
10:45 Uhr – Gehmeditation
11:30 Uhr – Sitzmeditation
12:00 Uhr – Mittagessen mit anschließender Pause
13:45 Uhr – Gehmeditation
14:15 Uhr – Sitzmeditation
15:00 Uhr – Gehmeditation
15:45 Uhr – Sitzmeditation
16:30 Uhr – Gehmeditation
17:00 Uhr – Leichte Mahlzeit

18:15 Uhr – Sitzmeditation
19:00 Uhr – Gehmeditation
19:30 Uhr – Dharma-Vortrag
20:30 Uhr – Gehmeditation
21:00 Uhr – Sitzmeditation
21:30 Uhr – Nachtruhe oder weitere Meditation

»Das dürfte wohl die Struktur sein, die du gesucht hast«, sagte ich zu Adina, die neben mir stand. In dem Augenblick, in dem ich das sagte, erschien es mir bereits als nervige, klugscheißerische Bemerkung. Noch schlimmer aber war, dass es das Letzte war, was ich sagte. Wenige Sekunden später ertönte der tiefe Klang des Gongs, und Stille kehrte ein.

Ich brauchte jedoch nicht lange auf dem Meditationskissen zu sitzen, um festzustellen, dass äußere Stille nicht automatisch zu innerer Stille führt. In den ersten Stunden nach Verkündigung der Grundregeln – den Rest des ersten Abends und den größten Teil des darauffolgenden Morgens – war mein Gehirn fast ausschließlich mit Liedtexten beschäftigt, die in einer lauten Schleife wiederholt wurden. Unerklärlicherweise und erschreckenderweise handelte es sich dabei hauptsächlich um den Text des Liedes »Barbie Girl« der dänisch-norwegischen Kitsch-Popgruppe Aqua aus dem Jahr 1997, ein Lied, das ich schon immer gehasst hatte. Nur gelegentlich wurde die Musik von ängstlichen Gedanken darüber unterbrochen, wie ich die Woche wohl überstehen würde, und von verirrten Einträgen auf meiner To-do-Liste, die ich vor meiner Abreise vergessen hatte zu erledigen.

Zu meiner Verteidigung sei gesagt, dass dies – das mentale Geplapper im Allgemeinen, nicht »Barbie Girl« – für fast alle die erste Erfahrung mit stiller Meditation ist. Wenn man die Ablenkung durch äußere Geräusche unterbindet und seine Aufmerksamkeit nach innen richtet, fällt einem als Erstes auf, dass es dort drinnen fast ständig laut ist. Das innere Geplapper wird nicht etwa durch den Versuch der Meditation erzeugt. Es ist vielmehr so, dass der äußere Lärm in der übrigen Zeit den inneren Lärm übertönt; in der Stille des Waldes und der Meditationshalle wurde plötzlich alles hörbar. »Man erkennt, dass das eigene Gehirn ständig plappert, ständig plant, entwirft: was es tun wird, was es getan hat, die Vergangenheit, die sich auf die Gegenwart auswirkt«, wie es der spirituelle Lehrer Jiddu Krishnamurti einmal formulierte. »Es ist ein endloses Plappern, Plappern, Plappern.«[4]

Wenn man meditieren möchte, ist eine verständliche Reaktion auf solches Geplapper, dass man es zu unterdrücken versucht – es zu dämpfen oder vielleicht sogar zu versuchen, überhaupt nicht mehr zu denken. Ein Hauptprinzip der *Vipassana*-Meditation, die in der Insight Meditation Society gelehrt wird, ist jedoch das Gegenteil: das Getöse zuzulassen. Wie der buddhistische Lehrer Steve Hagen in seinem gehaltvollen Leitfaden *Meditation* schreibt, »versuchen wir nicht, uns gewaltsam von den Gefühlen, Gedanken und Erwartungen zu lösen, die in unserem Geist auftauchen. Wir versuchen nicht, irgendetwas in oder aus dem Geist zu zwingen. Vielmehr lassen wir die Dinge steigen und fallen, kommen und gehen und einfach sein … Es wird Zeiten in der Meditation geben, in denen wir entspannt sind, und Zeiten, in denen unser Geist erregt ist. Wir versuchen nicht, einen entspannten Zustand zu erreichen oder unseren aufgewühlten und abgelenkten Geist zu kontrollieren. Das wäre nur noch mehr Aufregung.« Dies ist der erste große Schritt zur Loslösung: zu lernen, flüchtige Gedanken und

Gefühle so zu betrachten, als wäre man ein Zuschauer, nicht ein Teilnehmer. Wenn man es zu genau nimmt, wird dieser Gedanke geradezu schwindelerregend, da die Beobachtung der eigenen Gedankenprozesse selbst ein Gedankenprozess ist; es kann daher leicht sein, dass man sich in einer Art Endlosschleife gefangen fühlt.

Zum Glück ist es nicht notwendig, dieses Problem zu lösen, um Meditation zu praktizieren. Die Technik, so hatte Howard erklärt, besteht einfach darin, jedes Mal, wenn man merkt, dass man sich von einer Geschichte oder einem Gefühl ablenken lässt, zum Atem zurückzukehren. Am folgenden Abend zitierte er während des täglichen Lehrervortrags den katholischen Mystiker Franz von Sales, der die christliche Meditation praktizierte: »Wenn dein Herz wandert oder leidet, bring es behutsam an seinen Platz zurück und versetze es sanft in die Gegenwart Gottes. Und selbst dann, wenn du nichts getan hast in deinem Leben, außer dein Herz zurückzubringen und wieder in die Gegenwart Gottes zu versetzen – obwohl es jedes Mal wieder fortlief, wenn du es zurückgeholt hattest –, dann hat sich dein Leben wohl erfüllt.« Zur Loslösung gehört mehr als das – und zum Buddhismus gehört viel mehr als die Loslösung, das sollte man unbedingt festhalten. Aber damit fängt alles an.

Das Ganze wird leichter verständlich, wenn man sich vergegenwärtigt, dass der Buddhismus, auch wenn wir ihn heute als Religion betrachten, ursprünglich ebenso ein Ansatz zum Studium der Psychologie war. Der wichtigste psychologische Text des Buddhismus, das *Abhidhamma*, ist ein äußerst komplexes Werk mit Listen, Unterpunkten und technischen Details. Eine seiner einfacheren Erkenntnisse ist jedoch die Vorstellung, dass der Geist in vielerlei Hinsicht als Sinn betrachtet werden kann – wie Sehen, Hören, Riechen, Tasten und Schmecken. So wie wir Gerüche durch die »Sinnestür« der Nase und Geschmäcker durch die Sinnestür der Zunge wahrnehmen, kann man auch den Geist als eine Art Sinnestür begreifen oder als Leinwand, auf die Gedanken projiziert werden wie Bilder in einem Kino. So denken wir normalerweise nicht über das Denken. Geräusche, Gerüche und Geschmäcker sind schließlich nur Geräusche, Gerüche und Geschmäcker, aber Gedanken, so nehmen wir an, sind etwas viel Wichtigeres. Da sie aus unserem Inneren kommen, erscheinen sie uns bedeutsamer, als Ausdruck unseres tiefsten Selbst. Aber ist das wirklich so? Wenn man anfängt zu meditieren, wird schnell klar, dass Gedanken – und Gefühle – auf dieselbe unkontrollierbare, unaufgeforderte Weise aufkommen wie Geräusche in den Ohren, Gerüche in der Nase und so weiter. Ich konnte ebenso wenig beschließen, keine Gedanken zu haben, wie ich beschließen konnte, nicht zu frösteln, wenn ich jeden Tag um 5:30 Uhr durch das Läuten der Morgenglocke geweckt wurde – und auch nicht, die Glocke nicht zu hören.

Wenn man Gedanken als etwas betrachtet, das den anderen fünf Sinnen ähnelt, erscheint die Loslösung als sehr viel leichter erreichbares Ziel. In der Analogie, die zeitgenössische Buddhisten am häufigsten bemühen, verhält sich geistige Aktivität eher wie das Wetter – wie Wolken und sonnige Abschnitte, Regenschauer und Schneestürme, die aufkommen und vergehen. Der Geist ist in dieser Analogie der Himmel, und der Himmel klammert sich weder an bestimmte Wetterbedingungen noch versucht er, die »schlechten« zu vermeiden. Der Himmel ist einfach da. Darin gehen die Buddhisten weiter als die Stoiker, die mitunter an bestimmten Geisteszuständen festhalten, insbesondere an dem der Gelassenheit. Der vollendete Stoiker passt sein Denken so an, dass es von unerwünschten Umständen nicht gestört wird; der vollendete Buddhist betrachtet das Denken selbst als weitere Reihe von Umständen, die er urteilsfrei beobachtet.

Noch schwieriger, als sich in der Loslösung von flüchtigen Gedanken und Gefühlen zu üben, ist es, dies unter körperlichen Schmerzen zu tun; nicht zu verurteilen, dass man Schmerzen hat, scheint absurd. Doch gerade hier wurden in den letzten Jahren einige der stärksten wissenschaftlichen Beweise für die Wirksamkeit der Loslösung gefunden. Manche Buddhisten wie Barry Magid mögen sich dagegen wehren, dass der Nutzen der Meditation wissenschaftlich »bewiesen« werden muss. Dennoch ist die Forschung faszinierend, insbesondere eine Reihe von Experimenten, die 2009 an der Universität von North Carolina von einem jungen Psychologen namens Fadel Zeidan geleitet wurden.[5]

Zeidan wollte untersuchen, wie sich Meditation auf die Schmerztoleranz auswirkt, also beschloss er mit erfrischender Geradlinigkeit, seinen Probanden wehzutun. In seiner Studie setzte er leichte Elektroschocks ein – Stöße, die nicht schädlich, aber stark genug waren, um Gliedmaßen zum Zucken zu bringen – und bat die Teilnehmer, ihr subjektives Schmerzempfinden zu bewerten. Im Laufe der folgenden Tage erhielt ein Teil der Probanden drei 20-minütige Lektionen in Achtsamkeitsmeditation, in denen ihnen gezeigt wurde, wie sie ein urteilsfreies Bewusstsein für ihre Gedanken, Gefühle und Empfindungen entwickeln konnten. Als weitere Elektroschocks verabreicht wurden, berichteten diejenigen, die diese Meditationstechniken anwandten, über deutlich geringere Schmerzen. (In einem ähnlichen Experiment von Zeidans Team, bei dem mittels einer Heizplatte erzeugte Schmerzen durch Gehirnscans untersucht wurden, führte die Meditation bei sämtlichen Teilnehmern zu einer Schmerzreduzierung von 11 bis 93 Prozent.)[6] Kritiker mochten nun einwenden, dass die Meditation lediglich eine Ablenkung darstelle, sodass die Teilnehmer sich auf etwas anderes konzentrieren könnten – also ließ Zeidan eine andere Gruppe während der Schockbehandlung eine mathematische Aufgabe lösen. Die Ablenkung zeigte zwar eine gewisse Wirkung, doch war diese bei Weitem nicht so groß wie die der Meditation. Im Gegensatz zur Ablenkung senkte der Meditationsunterricht den Schmerzpegel zudem auch dann, wenn die Teilnehmer während der Stromstöße nicht aktiv meditierten.

»Ich fand das irgendwie unheimlich«, sagte Zeidan. »Ich fuhr auf vier- bis fünfhundert Milliampere hoch, und ihre Arme zuckten hin und her, weil der Strom einen motorischen Nerv stimulierte.« Dennoch blieb die Schmerzbewertung niedrig. Zeidan glaubt, dass die Meditation »sie gelehrt hat, dass Ablenkungen, Gefühle und Emotionen nur vorübergehend sind [und] keiner Bezeichnung oder Beurteilung bedürfen, weil der Moment bereits vorbei ist. Durch das Meditationstraining nahmen sie den Schmerz wahr, sie erkannten, worum es sich handelte, aber sie lösten sich davon. Sie hatten gelernt, ihre Aufmerksamkeit wieder auf die Gegenwart zu lenken.« Wenn Sie jemals in Erwartung einer bevorstehenden Qual – die dann in der Regel ausbleibt – die Armlehnen eines Zahnarztstuhls umklammert haben, wissen Sie, dass ein großer Teil des Problems in der Anhaftung an Gedanken über den Schmerz, der Angst vor dessen Eintreten und dem inneren Kampf, ihn zu vermeiden, besteht. In Zeidans Labor führte die Loslösung von der eigentlichen Schmerzerfahrung dazu, dass die Erfahrung weit weniger belastend war.

Als aus den Stunden bei der Insight Meditation Society Tage wurden, schienen meine Anhaftungen jedoch nur noch hartnäckiger zu werden. Am zweiten Tag waren die Liedtexte verblasst, doch an ihre Stelle traten andere, dunklere Irritationen. Mit der Zeit wurde ich eines jungen Mannes gewahr, der direkt links hinter mir saß. Er war mir aufgefallen, als er zum ersten Mal die Meditationshalle betreten hatte, und damals hatte ich einen kurzen Anflug von Ärger verspürt: Irgendetwas an ihm, vor allem sein Bart, war mir zu kalkuliert ungepflegt vorgekommen, als wollte er damit etwas Bestimmtes zum Ausdruck bringen. Jetzt begann mich auch sein hörbares Atmen zu irritieren. Es wirkte einstudiert, unnatürlich, irgendwie theatralisch. Meine Irritation verstärkte sich allmählich – eine Reaktion, die mir zu diesem Zeitpunkt vollkommen verständlich und angemessen erschien. Das Ganze fühlte sich langsam wie ein persönlicher Angriff an. Wie sehr muss mich der bärtige Meditierende verachten, grübelte ich im Stillen, dass er die Ruhe meiner Meditation bewusst durch sein unausstehliches Verhalten stört?

Wie sich herausstellte, haben erfahrene Seminarteilnehmer einen Begriff für dieses Phänomen. Sie nennen es »*Vipassana*-Fehde«. In der Stille entwickeln sich winzige Irritationen zu ausgewachsenen Hasskampagnen; der Geist ist so sehr darauf ausgerichtet, sich an Handlungsstränge zu klammern, dass er alles aufgreift, was verfügbar ist. Der Aufenthalt hatte mich vorübergehend von allen wirklichen Problemen in meinem Leben getrennt, und so erfand ich offensichtlich neue. Als ich an jenem Abend zu meinem schmalen Bett schlurfte, ärgerte ich mich immer noch über den laut schnaufenden Mann. Schließlich gab ich meine Fehde auf – aber nur, weil ich in einen erschöpften und traumlosen Schlaf fiel.

Einer der naheliegendsten Einwände gegen die Loslösung als Lebenseinstellung ist, dass sie so passiv wirkt. Zugegeben, es könnte ein Weg sein, gelassener zu werden, aber würde das nicht auch bedeuten, dass man nie etwas zustande bringt?

Ein buddhistischer Mönch, der Jahrzehnte in Meditation verbringt, mag eins mit dem Universum sein, aber es ist nicht klar, warum alle anderen es ihm gleichtun sollten. Anhaftung, so lautet das Argument, ist das Einzige, was jemanden motiviert, überhaupt etwas Sinnvolles zu tun. Wenn Sie nicht daran interessiert wären, dass die Dinge auf eine bestimmte Art und Weise ablaufen und dass Sie bestimmte Gefühle empfinden, warum sollten Sie dann jemals versuchen, beruflich erfolgreich zu sein, Ihre materiellen Verhältnisse zu verbessern, Kinder aufzuziehen oder die Welt zu verändern? Es gibt jedoch eine überzeugende Gegenposition zu dieser Frage. Ebenso wie die stoische Akzeptanz nicht zwangsläufig mit Resignation einhergeht, kann die buddhistische Loslösung ein äußerst praktischer Weg sein, lohnenswerte Aktivitäten zu entfalten. Um zu verstehen, warum das so ist, sollten wir uns einmal das am weitesten verbreitete und frustrierendste Hindernis vor Augen führen, das der Erledigung von Dingen entgegensteht: den nahezu universellen Fluch der Prokrastination.

Wahrscheinlich ist Ihnen bereits nur allzu gut bekannt, dass die meisten Ratschläge gegen Prokrastination einfach nicht funktionieren, zumindest nicht sehr lange. Motivationsbücher, -kassetten und -seminare mögen Sie vielleicht kurzzeitig begeistern, aber dieses Gefühl verfliegt schnell. Ehrgeizige Ziellisten und Belohnungssysteme scheinen eine tolle Idee zu sein, wenn man sie aufstellt, doch am nächsten Morgen fühlen sie sich schal an; inspirierende Sprüche auf

Postern und Kaffeetassen verlieren schnell ihre inspirierende Wirkung. Die Prokrastination setzt wieder ein, nicht selten stärker als zuvor. Ein Zyniker mag vermuten, dass Motivationsredner und Selbsthilfeautoren sich auf diese Weise ein regelmäßiges Einkommen sichern: Würden ihre Produkte dauerhafte Veränderungen bewirken, hätten sie viel weniger wiederkehrende Kundschaft.

Das Problem mit diesen ganzen Motivationstipps und -tricks ist, dass es in Wirklichkeit gar nicht darum geht, wie man etwas erledigt. Es geht darum, wie man sich in die richtige Stimmung versetzt, etwas zu tun. »Wenn wir die richtige Stimmung haben, können wir uns dazu bringen, *alles* zu tun«, sagt Tony Robbins, Autor von *Das Robbins Power Prinzip: Befreie die innere Kraft,* dessen Bücher und Reden sich auf dieses Thema konzentrieren.[7] (In Robbins' Motivationsseminaren werden die Teilnehmer aufgefordert, sich aufzuputschen, indem sie barfuß über heiße Kohlen gehen.) Wie wir jedoch gesehen haben, sind die Gedanken, die Selbsthilfegurus so überspitzt ausdrücken, oft nur extreme Versionen dessen, was alle anderen sowieso denken. Die häufigste Reaktion auf Prokrastination ist in der Tat der Versuch, in »die richtige Stimmung« zu kommen: zu versuchen, sich selbst zu motivieren, damit man Lust bekommt, mit der Arbeit weiterzumachen.

Das Problem ist, dass die *Bereitschaft zum Handeln* und das *tatsächliche Handeln* zwei verschiedene Dinge sind. Jemand, der tief in der Prokrastination versunken ist, könnte behaupten, dass er nicht in der Lage ist, zu arbeiten, doch tatsächlich meint er, dass er nicht in der Lage ist, sich in die Stimmung zu versetzen, zu arbeiten. Die Autorin Julie Fast, die über die Psychologie der Depression schreibt, weist darauf hin, dass selbst dann, wenn jemand so deprimiert sei, dass er morgens nicht aus dem Bett komme – was Fast selbst erlebt hat –, es zutreffender sei zu sagen, dass er nicht in der Lage sei, das Bett verlassen zu wollen.[8] Das soll nicht heißen, dass sich Prokrastinierer oder schwer deprimierte Menschen einfach zusammenreißen und überwinden sollten. Vielmehr wird deutlich, dass wir dazu neigen, Handeln mit dem Handlungswunsch zu verwechseln, und dass die meisten Motivationstechniken in Wirklichkeit darauf abzielen, die eigenen Emotionen zu verändern. Mit anderen Worten, sie beruhen auf einer Form der Anhaftung – auf der gezielten Stärkung einer gewünschten Gefühlslage.

Bisweilen mag das helfen. Aber manchmal kann man sich einfach nicht zum Handeln durchringen. In solchen Situationen besteht die Gefahr, dass motivierende Ratschläge das Ganze noch verschlimmern, weil man sich dadurch insgeheim in dem Glauben bestärkt fühlt, erst motiviert sein zu müssen, bevor man handeln kann. Indem sie die Anhaftung an einen bestimmten emotionalen Zustand fördern, schaffen derlei Ratschläge eine zusätzliche Hürde zwischen einem selbst und dem Ziel. Der Subtext lautet: Wenn Sie sich nicht dazu bringen können, sich begeistert und erfreut zu fühlen, bevor Sie an die Arbeit gehen, dann können Sie auch nicht an die Arbeit gehen.

Eine losgelöste Haltung gegenüber der Prokrastination geht dagegen von einer anderen Frage aus: Wer sagt, dass man warten muss, bis man »Lust« hat, etwas zu tun, um damit zu beginnen? Aus dieser Perspektive liegt das Problem nicht darin, dass man sich nicht motiviert fühlt, sondern dass man sich einbildet, motiviert sein zu müssen. Wenn man seine Gedanken und Gefühle in Bezug auf das, was man hinauszögert, wie eine vorübergehende Wetterlage betrachtet, erkennt man, dass die Abneigung gegen die

Arbeit nicht etwas ist, das man auslöschen oder in eine positive Stimmung verwandeln muss. Man kann damit leben. Man kann den eigenen Widerwillen zur Kenntnis nehmen und trotzdem handeln.

Es ist in diesem Zusammenhang recht aufschlussreich, dass die täglichen Rituale und Arbeitsroutinen produktiver Autorinnen und Künstler – also von Menschen, die wirklich viel zustande bringen – nur sehr selten Techniken zur »Motivation« oder »Inspiration« aufweisen. Ganz im Gegenteil: Sie heben eher die Mechanismen des Arbeitsprozesses hervor. Der Fokus liegt nicht darauf, die richtige Stimmung zu erzeugen, sondern unabhängig von der Stimmung bestimmte physische Handlungen auszuführen. Anthony Trollope schrieb jeden Morgen drei Stunden lang, bevor er zu seiner Arbeit als leitender Angestellter bei der Post ging; wenn er innerhalb eines solchen Dreistundenzeitraums einen Roman beendete, begann er sofort mit dem nächsten. (Im Laufe seines Lebens schrieb er insgesamt 47 Romane.) Die Arbeitsmuster fast aller berühmten Schriftsteller, von Charles Darwin bis John Grisham, basieren in ähnlicher Weise auf bestimmten Anfangszeiten, der Anzahl der Arbeitsstunden oder der geschriebenen Wörter. Solche Rituale bieten eine Struktur für die Arbeit, unabhängig davon, ob man sich gerade motiviert oder inspiriert fühlt. Sie ermöglichen es den Menschen, neben negativen oder positiven Gefühlen zu arbeiten, anstatt sich von der Anstrengung ablenken zu lassen, nur positive Gefühle zu pflegen. »Inspiration ist etwas für Amateure«, bemerkte der Künstler Chuck Close einmal sehr treffend. »Der Rest von uns geht einfach [ins Atelier] und macht sich an die Arbeit.«[9]

Kein Ansatz in der Psychologie bringt die pragmatischen Vorteile der Loslösung besser zum Ausdruck als die Morita-Therapie, die von dem japanischen Psychologen Shoma Morita Anfang des 20. Jahrhunderts begründet wurde. Als Leiter der Psychiatrie an der Jikei University School of Medicine in Tokio war Morita stark vom Buddhismus beeinflusst, insbesondere von dessen Sichtweise, die Gedanken und Emotionen als mentales Wetter zu betrachten – als Dinge, die uns widerfahren, mit denen wir aber in Frieden koexistieren können. »Die Menschen … glauben, dass sie das, was sie tun, immer gerne tun sollten und dass ihr Leben ohne Probleme verlaufen sein sollte«, schrieb Morita.[10] »Folglich verschwenden sie ihre geistige Energie mit vergeblichen Versuchen, Gefühle von Unzufriedenheit oder Langeweile zu vermeiden.« Ein heutiger Anwender der Morita-Therapie, James Hill, formuliert diesen speziellen Ansatz folgendermaßen: »Viele westliche Therapiemethoden konzentrieren sich auf den Versuch, unsere Gefühlszustände erfolgreich zu steuern oder zu verändern. Die zugrunde liegende Annahme ist, dass wir besser in der Lage sind, ein sinnvolles und erfolgreiches Leben zu führen, wenn unsere Gefühle verändert [oder] reduziert werden können; dass es unsere Gefühle sind, die uns hemmen … [Doch] ist es richtig, anzunehmen, dass wir die Angst ›überwinden‹ müssen, um vom Sprungturm ins Schwimmbecken zu springen, oder unser Selbstvertrauen zu stärken, bevor wir jemanden zu einem Date einladen? Wenn dem so wäre, würden die meisten von uns immer noch darauf warten, diese Dinge zu tun. Unsere Lebenserfahrung lehrt uns, dass es nicht notwendig ist, unsere Gefühle zu ändern, um etwas zu unternehmen. Wenn wir lernen, unsere Gefühle zu akzeptieren, stellen wir fest, dass wir handeln können, ohne unseren Gefühlszustand zu verändern.«[11] Wir können die Angst spüren und es trotzdem tun.

Am Ende des vierten Tages bei der Insight Meditation Society war alles viel besser geworden. Das Atmen des bärtigen Mannes störte mich nicht mehr. Wir alle schienen uns an den Zeitplan gewöhnt zu haben, der unser Wachen, Schlafen, Meditieren und Essen regelte; wo er sich zuvor starr und militaristisch angefühlt hatte, geleitete er uns nun sanft durch den Tag. Ich begann sogar, das Meditieren zu genießen – sogar die Gehmeditation, bei der ich mich im Schneckentempo durch die Meditationshalle bewegte und versuchte, die Empfindungen jedes einzelnen Schrittes in die Bestandteile »Heben«, »Bewegen« und »Aufsetzen« zu unterteilen, und die ich anfangs für reine Zeitverschwendung gehalten hatte. Als es mir in den seltenen Pausen gelang, auf die Waldwege hinter dem Meditationszentrum zu entwischen, stellte ich fest, dass ich hypersensibel auf meine Umgebung reagierte; jedes Knacken eines Zweigs unter meinen Füßen nahm ich wahr wie einen splitternden Diamanten. Inzwischen schmeckte auch das vegetarische Essen, das uns im Speisesaal serviert wurde – einfache Linseneintöpfe, Erdnussbutter auf Roggencrackern und so weiter –, ganz außergewöhnlich. Ich entdeckte feine Nebenaromen in der Erdnussbutter, von denen ich nie gedacht hätte, dass sie darin versteckt sein könnten. Der Sonnenuntergang im Winter in Massachusetts, den man von der Veranda des Gebäudes aus beobachten konnte, war oft so schön, dass es beinahe schmerzhaft war. Nachts schlief ich so tief wie nie zuvor.

Und dann wurde auf einmal alles schrecklich. Ohne dass ich genau merkte, wann der Wandel stattfand, wurde die stille Meditationshalle zu einer Kombination aus Gerichtssaal und Folterkammer. Stundenlang wurde ich von einer Flut negativer Gedanken und den damit verbundenen Emotionen heimgesucht – ängstliche, schuldbewusste, besorgte, feindselige, gelangweilte, ungeduldige und sogar verängstigte Gedanken –, als hätten sie sich schon seit Jahren im Verborgenen gesammelt und nur auf diesen Augenblick gewartet, um loszuschlagen. Vor allem aber waren sie selbstkritisch. Plötzlich wurden mir unzählige Situationen in meinem Leben bewusst, in denen ich mich gegenüber anderen Menschen – meinen Eltern, meiner Schwester, Freunden, Freundinnen oder Kollegen – schlecht verhalten hatte, und zwar irgendwie alle auf einen Schlag. Viele dieser Verfehlungen waren zwar eher unbedeutend – harte Worte, unzureichend gepflegte Beziehungen –, aber sie erfüllten mich mit Kummer. Monate später stieß ich auf buddhistische Schriften, die besagten, dass es sich dabei um eine wohlbekannte frühe Stufe des »Fortschritts der Einsicht« handelte, also eine Phase, die ein Meditierender traditionell durchlaufen muss: Sie hieß »Wissen um Ursache und Wirkung« – die erneute Erkenntnis, dass das eigene Handeln immer Folgen hat. Der Kummer, der mit diesen Einsichten einhergeht, ist aus buddhistischer Sicht eine gute Sache; er ist der fruchtbare Boden, auf dem das Mitgefühl Wurzeln schlagen kann.

Nach etwa einem Tag fiel mir jedoch etwas auf. Die Lage in meinem Kopf war alles andere als ruhig oder entspannt. Und doch schienen meine ständigen Bemühungen, mich wieder auf meinen Atem zu konzentrieren – um zu vermeiden, dass ich mich an Gedanken oder Gefühle klammerte –, eine Wirkung zu haben. Mein Blickwinkel auf meine geistige Aktivität hatte sich ganz leicht verändert, als wäre ich zwei Sprossen einer Leiter hinaufgeklettert, um sie von oben zu betrachten. Ich war weniger in das Geschehen verstrickt. Wie Shoma Morita es vielleicht ausgedrückt hätte, begann ich, alles als bloße mentale Ereignisse zu betrachten, die ich ohne Wertung wahrnehmen konnte. Vieles in meinem Denken bezog sich auf die Vergangenheit oder die Zukunft, aber ich wurde nicht mehr in Tagträume oder unangenehme Erinnerungen hineingezogen; ich war absolut präsent, dort auf dem Kissen, und beobachtete das Geschehen weniger mit Panik als vielmehr mit Interesse. In manchen Klöstern der Zen-Tradition hat ein Mönch den Auftrag, sich von hinten an seine Mitmönche heranzuschleichen und sie mit einem dünnen Holzstab, dem *keisaku,* zu schlagen, um sie in genau diese Art vollkommener Präsenz zu versetzen. Bei der Insight Meditation Society wurden die Leute nicht mit Stöcken geschlagen, aber ich hatte das Gefühl, als hätte das jemand getan. Ich beobachtete meinen eigenen Geist mit absoluter Wachsamkeit.

Am seltsamsten und am schwersten in Worte zu fassen war jedoch die Frage, *von wo aus* ich all das beobachtete. Wenn ich nicht mehr in meine Gedanken verstrickt war, wo befand sich dann dieser Beobachtungspunkt? Nirgendwo? Überall? Ich fühlte mich, als wäre ich ins Leere geraten. Ich erinnerte mich an mein Gespräch mit Adina im Taxi und an Pema Chödröns Rat, sich »in die Haltlosigkeit unserer Lage hinein zu entspannen«. Plötzlich wurde mir klar, dass ich mein normales Leben in einem Zustand krampfhaften Festhaltens am Denken verbracht hatte; ich hatte versucht, nicht in die Leere zu fallen, die hinter den Gedanken lag. Aber jetzt war ich in der Leere, und es war überhaupt nicht beängstigend. Als das Seminar zu Ende ging, stellte ich zu meiner Überraschung fest, dass ich nicht wollte, dass es zu Ende ging; ich hätte leicht noch eine Woche länger bleiben können. Außerdem fühlte ich mich, als wäre ich unter Freunden. Obwohl ich mit den meisten der anderen Seminarteilnehmer nie ein Wort gewechselt hatte – und sie auf der Straße nicht erkannt hätte, da wir unsere Blicke gesenkt hielten –, war in der Meditationshalle ein spürbares Gemeinschaftsgefühl entstanden. Als der Gong ertönte, um anzuzeigen, dass wir wieder sprechen konnten, fühlte sich der Small Talk kratzig und unbeholfen an; er schien die Gemeinschaft zu stören.

»Nun, das war…«, sagte Adina und verstummte wieder, als ich sie auf der Veranda antraf. Wir bereiteten unsere Abreise vor. Die Woche in ein paar Worte zu fassen schien sinnlos.

»Ich weiß, was du meinst«, antwortete ich.

Bis ich den Zug zurück nach New York erreichte, hatte ich pochende Kopfschmerzen: Die normalen Geräusche der Welt, in der ich nicht meditierte, waren zu viel für meinen an Stille gewöhnten Geist. Die vielen E-Mails, die in meinem Posteingang auf mich warteten, waren auch nicht gerade hilfreich. Doch die stressigen Gedanken verflogen schneller als zuvor. Es schien, als könnte ich mit ein wenig schlechtem Wetter leben.

All dies ist nur ein kleiner Ausschnitt der radikalen psychologischen Sichtweise des Buddhismus. Der Kernpunkt findet sich jedoch in allen »negativen« Glückskonzepten: Es ist selten klug, das Wetter ändern zu wollen. »Ein klarer Geist ist wie der Vollmond am Himmel«, sagte Seung Sahn, ein koreanischer Zen-Meister alter Schule, der stets einen Schlagstock bei sich trug, in den 1970er-Jahren vor einem amerikanischen Publikum.[12] »Manchmal kommen Wolken und verdecken ihn, aber der Mond ist immer hinter ihnen. Wenn die Wolken verschwinden, dann scheint der Mond hell. Machen Sie sich also keine Sorgen um den klaren Geist; er ist immer da. Wenn das Denken kommt, ist dahinter der klare Geist. Wenn das Denken verschwindet, ist nur noch der klare Geist da. Das Denken kommt und geht, kommt und geht. Sie dürfen sich nicht an das Kommen und Gehen binden.« Und wenn das nicht ausreichte, seine Zuhörer aufzurütteln und ihnen zu verdeutlichen, dass sie nicht an ihren mentalen Handlungssträngen festzuhalten brauchten, dass sie sich entscheiden konnten, ihre Gedanken und Gefühle vorurteilsfrei zu beobachten und so Frieden hinter dem Chaos zu finden? »Dann«, so pflegte Seung Sahn gern zu sagen, »schlage ich Sie dreißigmal mit meinem Stock!«

4

Zielbesessen

Warum sich die Zukunft nicht beherrschen lässt

> **»Zukunft,** *die [Subst.] – Jene Zeit, in der unsere Geschäfte gut gehen, unsere Freunde treu sind und unser Glück gesichert ist.«*
> Ambrose Bierce, *Des Teufels Wörterbuch*

Im Jahr 1996 meldete sich der 28-jährige Christopher Kayes aus Indiana bei einem Unternehmen für Abenteuerreisen zu einer Trekkingtour im Himalaja an.[1] Seine Absicht war es, eine entspannende Auszeit einzulegen, so ironisch sich dies im Nachhinein auch anhören mag. Nach einer anstrengenden Karriere als Börsenmakler und später als Unternehmensberater war er ausgebrannt. Kayes hatte sich schon immer für die Psychologie der Geschäftswelt interessiert, und deshalb hatte er beschlossen, stattdessen einen Doktortitel in Organisationsverhalten zu erwerben. Zunächst aber brauchte er eine Auszeit, und als er in einer Reisezeitschrift eine Anzeige für eine Gruppenwanderung nach Nepal sah, schien dies die ideale Gelegenheit zu sein. Als das Flugzeug in Kathmandu landete, so erinnerte er sich später, freute er sich auf »ein erfrischendes Eintauchen in die nepalesische Kultur«, umgeben von der Schönheit des Himalaja-Gebirges. Doch was Kayes in den Bergen erwartete, war ein beunruhigendes psychologisches Rätsel, das sein Leben noch jahrelang beherrschen sollte.

Während Kayes und seine Mitwanderer die Ausläufer des Mount Everest erkundeten und nachts in Zelten schliefen, ereignete sich in der Nähe des Berggipfels eine Katastrophe von historischem Ausmaß. Fünfzehn Bergsteiger starben während der Aufstiegssaison in jenem Jahr auf dem Everest, acht davon innerhalb eines einzigen 24-Stunden-Zeitraums, der inzwischen in die Geschichte des Bergsteigens eingegangen ist – vor allem dank des Bestsellers *In eisige Höhen* von Bergsteiger und Journalist Jon Krakauer, der zu dieser Zeit ebenfalls im Gebiet unterwegs war. Kayes selbst begegnete einigen der beteiligten Bergsteiger und Rettungskräfte – erschöpfte Männer, die wie benommen im Vorgebirge auftauchten und versuchten, sich einen Reim auf das Geschehene zu machen.

Selbst in der heutigen Ära kommerzieller Everest-Expeditionen, in der jeder, der über genügend Geld und ein gewisses Maß an Kletterkenntnissen verfügt, sich gegen Bezahlung auf den Gipfel begleiten lassen kann, ist es nicht ungewöhnlich, dass Menschen bei dem Versuch sterben. Was die Katastrophe von 1996 so erschreckend machte – abgesehen von der schieren Anzahl der Toten –, war die Tatsache, dass sie so unerklärlich schien. Das Wetter auf dem Gipfel war nicht gefährlicher als sonst. In der Zeit, in der die meisten Bergsteiger ums Leben kamen, gab es keine plötzlichen Lawinenabgänge. Die zahlenden Kunden waren alle hinreichend qualifiziert für die Unternehmung. *In eisige*

Höhen führte die Tragödie zum Teil auf die Sturheit und Arroganz des kasachischen Bergführers Anatoli Bukrejew zurück. Dafür gibt es zwar einige Anhaltspunkte, aber letztlich ist auch diese Erklärung unbefriedigend. Als Gruppe neigen Bergsteiger generell zu Eigensinn und Arroganz. Doch Katastrophen in einer Größenordnung wie 1996 am Everest sind glücklicherweise selten.

Letztlich glich das, was in jenem Jahr geschah, eher einem Ausbruch von Massenunvernunft – eine Episode, die ihren Höhepunkt am 10. Mai um die Mittagszeit am Hillary Step erreichte, einer etwa 240 Meter vom Gipfel entfernten Felswand. Der Vorfall ist inzwischen als »Stau« bekannt geworden. Teams aus Neuseeland, den Vereinigten Staaten und Taiwan – insgesamt 34 Bergsteiger – versuchten sich an jenem Tag an der letzten Etappe des Aufstiegs vom Camp Four in etwa 8000 Metern Höhe zum Gipfel in rund 8850 Metern Höhe. Die Amerikaner und Neuseeländer hatten ihre Aktivitäten aufeinander abgestimmt, um einen reibungslosen Auf- und Abstieg zu gewährleisten. Doch die taiwanesischen Bergsteiger hielten sich nicht an die Abmachung, nicht am selben Tag aufzusteigen, und ein Vorausteam von Bergführern hatte es versäumt, planmäßig Sicherungsseile am Hillary Step zu verankern, sodass sich der reibungslose Ablauf bald in ein Nadelöhr verwandelte.

Das Timing ist eine der wichtigsten Variablen bei jedem Gipfelsturm auf den Everest, und deshalb halten sich die Bergsteiger im Allgemeinen an strikte »Umkehrzeiten«. Wenn ein Bergsteiger um Mitternacht von Camp Four aufbricht, kann er hoffen, den Gipfel bis zum Mittag oder kurz danach zu erreichen. Gelingt es ihm jedoch nicht, den Gipfel bis zur vereinbarten Umkehrzeit zu erreichen – die je nach Wetterbedingungen und Risikobereitschaft des Teamleiters zwischen Mittag und zwei Uhr nachmittags liegen kann –, muss er den Versuch abbrechen und umkehren. Andernfalls riskiert der Bergsteiger, dass ihm der Flaschensauerstoff ausgeht und er sich bei Dunkelheit den extrem gefährlichen Wetterbedingungen des Everest stellen muss. Doch trotz des Staus am Hillary Step gingen die Teams weiter, ohne Rücksicht auf ihre Umkehrzeiten. Zurück in Camp Four beobachtete der amerikanische Bergsteiger Ed Viesturs das langsame Vorankommen der Teams durch ein Fernrohr und konnte kaum glauben, was er da sah. »Sie klettern schon seit Stunden und sind immer noch nicht auf dem Gipfel«, dachte er bei sich und wurde zunehmend besorgt. »Warum sind sie nicht umgekehrt?«

Nach 14:00 Uhr, der spätesten sicheren Ankunftszeit, trafen noch zwei Stunden lang Mitglieder aller drei Teams auf dem Gipfel ein. Doug Hansen, ein Postangestellter aus dem Bundesstaat Washington und zahlender Kunde der neuseeländischen Gruppe, war der Letzte. Er erreichte den Gipfel erst um kurz nach 16:00 Uhr und damit viel zu spät. Bereits im Jahr zuvor hatte er den Everest bestiegen, war aber einige Hundert Meter vor dem Gipfel zur Umkehr gezwungen worden. Diesmal schaffte er es nicht mehr nach unten. Wie sieben andere geriet er bei Einbruch der Dunkelheit in einen heftigen Schneesturm, der die Orientierung auf dem Berg unmöglich machte und die Temperaturen auf minus 40 Grad sinken ließ. Sie lagen im Sterben, unerreichbar für die fieberhaften Rettungsaktionen, die mehreren anderen Bergsteigern das Leben retteten. Jahre nachdem die Besteigung des Everest zu einem machbaren Projekt für Amateure und Profis geworden war, gab es 1996 die höchste Zahl an Todesopfern in der Geschichte des Berges. Und bis heute weiß niemand genau, warum.

Außer vielleicht Chris Kayes. Ein ehemaliger Börsenmakler, der inzwischen Experte für organisatorisches Verhalten ist, hat auf den ersten Blick wenig zur Analyse einer Bergsteigerkatastrophe beizutragen. Doch je mehr Kayes über die Geschehnisse erfuhr und je mehr er nach seiner Heimkehr den Fall verfolgte, desto mehr erinnerte ihn das Geschehen an ein Phänomen, das er nur allzu oft bei Geschäftsleuten beobachtet hatte. Die Everest-Besteiger, so vermutete Kayes, seien »durch ihre Zielbesessenheit ins Verderben gelockt« worden. Seine Hypothese lautete: Je mehr sie sich auf den Endpunkt – die erfolgreiche Besteigung des Berges – fixierten, desto mehr wurde dieses Ziel nicht nur ein äußeres Ziel, sondern ein Teil ihrer eigenen Identität, ihres Selbstverständnisses als versierte Bergführer oder leistungsstarke Amateure. Wenn seine Vermutung bezüglich der Bergsteiger richtig war, dann wäre es für sie immer schwieriger geworden, ihr Ziel aufzugeben, obwohl sich die Anzeichen dafür häuften, dass das Ganze zu einem selbstmörderischen Unterfangen würde. Tatsächlich hätte dies die Entschlossenheit der Bergsteiger noch verstärkt, nicht umzukehren, davon war Kayes überzeugt. Der Aufstieg wäre somit zu einem Kampf geworden, bei dem es nicht nur um das Erreichen des Gipfels, sondern auch um die Wahrung der eigenen Identität ging. In der Theologie bezeichnet der Begriff »Theodizee« das Bemühen, trotz der Verbreitung des Bösen in der Welt den Glauben an einen gütigen Gott aufrechtzuerhalten; gelegentlich ist damit auch gemeint, dass man ungeachtet widersprechender Beweise an einem Glauben festhalten will. In Anlehnung an diese Formulierung bezeichnete Chris Kayes das von ihm festgestellte Syndrom als *Goalodicy* – etwa: »Zielodizee«.

Während seiner Jahre in der Geschäftswelt hatte Kayes

mit Sorge beobachtet, wie die Zielsetzung unter seinen Kollegen den Status eines religiösen Dogmas annahm. Daran hat sich bis heute nicht viel geändert. Eine visionäre Führungspersönlichkeit zeichnet sich nach allgemeiner Auffassung dadurch aus, dass sie bereit ist, große, kühne Ziele für ihr Unternehmen zu setzen und dann alle Ressourcen auf das Erreichen dieser Ziele zu konzentrieren. Unterdessen werden die einzelnen Mitarbeiter ermutigt und manchmal auch verpflichtet, ihre individuellen Arbeitsziele zu definieren, häufig in Form sogenannter »SMART«-Ziele. (Das Akronym steht für »specific, measurable, attainable, realistic, time-bounded« – spezifisch, messbar, erreichbar, realistisch und zeitlich begrenzt.) In zahlreichen Selbsthilfebüchern werden ehrgeizige und höchst spezifische Ziele als Schlüssel zu einem erfolgreichen und befriedigenden Leben angepriesen: »Nächstes Jahr um diese Zeit werde ich mit der Frau meiner Träume verheiratet sein/auf dem Balkon meines Strandhauses sitzen/10 000 Euro im Monat verdienen!«

Einer der leidenschaftlichsten Verfechter dieser Methode ist Brian Tracy. In seinem Buch *Ziele* betont er, dass »ein Leben ohne klare Ziele wie das Fahren im dichten Nebel ist ... Klare Ziele versetzen Sie in die Lage, das Gaspedal Ihres eigenen Lebens durchzutreten und mit hoher Geschwindigkeit voranzurasen.«

Kayes musste jedoch feststellen, dass dies häufig nicht der Fall war. Ein bestimmtes Unternehmensziel wurde festgelegt, angekündigt und meist mit Begeisterung begrüßt. Doch dann traten Anzeichen dafür auf, dass es unklug war – und als Reaktion darauf setzte die *Goalodicy* ein. Negative Anzeichen wurden als Grund dafür umgedeutet, noch mehr Anstrengungen und Ressourcen in die Verfolgung des Ziels zu investieren. Und so ging das Ganze – kaum verwunderlich – erst recht schief. Kayes glaubte, dass 1996 auf dem Everest etwas Ähnliches passiert sei.

Chris Kayes ist heute Professor für Managementwissenschaften an der George Washington University in Washington, D.C. Als er in den letzten Jahren auf Vortragsreisen ging und den Everest als Metapher für all das verwendete, was mit unserer Zielbesessenheit nicht stimmt, sah er sich häufig vor den Kopf gestoßen. »Ein Geschäftsmann sollte sich nicht mit Themen befassen, die derartig tragisch und emotional sind«, schrieb ihm ein russischer Student knapp per E-Mail. »Fragen zu Tragödien und den Dilemmas der menschlichen Existenz sollte man den Dichtern, den Romanautoren und den Dramaturgen überlassen. Solche Themen haben nichts damit zu tun, warum wir uns mit der Führung von Organisationen beschäftigen.« Doch Kayes ließ die Sache keine Ruhe. »Ehrlich gesagt denke ich wahrscheinlich jeden Tag an die Everest-Katastrophe«, verriet er mir. »Es ist fast so, als wäre es ein Todesfall in meiner eigenen Familie. ›Ruhelos‹ wäre definitiv ein treffendes Wort.« Für Kayes' Hypothese über die Geschehnisse auf dem Berg gibt es überzeugende Argumente, die sich in einer weitgehend vergessenen psychologischen Studie aus dem Jahr 1963 verbergen.[2] Die Teilnehmer dieser Studie waren professionelle Bergsteiger, die eine Expedition zum Everest unternahmen.

In jenem Jahr versuchten 17 Bergsteiger, als erste Amerikaner den Gipfel zu erreichen. Der Psychologe James Lester erkannte, dass die Expedition eine ideale Gelegenheit bot, um zu untersuchen, was Menschen zu solch ehrgeizigen und gefährlichen Vorhaben antrieb. Mit finanzieller Unterstützung der US-Marine luden Lester und eine Handvoll Kollegen die Bergsteiger ins kalifornische Berkeley ein, wo sie eine Reihe von Persönlichkeitstests durchführten. Dann verließ Lester, der damit ein ungewöhnliches Maß an Engagement für seine Forschung zeigte, das sonnige Kalifornien in Richtung Mount Everest und begleitete die Bergsteiger bis zum Camp Two in etwa 7000 Metern Höhe. Dort führte er weitere Tests mit den Bergsteigern und ihren Sherpa-Führern durch. In seinem Buch *Destructive Goal Pursuit: The Mount Everest Disaster* fasst Chris Kayes Lesters grundlegende Erkenntnisse über den typischen Everest-Besteiger zusammen: Es waren Menschen, die »beträchtliche Rastlosigkeit, eine Abneigung gegen Routine, den Wunsch nach Autonomie, die Neigung zur Dominanz in persönlichen Beziehungen und ein mangelndes Interesse an sozialer Interaktion um ihrer selbst willen« zeigten. Ihr empfundenes Bedürfnis nach Leistung und Unabhängigkeit war sehr hoch. Das überrascht nicht: Lester hatte die Binsenweisheit bestätigt, dass Kletterer tendenziell herrschsüchtige Einzelgänger sind, die wenig Wert auf soziale Konventionen legen. Weitaus interessantere Erkenntnisse ergaben sich jedoch aus den Tagebuchaufzeichnungen, die Lester von den Bergsteigern während der dreimonatigen Zeitspanne führen ließ, in der sie sich auf ihre Gipfelbesteigung vorbereiteten und diese dann schließlich durchführten.

Auf dem Weg zum Basislager trennte sich das amerikanische Team in zwei Gruppen, von denen jede eine andere Vorstellung davon hatte, wie man den Gipfel am besten erreichte. Die größere Gruppe bevorzugte die bewährte Route über den Südsattel, einen von starken Winden umtosten Pass, der deshalb relativ schneefrei war. Eine kleinere Gruppe hingegen wollte über den abgelegenen und noch nie begangenen Westgrat aufsteigen. (Selbst heute noch liegt die Sterblichkeitsrate für den Westgrat bei über 100 Prozent – eine statistische Eigentümlichkeit, die besagt, dass dort mehr Menschen gestorben sind, als den Gipfel auf diesem Weg erreicht haben.) Da die Bergsteiger unterschiedlicher Meinung waren, bat Lester sie, in ihren Tagebüchern regelmäßig zu vermerken, wie optimistisch oder pessimistisch sie die gewählte Route gerade sahen.

Die anschließende Analyse der Tagebücher ergab ein unerwartetes Muster. Je näher der Tag des Gipfelsturms rückte, desto mehr schwand der Optimismus der Westgrat-Gruppe. An seine Stelle trat ein nagendes Gefühl der Unsicherheit. Das war nur zu erwarten, denn schließlich war die Route noch nicht erprobt. Doch je größer Verunsicherung und Pessimismus hinsichtlich der Unternehmung wurden, so zeigen es die Tagebücher, desto stärker wurde die Bindung an diese Option. »Je unsicherer die Alpinisten in Bezug auf eine erfolgreiche Gipfelbesteigung wurden, desto wahrscheinlicher wurde es, dass sie in eine bestimmte Strategie investierten«, wie Kayes es formuliert. Eine bizarre und sich selbst verstärkende Schleife entstand: Die Teammitglieder suchten aktiv nach negativen Informationen über ihr Ziel – etwa nach Hinweisen auf Wetterverhältnisse, die den Weg über den Westgrat noch riskanter machen könnten als sonst –, was ihre Unsicherheit noch verstärkte. In dem Bestreben, diese Ungewissheit zu besiegen, steigerten die Bergsteiger dann ihren emotionalen Eifer für ihre Entscheidung. Das Ziel, so schien es, war zu einem Teil ihrer Identität geworden, und so bedrohte die Ungewissheit hinsichtlich des Ziels nicht mehr nur den Plan, sondern sie selbst als Person. Sie waren so erpicht darauf, diese Verunsicherung zu überwinden, dass sie sich immer stärker an einen klaren, festen und spezifischen Plan klammerten, der ihnen ein Gefühl der Sicherheit für die Zukunft vermittelte – auch wenn dieser Plan zunehmend waghalsig erschien. Die *Goalodicy* hatte sie fest im Griff.

Das glückliche Ende der Expedition von 1963 schwächte Kayes' Argumentation ein wenig ab: Die West-Ridge-Kletterer führten ihren gefährlichen Plan aus und überlebten. Beim Drama von 1996 kamen dagegen zu viele der Beteiligten ums Leben, als dass wir jemals mit Gewissheit sagen könnten, inwieweit dieselben Gedankengänge dafür verantwortlich waren. Allerdings bekräftigte Beck Weathers, ein zahlender Kunde in jenem Jahr, der zweimal zum Sterben auf dem Berg zurückgelassen wurde (er verlor seine Nase und mehrere Finger durch Erfrierungen, nachdem er sich zum Camp zurückgeschleppt hatte), dass dieser Gedanke durchaus plausibel sei: »Man kann Ziele übermäßig verfolgen«, sagte er hinterher. »Man kann von Zielen besessen werden.«

Bergsteiger sprechen freilich nicht in der Wirtschaftssprache von »Zielen« und »Zielvorgaben«. Aber wenn sie »Gipfelfieber« sagen – diese seltsame, bisweilen tödliche Anziehungskraft, die bestimmte Gipfel auf das Denken von Bergsteigern auszuüben scheinen –, dann meinen sie intuitiv etwas Ähnliches: das Streben nach einem Ziel, das diejenigen vernichtet, die sich zu sehr darum bemühen, es zu erreichen, wie die Sirenen, die Seefahrer auf die Felsen locken. Ed Viesturs, der die Tragödie von 1996 durch sein Teleskop beobachtete, hat diese Verlockung anschaulich beschrieben: »Wenn man dort oben ist, hat man Jahre des Trainings, Monate der Vorbereitung und Wochen des Kletterns hinter sich, und man ist in Sichtweite des Gipfels – und im Hinterkopf sagt man sich: ›Wir sollten umkehren, denn wir sind spät dran, uns wird der Sauerstoff ausgehen ...‹ Aber man sieht den Gipfel, und es zieht einen dorthin. Die Anziehung ist so stark, dass viele Leute bereit sind, ihre eigenen Regeln zu brechen und zum Gipfel zu gehen.

An einem guten Tag kann man das sogar schaffen. Und an einem schlechten Tag stirbt man.«

Wenn Sie jemals ein populärwissenschaftliches Buch über die Bedeutung der Zukunftsplanung gelesen haben, werden Sie mit ziemlicher Sicherheit irgendwann auf die *Yale Study of Goals* gestoßen sein – möglicherweise sogar mehrfach. Dabei handelt es sich um eine inzwischen legendäre Studie über die Vorteile einer detaillierten Lebensplanung: Sie wird in dem bereits erwähnten Buch *Ziele* von Brian Tracy zitiert, aber auch in zahlreichen anderen Werken, von vermeintlich wissenschaftlichen Büchern mit Titeln wie *Psychologische Grundlagen des Erfolgs* bis hin zu eher praxisorientierten Ratgebern (Management-Handbücher wie *Schulen Sie Ihre Mitarbeiter und machen Sie die Konkurrenz platt*). Kurz zusammengefasst ging es in der Studie um Folgendes: Im Jahr 1953 wurden Studenten, die ihren Abschluss an der Yale University gemacht hatten, von Forschern befragt, ob sie konkrete, schriftlich festgehaltene Ziele für den Rest ihres Lebens formuliert hätten oder nicht. Nur drei Prozent von ihnen bejahten dies. Zwei Jahrzehnte später befragten die Forscher den Jahrgang '53 erneut, um zu sehen, wie ihr Leben verlaufen war. Die Ergebnisse waren eindeutig: Die drei Prozent der Absolventen mit schriftlich fixierten Zielen hatten ein größeres finanzielles Vermögen angehäuft als die anderen 97 Prozent zusammen. Eine verblüffende Erkenntnis und eine wichtige Lektion für alle jungen Menschen, die daran denken, sich einfach nur durchs Leben treiben zu lassen. Es ist daher nicht verwunderlich, dass die Studie in der Welt der Selbsthilfe und in vielen Bereichen des Wirtschaftslebens Legendenstatus erlangt hat. Das einzige Problem ist, dass es sich tatsächlich um eine Legende handelt: Die *Yale Study of Goals* hat nie stattgefunden.

Vor ein paar Jahren begab sich ein Journalist des Technologiemagazins *Fast Company* auf die Suche nach der Quelle der angeblichen Studie.[3] Da bei deren Erwähnung nie eine wissenschaftliche Zeitschrift zitiert wurde, fragte er zunächst die Motivationsgurus, die sich gern darauf beriefen. Befremdlicherweise verwiesen diese aufeinander. Tony Robbins schlug vor, Brian Tracy zu fragen, der wiederum Zig Ziglar vorschlug, einen altgedienten Motivationsredner und regelmäßigen Teilnehmer an den *Get Motivated!*-Seminaren. Der Kreis schloss sich, als Zig Ziglar empfahl, Tony Robbins zu fragen.

Ich nahm die Sache selbst in die Hand und rief Beverly Waters an, eine leitende Archivarin der Yale University. Sie wirkte freundlich und hilfsbereit, doch als ich die *Goals*-Studie ansprach, schwang in ihrer Stimme ein Hauch von Frustration mit. »Als diese Frage vor Jahren erstmals aufkam, habe ich eine systematische Überprüfung angestellt, und es fand sich nichts«, sagte sie. »Dann hat der Sekretär des Abschlussjahrgangs 1953 eine weitere systematische Überprüfung durchgeführt, und niemand, mit dem er sprach, war jemals darum gebeten worden, einen derartigen Fragebogen oder etwas Ähnliches auszufüllen.« Es sei höchst unwahrscheinlich, dass das Ganze in einem anderen Jahr stattgefunden habe und fälschlicherweise auf das Jahr 1953 datiert worden sei, da die Association of Yale Alumni involviert gewesen wäre – und dort finde sich niemand, der sich daran erinnere. Waters seufzte. »Ich glaube, es ist einfach zu schön, um nicht wahr zu sein«, sagte sie.

Freilich widerlegt die Nichtexistenz einer einzigen Studie über die Vorteile der Zielsetzung nicht die Behauptung, dass

Zielsetzungen von Nutzen sind; es gibt zahlreiche konkrete Forschungsergebnisse, die dafür sprechen, dass diese Praxis durchaus sinnvoll sein kann. Vielmehr zeigt die Geschichte, wie weit die Faszination für Ziele bereits gediehen ist. Vielleicht haben Sie selbst noch nie ein »Lebensziel« formuliert, und vielleicht widersprechen Sie auch der imaginären Yale-Studie, die unterstellt, dass materieller Wohlstand die Eintrittskarte zum Glück sei. Doch der grundlegende Impuls hinter alldem ist nahezu universell. Irgendwann in Ihrem Leben, vielleicht sogar mehrmals, haben Sie sich wahrscheinlich ein Ziel gesetzt – einen Ehepartner zu finden, einen bestimmten Job zu bekommen, in einer bestimmten Stadt zu leben – und dann einen Plan ausgearbeitet, um dieses Ziel zu erreichen.

Wenn man es großzügig auslegt, verbringen viele von uns den größten Teil ihrer wachen Zeit damit, sich Ziele zu setzen und Pläne zu ihrer Verwirklichung zu schmieden. Unabhängig davon, ob wir das Wort »Ziele« gebrauchen oder nicht, machen wir fortwährend Pläne, die auf gewünschten Ergebnissen basieren. »Nehmen Sie einen beliebigen Menschen in einem beliebigen Abschnitt seines Lebens«, schrieb der große französische Politikphilosoph Alexis de Tocqueville, »und Sie werden feststellen, dass er stets mit neuen Plänen zur Steigerung seines Komforts beschäftigt ist.«[4] Tocquevilles Verwendung des Wortes »Komfort« sollte uns hier nicht irritieren; wir sind natürlich in der Lage, uns weitaus größere und selbstlosere Ziele zu setzen. Doch die tiefere Wahrheit bleibt: Viele von uns sind permanent mit Plänen beschäftigt.

Genau diese Beschäftigung wird von den Anhängern des »negativen Wegs« zum Glück infrage gestellt, denn es hat sich gezeigt, dass das Setzen und Verfolgen von Zielen oft auf furchtbare Weise fehlschlagen kann. Es gibt gute Argumente dafür, dass viele von uns und viele der Organisationen, für die wir arbeiten, besser daran täten, weniger Zeit mit dem Setzen von Zielen zu verbringen und sich generell weniger intensiv auf die Planung einer gewünschten Zukunft zu konzentrieren.

Hinter dieser Sichtweise steht die Erkenntnis, zu der Chris Kayes und James Lester in ihren Studien über Everest-Bergsteiger gelangt sind: Die Motivation für unsere Bemühungen, Ziele zu setzen und die Zukunft zu planen, ist in den meisten Fällen keine nüchterne Erkenntnis über die Vorzüge von Vorbereitung und Vorausschau. Vielmehr ist es etwas weitaus Emotionaleres, nämlich das tiefe Unbehagen, das uns die Ungewissheit bereitet. Aus Angst, nicht zu wissen, was die Zukunft bringt, investieren wir immer mehr in die von uns gewünschte Vision dieser Zukunft – nicht, weil uns das hilft, diese zu erreichen, sondern weil es uns hilft, das Gefühl der Ungewissheit in der Gegenwart loszuwerden. »Ungewissheit verleitet uns dazu, die Zukunft zu idealisieren«, erklärte mir Kayes. »Wir reden uns ein, dass alles gut wird, wenn wir diese Projektion der Zukunft erreichen können.« Natürlich erfordert die Besteigung des Mount Everest intensive Planung und setzt ein bestimmtes Ziel voraus – das Erreichen des Gipfels. Doch für Kayes deuten die Indizien darauf hin, dass eine Aversion gegen die Ungewissheit 1996 den Ausschlag zugunsten einer fatalen Überinvestition in Ziele gegeben haben könnte.

Wir fürchten das Gefühl der Ungewissheit in außerordentlichem Maße (die Psychologin Dorothy Rowe meint, dass wir es sogar mehr fürchten als den Tod) und unternehmen außerordentliche, sogar lebensgefährliche Anstrengungen, um es loszuwerden.[5] Wie wir später in diesem Kapitel sehen werden, gibt es jedoch eine wirkungsvolle alternative Möglichkeit: Wir könnten lernen, uns mit der Ungewissheit anzufreunden und das in ihr verborgene Potenzial auszuschöpfen, um uns sowohl in der Gegenwart besser zu fühlen als auch in der Zukunft erfolgreicher zu sein.

Es ist erschreckend, wenn man bedenkt, wie viele wichtige Lebensentscheidungen wir vorrangig deshalb treffen, um das gegenwärtige emotionale Unbehagen zu verringern. Versuchen Sie die folgende, möglicherweise selbsterniedrigende Übung: Denken Sie an eine beliebige Entscheidung, die Sie irgendwann getroffen und später bereut haben – eine Beziehung, die Sie eingegangen sind, obwohl Sie wussten, dass sie nichts für Sie ist, oder eine Stelle, die Sie angenommen haben, obwohl im Nachhinein klar ist, dass sie nicht zu Ihren Interessen oder Fähigkeiten passte. Wenn es sich damals wie eine schwierige Entscheidung anfühlte, dann verspürten Sie zuvor wahrscheinlich ein Gefühl der Ungewissheit, das ihnen Bauchschmerzen bereitete. Hat sich dieses Gefühl nach der Entscheidung gelegt? Wenn ja, deutet dies auf die beunruhigende Möglichkeit hin, dass Ihre Hauptmotivation für die Entscheidung nicht rationale Abwägung war, sondern schlicht das dringende Bedürfnis, Ihre Ungewissheit loszuwerden. Der Psychologie-Blogger David Cain erinnert sich, wie die Angst vor Ungewissheit einst seine eigenen Entscheidungen beherrschte: »Es ist ziemlich verstörend, eine mentale Bestandsaufnahme zu machen, wohin [die Aversion gegen Ungewissheit] mein Leben gelenkt hat«, schreibt er. »Sie ist der Grund dafür, dass ich drei Jahre und zehntausend Dollar darauf verwendet habe, Computerprogrammierung zu lernen, obwohl ich das eigentlich gar nicht beruflich machen wollte. Sie ist der Grund für jeden einzelnen Tag, den ich damit verbracht habe, in Berufen zu arbeiten, die mich nicht erfüllten. [Ungewissheit] fühlt sich an, als würde man versinken, und [man] muss unbedingt das nächste Stück festen Bodens erreichen, egal, in welcher Richtung das auch sein mag. Wenn man erst einmal dort angekommen ist, kann man aufatmen.«[6] Unsere Besessenheit, den nächsten Flecken festen Bodens zu erreichen, drückt sich vor allem darin aus, dass wir uns zu fest an Ziele klammern.

Um einen der vielen Gründe zu verstehen, warum Zielsetzungen fehlschlagen können, denken Sie an den Versuch, bei strömendem Regen in einer Großstadt ein Taxi anzuhalten. Wenn Sie das schon einmal tun mussten, wissen Sie, welche Verzweiflung das hervorrufen kann – und wahrscheinlich glauben Sie auch zu verstehen, warum es so schwierig ist, denn es scheint ein wirtschaftliches Problem zu sein, das sogar ein fünfjähriges Kind lösen könnte. Wenn es regnet, wollen mehr Menschen ein Taxi, also übersteigt die Nachfrage das Angebot, sodass es schwieriger wird, ein leeres Fahrzeug zu finden. Das ist doch offensichtlich, oder? Man kann sich deshalb gut vorstellen, welche Blicke die Wirtschaftswissenschaftler Colin Camerer, Linda Babcock, George Loewenstein und Richard Thaler von ihren Kollegen ernteten, als sie sich gemeinsam daranmachten, das Problem der Taxiknappheit an Regentagen zu untersuchen – als Untersuchungsgebiet wählten sie New York City.[7] Allerdings ergab ihre Untersuchung, dass der Grund für das Problem nicht so eindeutig war, wie es den Anschein hatte. Wenn es regnet, steigt die Nachfrage nach Taxis tatsächlich. Aber gleichzeitig geschieht etwas viel Seltsameres: Das Angebot an Taxis geht zurück. Dies widerspricht der ökonomischen Grundannahme, dass Menschen mehr arbeiten, wenn sie mehr Geld verdienen können. Man hätte erwarten können, dass Taxifahrer, die über ihre Arbeitszeiten frei entscheiden, am meisten arbeiten, wenn die Nachfrage am größten ist. Stattdessen machten sie bei Regen früher Feierabend.

Weitere Nachforschungen ergaben, dass bestimmte Zielsetzungen die Ursache dafür waren. New Yorker Taxifahrer mieten ihre Fahrzeuge in Zwölfstundenschichten und setzen sich in der Regel das Tagesziel, doppelt so viel Geld einzunehmen, wie die Miete des Wagens beträgt. Wenn es regnet, erreichen sie ihr Ziel schneller und gehen früher nach Hause. Die New Yorker haben also genau dann kein Taxi, wenn sie es am dringendsten brauchen, und die Fahrer haben genau dann kein zusätzliches Einkommen, wenn es am einfachsten zu verdienen wäre.

Der springende Punkt ist nicht, dass es falsch wäre, wenn ein Taxifahrer mehr Freizeit einem höheren Einkommen vorzieht – das ist eine absolut vertretbare Entscheidung –, sondern dass es unsinnig ist, diese Zeit bei Regen freizunehmen. Die Fahrer verhielten sich also keineswegs wie stereotyp rationale Wirtschaftssubjekte, sondern eher wie die Tauben in den Experimenten des Verhaltenspsychologen B. F. Skinner. Skinner beobachtete, dass Tauben, die gelernt hatten, durch Picken auf einen Mechanismus in ihrem Käfig ein Futterpellet zu erhalten, eine »Post-Pellet-Pause« einlegten und sich entspannten, nachdem sie ein vorgegebenes Ziel erreicht hatten.

Das tägliche Einkommensziel eines Taxifahrers ist etwas ganz anderes als das Ziel, den Everest zu besteigen, und die Forscher haben die emotionalen Beweggründe der Fahrer nicht untersucht. Dennoch kann man das Problem der Taxiknappheit als ein weiteres kleineres Beispiel dafür sehen, wie unangenehm uns die Ungewissheit ist. Die Fahrer zogen offenbar die Regelmäßigkeit und Verlässlichkeit eines planbaren Tageseinkommens der Ungewissheit vor, sich die Möglichkeit eines Mehrverdiensts offenzuhalten. Sie hatten ihre Ziele so fest im Blick, dass dies nicht mehr in ihrem Interesse lag.

Die New Yorker Taxifahrer hatte auch die Universitätsprofessorin Lisa Ordóñez im Sinn, als sie und drei ihrer Kollegen 2009 das ketzerische Projekt wagten, Zielsetzungen zu hinterfragen. In ihrem akademischen Fachgebiet, den Management-Wissenschaften, wurde die Sinnhaftigkeit von Zielvorgaben nur selten infrage gestellt, was vor allem dem Werk der beiden nordamerikanischen Management-Theoretiker Gary Latham und Edwin Locke geschuldet war. Im Laufe der vorangegangenen vier Jahrzehnte hatten sich Latham und Locke als Paten der Zielsetzungslehre etabliert und zusammen mehr als 20 Bücher veröffentlicht. Ihr Credo gehörte zu den allerersten Dingen, die neuen Studierenden an den Business Schools beigebracht wurden: Um als Unternehmer erfolgreich zu sein, brauchte man zunächst einen Geschäftsplan, der auf konkrete Ziele ausgerichtet war. Alles andere war inakzeptabel. »Wenn man die Leute bittet, ihr Bestes zu geben, tun sie es nicht«, sagte Edwin Locke in einem Interview. »Es ist zu vage.«

Ordóñez und ihre Kollegen formulierten ihre Gegenposition in einem Aufsatz aus dem Jahr 2009, der in der sonst eher trockenen Fachzeitschrift *Academy of Management Perspectives* unter dem Titel »Goals Gone Wild« erschien – ein vielleicht etwas plumper Wortwitz (etwa: »Ziele außer Rand und Band«).[8] Die Zielsetzungen, die in den Studien von Latham und Locke so gut funktionierten, hatten in ihren eigenen Experimenten verschiedene unerwünschte Nebeneffekte. Ein Beispiel: Klar definierte Ziele motivieren offenbar zum Schummeln. In einer Studie sollten die Teilnehmer aus einer Reihe zufälliger Buchstaben Wörter bilden, wie beim Scrabble, und hatten dabei die Möglichkeit, anonym über ihre Fortschritte zu berichten. Diejenigen, denen ein Ziel vorgegeben wurde, logen weitaus häufiger als diejenigen, denen lediglich aufgetragen wurde, »ihr Bestes zu geben«. Noch entscheidender sei jedoch, so Ordóñez und ihre Mitstreiter, dass das Setzen von Zielen außerhalb der psychologischen Labors, in denen solche Studien durchgeführt wurden, weitaus weniger gut funktioniere. Im wirklichen Leben gerieten Menschen und Organisationen durch ihre Zielbesessenheit viel häufiger in Schwierigkeiten.

Ein anschauliches Beispiel für diese Problematik ist der amerikanische Automobilriese General Motors.[9] Um die Jahrtausendwende befand sich GM in einer ernsten Krise, da das Unternehmen Kunden und Gewinne an beweglichere, vor allem japanische Wettbewerber verlor. Ganz im Sinne der Philosophie von Latham und Locke formulierten die Führungskräfte in der GM-Zentrale in Detroit daher ein Ziel, das sich als Zahl ausdrücken ließ: 29. Neunundzwanzig, so verkündete das Unternehmen medienwirksam, sei der Prozentsatz des amerikanischen Automobilmarkts, den es zurückerobern und damit seine alte Vormachtstellung wiederherstellen wolle. Die Zahl 29 prangte auch auf kleinen goldenen Anstecknadeln, die von leitenden GM-Mitarbeitern getragen wurden, um ihr Engagement für diesen Plan zu demonstrieren. Bei Firmenversammlungen und in internen GM-Dokumenten war 29 das Ziel, das allen – von den Verkäufern über die Ingenieure bis hin zu den Verantwortlichen für die Öffentlichkeitsarbeit – eingetrichtert wurde.

Doch dieser Plan ging nicht nur schief – er machte alles noch schlimmer. Besessen davon, Marktanteile zurückzuerobern, gab GM seine schwindenden Rücklagen für Rabattaktionen und clevere Werbung aus, um die Autofahrer zum Kauf seiner unbeliebten Autos zu bewegen, anstatt in die spekulativere und ergebnisoffenere – und damit ungewissere – Forschung zu investieren, die vielleicht innovativere und beliebtere Fahrzeuge hervorgebracht hätte. Es gab sicherlich noch viele weitere Gründe für den anhaltenden Niedergang von GM. Aber »29« wurde zu einem Fetisch, der das Unternehmen auf schädliche Weise verzerrte, Kurzsichtigkeit und Betriebsblindheit förderte, alles nur, damit die Zahlen in den Schlagzeilen der Wirtschaftsnachrichten mit denen am Revers der Vizepräsidenten übereinstimmten. Doch dazu kam es nie. Die Abwärtsspirale von GM setzte sich fort und führte 2009 zur Insolvenz des Unternehmens, das schließlich von Washington gerettet werden musste. Auf der Detroit Auto Show 2010 wollte der neu eingesetzte GM-Präsident für Nordamerika demonstrieren, wie sehr sich das Unternehmen verändert hatte. Er führte die 29-Kampagne als Beispiel dafür an, was man nicht mehr tun wollte: »Wir drucken keine Anstecknadeln mehr«, sagte er zu einem Radioreporter. »So etwas machen wir nicht mehr.«

Die Reaktion von Edwin Locke und Gary Latham auf »Goals Gone Wild« gehörte mit Sicherheit zu den wütendsten Ausbrüchen, die jemals in der Zeitschrift *Academy of Management Perspectives* veröffentlicht wurden.[10] Ordóñez und ihre Kollegen wurden als Extremisten beschuldigt, die »Panikmache« betrieben, durch Aneinanderreihung von Anekdoten gute wissenschaftliche Arbeit vernachlässigt, »Unwahrheiten und Beleidigungen verbreitet« und »unbewiesene Behauptungen aufgestellt« hätten. »O mein Gott«, rief Ordóñez aus, als ich sie auf den Streit ansprach. »Mein Gesicht war eine Woche lang heiß. Es war einfach so total persönlich. Aber versetzen Sie sich in ihre Lage. Sie hatten 40 Jahre lang erforscht, wie wunderbar Ziele sein können, und jetzt kamen wir und wiesen sie auf die Fallstricke hin. Das war nichts anderes als ein Tobsuchtsanfall.«

Der Grund, warum dieses akademische Gerangel für alle anderen von Bedeutung ist, liegt darin, dass die beiden Seiten zwei grundlegend verschiedene Denkweisen über die Zukunftsplanung repräsentieren. Natürlich war es unfair von Locke und Latham, Ordóñez und ihren Kollegen zu unterstellen, sie hätten experimentelle Daten zugunsten von Anekdoten gänzlich ignoriert. Die eigentliche Lehre aus »Goals Gone Wild« ist jedoch, dass die vereinfachten Bedingungen des Labors fast nie auf das wirkliche Leben übertragbar sind. In den meisten künstlichen Studien zur Zielsetzung werden die Teilnehmer mit einer einzigen Aufgabe oder einer einfachen Reihe von Aufgaben konfrontiert, wie bei dem bereits erwähnten Wortspiel; einige von ihnen werden dann ermutigt, die Aufgabe mit einem festen Ziel vor Augen anzugehen, andere hingegen nicht. Wie der Fall von GM jedoch zeigt, ist außerhalb des Labors – sei es in der Wirtschaft oder im alltäglichen Leben – keine Situation auch nur annähernd so einfach.

Wenn Sie sich ein Ziel oder mehrere Ziele setzen und diese anstreben, wirkt sich das unweigerlich auf andere, miteinander verknüpfte Aspekte dessen aus, was Sie zu ändern versuchen. Bei einem Automobilhersteller könnte das bedeuten, dass Sie Ihrer Forschungsabteilung die Mittel entziehen, um einen bestimmten Marktanteil zu erreichen. Im persönlichen Bereich könnte es bedeuten, dass man seine Ziele erreicht, aber dafür sein Leben ruiniert. Während eines seiner Seminare, so erinnerte sich Chris Kayes, »kam am Ende einer Kurseinheit eine Führungskraft auf mich zu und sagte, sein Ziel sei es gewesen, bis zum Alter von 40 Jahren Millionär zu werden. So etwas hört man an den Wirtschaftshochschulen andauernd. Und er hatte es geschafft – er war 42, also genau am Ziel. Aber er war geschieden und hatte außerdem gesundheitliche Probleme. Und seine Kinder sprachen nicht mehr mit ihm.« Eine andere Studentin hatte wie wild für einen Marathon trainiert, als er sie kennenlernte. Sie erreichte ihr Ziel – allerdings um den Preis, dass sie sich schwer verletzte und mehrere Wochen lang das Haus nicht verlassen konnte.

Das Problem liegt tiefer, als man zunächst vermuten könnte. Die Standardantwort seitens der Zielsetzungsverfechter lautet, dies seien Beispiele für Menschen, die sich die *falschen* Ziele setzten – zu ehrgeizige oder zu begrenzte Ziele. Natürlich ist es richtig, dass manche Ziele sinnvoller sind als andere. Das eigentliche Risiko aber betrifft praktisch jede Form der Zukunftsplanung: Die Formulierung einer Zukunftsvision setzt zwangsläufig voraus, dass man einen oder mehrere Aspekte des eigenen Lebens, der eigenen Organisation oder der eigenen Gesellschaft isoliert und sich auf Kosten anderer darauf konzentriert. Probleme entstehen dabei durch das Gesetz der unbeabsichtigten Folgen – dass »man nie nur eine Sache ändern kann«, wie es mitunter formuliert wird. In jedem auch nur einigermaßen komplexen System ist es äußerst schwierig vorherzusagen, wie sich die Änderung einer Variablen auf die anderen auswirken wird. Der Naturforscher und Philosoph John Muir stellte fest: »Wenn wir versuchen, eine Sache für sich allein zu betrachten, finden wir sie mit allem anderen im Universum verflochten.«[11]

Der Denker, der diesen Ansatz wohl am weitesten verfolgte, war der Anthropologe Gregory Bateson, der einen großen Teil seiner frühen Karriere damit verbrachte, das Alltagsleben in balinesischen Dörfern zu untersuchen. Er gelangte zu dem Schluss, dass diese Dörfer ihren sozialen Zusammenhalt und ihr reibungsloses Miteinander alten Bräuchen und Ritualen verdankten, die er als »nicht maximierend« bezeichnete. Damit meinte er, dass sie die Dorfbewohner davon abhielten, sich auf Kosten anderer Bereiche auf ein bestimmtes Ziel zu fokussieren. Das balinesische Sparsamkeitsethos etwa wurde durch eine gelegentliche, ritualisierte und zur Schau gestellte Geldverschwendung ausgeglichen. So wurde verhindert, dass das Streben nach Reichtum anderen gesellschaftlichen Zielen schadete, und Konkurrenzdenken und soziale Ungleichheit unter den Dorfbewohnern in Grenzen gehalten. Dies stand im offensichtlichen Gegensatz zu westlichen Industriegesellschaften, wo die Maximierung des Wirtschaftswachstums zum Ziel geworden war, dem man alles andere opferte. Ließ sich das Leben in Amerika oder Großbritannien mit dem Erklimmen einer Leiter vergleichen, so war das Leben im ländlichen Bali eher ein endloser, aber anmutiger Drahtseilakt, mit dem Ergebnis eines »stabilen Zustands« sozialen Gedeihens, das auf keine bestimmten Ziele ausgerichtet war. »Der Fortbestand komplexer interaktiver Systeme hängt davon ab, dass die Maximierung einer beliebigen Variablen verhindert wird«, erklärte Bateson.[12] Das bedeutet nicht, dass man jegliche Zukunftsplanung aufgeben sollte, aber es ist eine Warnung, nicht allzu verbissen eine bestimmte Zukunftsvision anzustreben. Wie Chris Kayes hervorhob, erreichten die Bergsteiger, die 1996 bei der Besteigung des Everest ums Leben kamen, durchaus ihr Ziel: Sie erklommen den Gipfel. Die tragische und unbeabsichtigte Folge aber war, dass sie es nicht lebendig wieder herunterschafften.

Was könnte die *Hinwendung* zur Ungewissheit bedeuten – zu lernen, sie zu ertragen oder sogar zu schätzen? Um diese Frage zu beantworten, suchte ich zunächst einen genesenden Zielsüchtigen auf, von dem ich gehört hatte, dass er einige radikale Ansichten zu diesem Thema vertrat.

Ich traf mich mit Steven Shapiro in einer spärlich beleuchteten Bar im New Yorker West Village, wo er ein Pint »Samuel Adams«-Lagerbier trank, sich durch einen Cheeseburger arbeitete und mit einem Auge das Baseballspiel auf dem Fernseher in der Ecke verfolgte. Nichts an seinem Äußeren ließ darauf schließen, dass er kein typisch amerikanischer 45-Jähriger war. Seine Tätigkeitsbeschreibung hätte denselben Eindruck erwecken können: Er war ein Berater, der durchs Land reiste und Workshops mit Geschäftsleuten veranstaltete. Sein Leben spielte sich in Konferenzsälen, Flughafen-Lounges und Hotelbars ab; manchmal benutzte er PowerPoint. Doch hinter seinem schnellen Lächeln und seiner Offenheit verbarg sich der wahre Shapiro: Der war eine Art feindlicher Agent, denn die Botschaft, die er vermittelte, stand im Widerspruch zu einigen der am tiefsten verwurzelten Ideologien des amerikanischen Wirtschaftslebens. Er plädierte dafür, Ziele aufzugeben und stattdessen Ungewissheit zuzulassen.

Tatsächlich begann Shapiro als typisch amerikanischer Aufsteiger, der sich zum Ziel gesetzt hatte, ein hoch bezahlter Unternehmensberater zu werden. Seine langen Arbeitszeiten zerrütteten seine Ehe. »Ich weiß nicht genau, ob mich meine Ziele dazu brachten, wie verrückt zu arbeiten«, sagte er später, »oder ob ich meine Ziele als Ausrede benutzte, den Problemen in meinem Privatleben aus dem Weg zu gehen.«[13] Derartige Krisen versuchte er durch noch mehr Ziele zu überwinden (einmal, so erinnerte er sich, habe er einen Fünfjahresplan aufgestellt, um »führend in Sachen Innovation« zu werden). Doch keiner dieser Pläne veränderte sein Leben. Den Ausschlag gab schließlich die Unterhaltung mit einer Freundin, die ihm sagte, dass er zu viel Energie darauf verwende, über seine Zukunft nachzudenken. Er solle sich mehr »wie ein Frosch sehen«, sagte sie. Shapiro überlegte, ob er sich gekränkt fühlen sollte, als sie ihm erklärte: »Du solltest dich auf einem Seerosenblatt sonnen, bis du dich langweilst; dann, wenn die Zeit reif ist, solltest du auf ein neues Seerosenblatt springen und dich dort eine Weile aufhalten. Mach das immer wieder und bewege dich dabei in die Richtung, die sich richtig anfühlt.« Das Bild des Sonnenbadens auf Seerosenblättern sollte nicht im Sinne von Faulheit verstanden werden. Was Shapiros Freundin meinte, war mit seiner tatkräftigen, leistungshungrigen Persönlichkeit durchaus vereinbar; es versprach lediglich, sie gesünder zu kanalisieren. Tatsächlich verhieß es ihm, *mehr* zu erreichen, indem er seine Arbeit in der Gegenwart genießen konnte, anstatt sein Glück auf einen Zeitpunkt in fünf Jahren zu verschieben – wo seinem aktuellen Fünfjahresplan dann ohnehin nur der nächste folgen würde. Dieser Gedanke löste bei Shapiro einen Perspektivwechsel aus, der schließlich zu seiner Neuerfindung als erklärter Gegner von Zielsetzungen führte.

Es überrascht vielleicht nicht, dass die Unternehmen, die Steve Shapiro für seinen Rat bezahlen, sich mitunter gegen diesen Gedanken sperren. (»Die Leute haben mich manchmal schon ziemlich komisch angesehen«, sagte er.) Chris Kayes ist auf ähnliche Widerstände gestoßen: »In allen Unternehmen, die ich besuche, gibt es immer irgendeinen Manager, der sagt: ›Wissen Sie, das, was Sie da auf dem Everest gemacht haben – enorme Risiken eingehen, die Konsequenzen ignorieren und trotzdem weitermachen –, das *will* ich, dass die Leute hier auch machen!‹« Shapiros Gegenargument für seine skeptischen Kunden beginnt mit etwas, das er »die Glücks- und Selbstwertseite der Dinge« nennt: Ein zielfreies Leben macht die Menschen einfach glücklicher. In einer von ihm in Auftrag gegebenen Umfrage unter amerikanischen Erwachsenen stimmten 41 Prozent der Befragten zu, dass das Erreichen ihrer Ziele sie nicht glücklicher gemacht oder sie sogar desillusioniert habe; weitere 18 Prozent gaben an, dass ihre Ziele eine Freundschaft, eine Ehe oder eine andere wichtige Beziehung zerstört hätten.[14] Insgesamt sagten 36 Prozent, dass sie sich umso gestresster fühlten, je mehr Ziele sie sich setzten – und das, obwohl 52 Prozent angaben, dass eines ihrer Ziele darin bestehe, die Stressbelastung in ihrem Leben zu verringern.

Die Chefs lassen sich jedoch häufiger von Shapiros anderem Argument überzeugen: dass die Abschaffung von Zielen oder eine weniger starre Ausrichtung darauf häufig auch der beste Weg ist, das meiste aus den Beschäftigten herauszuholen. Er verführt sie mit Anekdoten über die Effektivität ziellosen Arbeitens, etwa mit der Geschichte der Formel-1-Boxencrew, mit der er zusammenarbeitete. Den Mitgliedern des Teams wurde gesagt, sie würden nicht mehr auf der Grundlage von Tempovorgaben beurteilt, sondern nach ihrem Stil. Sie sollten sich darauf konzentrieren, »geschmeidig« zu agieren, anstatt ihre aktuelle Rekordzeit zu unterbieten – und wurden dadurch am Ende schneller. Dann gab es noch die Geschichte des Vertriebsteams, das seine Ziele nicht mehr verfehlte, sondern übertraf – sobald es zur Firmenpolitik wurde, diese Ziele vor den Vertriebsmitarbeitern geheim zu halten. »Man kann ein allgemeines Gefühl für die Richtung haben, ohne ein spezifisches Ziel oder eine genaue

Vorstellung von der Zukunft zu haben«, erklärte mir Shapiro. »Ich stelle mir das wie Jazz vor, wie Improvisation. Es geht um ein absichtsvolles Mäandern.«

In jüngster Zeit werden die Vorteile eines zielfreien unternehmerischen Ansatzes nicht mehr nur durch bloße Anekdoten untermauert. Vor einigen Jahren gewann die Forscherin Saras Sarasvathy 45 Unternehmer, die einer bestimmten Definition von »erfolgreich« entsprachen, für ein Experiment: Jeder von ihnen hatte mindestens 15 Jahre Erfahrung in der Unternehmensgründung und hatte mindestens ein Unternehmen an die Börse gebracht.[15] Sie legte ihnen ein detailliertes hypothetisches Szenario über ein potenziell lukratives neues Softwareprodukt vor. (Verwirrenderweise handelte es sich um eine Software, die Unternehmern bei der Gründung von Unternehmen helfen sollte.) Anschließend führte Sarasvathy mit sämtlichen Teilnehmern ein zweistündiges Interview, um herauszufinden, wie sie aus dieser vielversprechenden, aber vagen Idee echtes Geld machen wollten. Sie erstellte Hunderte von Seiten an Gesprächsprotokollen – und dann noch Hunderte mehr, als sie zu Vergleichszwecken dieselbe Übung mit Führungskräften älterer, größerer Unternehmen durchführte.

Wir stellen uns gern vor, dass die besondere Fähigkeit von Unternehmern darin besteht, dass sie eine ausgesprochen originelle Idee haben und diese Vision dann mit aller Kraft in die Tat umsetzen. Die Aussagen von Sarasvathys Gesprächspartnern bestätigten dies jedoch nur selten. Ihr genaues Ziel war ihnen oft rätselhaft, was sich auch in ihren Vorgehensweisen widerspiegelte. Überwiegend lehnten sie die Zielsetzungsdoktrin von Locke und Latham ab. So gut wie niemand schlug vor, einen detaillierten Geschäftsplan zu erstellen oder umfassende Marktforschung zu betreiben, um das Produkt, das sie auf den Markt bringen wollten, im Detail auszuarbeiten. (»Ich glaube nicht an Marktforschung«, sagte ein anonymer Teilnehmer zu Sarasvathy. »Jemand hat mir einmal gesagt, das Einzige, was man braucht, ist ein Kunde. Anstatt all die Fragen zu stellen, würde ich versuchen, etwas zu verkaufen.«) Die Unternehmer dachten nicht wie Spitzenköche, die eine Vision von einem Gericht ersinnen und dann auf die Suche nach den perfekten Zutaten gehen. Sie verhielten sich eher wie gewöhnliche, unter Zeitdruck stehende Hausfrauen und -männer, die nachsehen, was im Kühlschrank und in den Schränken ist, und dann spontan überlegen, was und wie sie es zubereiten können. »Ich lebe immer nach dem Motto ›Fertig, feuern, zielen‹«, sagte einer. »Ich glaube, wenn man zu viel Zeit mit ›Fertig, zielen, zielen, zielen‹ verbringt, erreicht man nie die vielen guten Dinge, die passieren können, wenn man erst einmal aktiv wird. Ich glaube, dass Businesspläne interessant sind, aber sie haben keine wirkliche Bedeutung, weil man nicht all das Positive einbauen kann, das passieren wird.« Die wertvollste Fähigkeit eines erfolgreichen Unternehmers, davon ist Chris Kayes überzeugt, ist nicht die »Vision« oder die »Leidenschaft« oder das unerschütterliche Beharren darauf, jedes Hindernis zwischen sich und einem bestimmten Ziel, von dem man besessen ist, zu beseitigen. Vielmehr ist es die Fähigkeit, einen unkonventionellen Lernansatz zu pflegen: eine improvisatorische Flexibilität, nicht nur hinsichtlich des Weges, der zu einem bestimmten Ziel führt, sondern auch hinsichtlich der Bereitschaft, das Ziel selbst zu ändern. Dies ist eine Flexibilität, die durch die starre Konzentration auf ein bestimmtes Ziel unterdrückt werden könnte.

Saras Sarasvathy hat ihren Anti-Ziel-Ansatz zu einem Prinzipienkatalog zusammengefasst, den sie »Effectuation«

nennt. Es ist eine Sichtweise, die weit über die Welt des Unternehmertums hinausweist und als durchaus brauchbare Lebensphilosophie dienen könnte. »Kausal denkende« Menschen, um Sarasvathys Terminologie aufzugreifen, sind diejenigen, die sich ein bestimmtes Ziel aussuchen oder ein bestimmtes Ziel vorgegeben bekommen und dann mit allen ihnen zur Verfügung stehenden Mitteln einen Plan zur Erreichung dieses Ziels erstellen. »Effektiv denkende« Menschen hingegen prüfen zunächst, welche Mittel und Materialien ihnen zur Verfügung stehen, und überlegen dann, welche möglichen Ziele oder voraussichtlichen nächsten Richtungen diese Mittel ermöglichen könnten. Zu den *Effektualisten* gehören der Koch, der den Kühlschrank nach übrig gebliebenen Zutaten durchforstet; der Chemiker, der herausfindet, dass der von ihm entwickelte, nicht ausreichend klebrige Klebstoff zur Herstellung von Post-it-Zetteln verwendet werden könnte; oder die unglückliche Anwältin, die erkennt, dass sich ihr Hobby, das Fotografieren, für welches sie bereits die entsprechenden Fähigkeiten und Geräte besitzt, zu einem Beruf machen ließe. Eine Grundlage der Effectuation ist das Prinzip der »Mittelorientierung«: Beginnen Sie mit Ihren Mitteln. Warten Sie nicht auf die perfekte Gelegenheit. Beginnen Sie mit dem, was Sie zur Verfügung haben – was Sie sind, was Sie wissen und wen Sie kennen. Ein zweiter Grundsatz ist der des »leistbaren Verlusts«: Lassen Sie sich nicht von Gedanken leiten, wie wunderbar die Ergebnisse wären, wenn Sie bei einem bestimmten nächsten Schritt spektakulär erfolgreich wären. Fragen Sie stattdessen – und hier gibt es deutliche Anklänge an die stoische Fokussierung auf das Worst-Case-Szenario –, wie groß der Verlust im Falle eines Scheiterns wäre. Solange er tragbar wäre, ist das alles, was Sie wissen müssen. Machen Sie den nächsten Schritt, und sehen Sie, was passiert.

»Sehen, was passiert« könnte tatsächlich das Motto dieses gesamten Arbeits- und Lebensansatzes sein, und es ist eine rundum sachliche, keine schwammige Botschaft. »Das Suchen nach dem Sinn wird durch den Wunsch nach Gewissheit sogar erschwert«, schrieb der Sozialpsychologe Erich Fromm.[16] »Ungewissheit ist gerade die Bedingung, die den Menschen zur Entfaltung seiner Kräfte zwingt.« Im Ungewissen geschehen die Dinge. Es ist der Ort, an dem die Chancen auf Erfolg, auf Glück, auf ein echtes Leben warten.

»Ein guter Mensch zu sein«, schließt die amerikanische Philosophin Martha Nussbaum, indem sie diese Perspektive auf ihren eigenen Bereich der Ethik anwendet, »bedeutet, eine Art Offenheit gegenüber der Welt zu haben, eine Fähigkeit, ungewissen Dingen jenseits des eigenen Einflusses zu vertrauen, was dazu führen kann, dass man unter sehr extremen Umständen, die man nicht selbst verschuldet hat, zerbricht. Das sagt etwas sehr Wichtiges über das ethische Leben aus – dass es auf dem Vertrauen in die Ungewissheit und auf der Bereitschaft, sich dieser auszusetzen, beruht. Es beruht darauf, mehr wie eine Pflanze denn wie ein Juwel zu sein: etwas sehr Zerbrechliches, dessen ganz besondere Schönheit aber untrennbar mit dieser Zerbrechlichkeit verbunden ist.«[17]

5

Ist da jemand?

Wie Sie Ihr Ich überwinden

> *Warum Sie unglücklich sind? Weil 99,9 Prozent all dessen, was Sie denken, und all dessen, was Sie tun, für Ihr Ich sind – aber so etwas existiert nicht.*
>
> Wei Wu Wei, *Ask the Awakened*

Wenn Sie sich in den späten 1970er-Jahren einmal eine Zeit lang in dem Park aufgehalten hätten, der am Russell Square im Zentrum Londons liegt, wäre Ihnen vielleicht ein schlanker Mann um die 30 aufgefallen, mit zarten, fast elfenhaften Zügen, der allein auf einer Parkbank saß und absolut nichts tat. Fast zwei Jahre lang saß Ulrich Tolle, wenn man seinen eigenen Angaben Glauben schenken darf, tagsüber ununterbrochen auf Parkbänken, es sei denn, es regnete oder schneite heftig; dann suchte er Schutz in einer der öffentlichen Bibliotheken in der Umgebung. Die Nächte verbrachte er auf den Sofas großzügiger Freunde – und wenn deren Toleranz hier und da an Grenzen stieß, schlief er gelegentlich im Hampstead Heath-Park im Gebüsch. Letztendlich ist es aber unwahrscheinlich, dass er Ihnen aufgefallen wäre.

Tolle war ein Niemand. Und er hätte diese Bezeichnung durchaus nicht als Beleidigung empfunden, denn aus seiner Sicht war sie in gewisser Weise vollkommen wahr.

Vor seiner Parkbankzeit hatte Tolle einige Monate lang allein in einer möblierten Einzimmerwohnung im Stadtviertel Belsize Park im Nordwesten Londons gewohnt. Er hatte gerade sein Studium an der University of London abgeschlossen und war so deprimiert, dass er regelmäßig mit dem Gedanken an Selbstmord spielte. Eines Nachts, so erzählt er, war er noch verzweifelter als sonst, und etwas in ihm ging in Stücke: Wie gelähmt im Dunkeln auf seinem Bett liegend machte er eine Furcht einflößende, alles umwälzende spirituelle Erfahrung, die, wie er behauptet, seine ursprüngliche Identität völlig auslöschte. Es war »anfangs nur eine langsame Bewegung«, schrieb er Jahre später. »Ich wurde von tiefer Furcht gepackt und fing an zu zittern... Ich spürte, wie ich in eine Leere hineingesogen wurde. Aber die Leere schien in mir zu sein, nicht außen. Plötzlich war die Angst weg, und ich ließ mich in diese Leere fallen. Ich kann mich nicht erinnern, was danach geschah.«[1] Er verlor das Bewusstsein.

Als er am nächsten Morgen erwachte, wusste er instinktiv, dass er nicht mehr derselbe war. Aber in gewisser Weise schien der Vorfall sogar noch krassere, noch grundsätzlichere Folgen zu haben: Irgendwie, auf eine Art und Weise, die er nicht richtig in Worte fassen konnte, fühlte es sich so an, als hätte er überhaupt keine eigene, klar abgegrenzte Identität mehr. Sein »Ich« war verschollen. Stattdessen empfand er nur noch ein Gefühl von »tiefem, ununterbrochenem Frieden und Glück«, das nach einer Weile etwas nachließ, aber nie ganz verschwand. »Ich lief durch die Stadt und staunte über das Wunder des Lebens auf Erden, als wäre ich gerade eben erst geboren worden«, schrieb er. Nach einer Weile kündigte er seine Einzimmerwohnung. Ohne Lebensplan, ohne To-do-Liste, ohne ein gedankliches Narrativ, das ihm sagte, dass er anders werden oder irgendetwas Bestimmtes erreichen müsse, hatte er den Einfall, seine Tage auf den Parkbänken des Russell Square zu verbringen, und er spürte, dass ihm dieser Einfall durchaus nicht seltsam vorkam. Es gab überhaupt keinen Grund, ihm nicht zu folgen. Und also folgte er ihm – in einem Zustand ruhiger Zufriedenheit.

Einige Zeit nach seiner Krise im Bett der möblierten Einzimmerwohnung änderte Ulrich Tolle seinen Namen in Eckhart Tolle und fing an, über seine Erfahrungen zu sprechen und zu schreiben. Später trug dann eine andere alles umwälzende Kraft – Oprah Winfrey – dazu bei, ihn in die Position zu katapultieren, die er heute innehat, nämlich die des weltweit meistverkauften lebenden »spirituellen« Autors, vielleicht mit Ausnahme des Dalai Lama. Das erhöht nicht in jedermanns Augen seine Glaubwürdigkeit, und einige Skeptiker finden die Geschichte über seine plötzliche Verwandlung ein bisschen fragwürdig. Tolle sagt, dass ihn solche Zweifel nicht verunsichern, wobei ihm in gewisser Weise auch nichts anderes übrig bleibt: Wenn man der Welt erzählt, dass man in einem Reich unendlichen Gleichmuts lebt, kann man nicht empfindlich reagieren, wenn die Leute einem nicht jedes Wort glauben.

Es gibt genügend Anlass für den Verdacht, dass eine Figur wie Tolle über den »negativen Weg« zum Glück letztendlich wenig Neues zu sagen haben könnte. Die Bücher, die zusammen mit seinen eigenen in den Buchhandlungen unter der Rubrik Geist/Körper/Seele zu finden sind, stehen oft für das Schlimmste, was der »Kult des Optimismus« zu bieten hat. Und Oprahs Empfehlung ist auch nicht gerade beruhigend, wenn man bedenkt, dass sie nicht nur *The Secret – Das Geheimnis* von Rhonda Byrne empfohlen hat (den Inbegriff eine Plädoyers für das positive Denken und seine magische Wirkung), sondern auch eine Reihe von äußerst fragwürdigen Selbsthilfegurus. Tolles erster eigener Bestseller, *Jetzt! Die Kraft der Gegenwart,* wurde einmal unter dem Arm von Paris Hilton fotografiert, als sie im Jahr 2007 einer 45-tägigen Haftstrafe entgegensah. Das alles verheißt nichts Gutes. Doch trotz allem und unabhängig davon, was genau ihm in jener Nacht in Belsize Park widerfahren sein mag, kann es weiterführend sein, über seine Einsichten nachzudenken. Und das liegt an seinem besonderen Blick auf ein Thema, das die meisten von uns fast immer für völlig selbstverständlich halten: die Idee des Ich.

Bisher haben wir in diesem Buch die vielen unterschiedlichen Arten untersucht, wie die üblichen Empfehlungen, zu Glück und Erfolg zu kommen, immer wieder nach hinten losgehen, wobei der Grund im Wesentlichen immer derselbe ist: nämlich, dass irgendetwas an dem Versuch, *uns selbst* glücklich und erfolgreich *zu machen,* ebendiesen Versuch sabotiert. Aber es geht noch unbehaglicher. Was wäre, wenn das Ganze nicht nur eine Frage der Technik wäre? Was wäre, wenn wir nicht nur in der Frage, wie wir uns selbst verändern können, einem Irrtum aufsitzen, sondern auch bezüglich der Natur des Ichs, das wir zu verändern suchen? Unsere Annahmen über das Ich infrage zu stellen könnte womöglich dazu führen, dass man sich der Psychologie des Glücks noch einmal ganz anders nähern muss. *Die Kraft der Gegenwart* jedenfalls – ein Buch, in dem barmherzigerweise sehr wenig von »Energiefeldern«, »Schwingungsfrequenzen« und so weiter gesprochen wird – stellt derartige Annahmen bereits mit dem Titel des ersten Kapitels infrage, der lautet:

»Du bist nicht dein Verstand«. Denken Sie einmal darüber nach, wenn Sie sich trauen.

Der Gedanke, dass unsere unreflektierten Annahmen über das Ichsein auf den Prüfstand gehören, stammt definitiv nicht von Eckhart Tolle. Es ist ein uralter Gedanke, der im Buddhismus und in zahlreichen anderen philosophischen und religiösen Traditionen eine zentrale Rolle spielt – und in der Geschichte der Religion und der Spiritualität so häufig auftaucht, dass Aldous Huxley und andere ihn als Teil der »ewigen Philosophie« bezeichnet haben. Tolle hat also gar nichts Neues gesagt. Doch in den alten Texten sind diese Inhalte oft tief vergraben und gut versteckt. Weil Eckhart Tolle für sich in Anspruch nimmt, am eigenen Leib erfahren zu haben, worum es bei alldem geht, hatte ich das Bedürfnis, ihn zu besuchen und ihn selbst zu fragen. Und er war tatsächlich bereit, mit mir darüber zu sprechen.

Ich hatte halb angenommen, vielleicht sogar auch halb gehofft, dass er sich als klischeehafter Guru entpuppen würde, der in opulente Gewänder gehüllt, fett und besoffen von der eigenen Macht, in einem Aschram lebt, wo ihn ausschließlich bewundernde Jünger umgeben. Es stellte sich jedoch heraus, dass er in einer angenehmen, wenn auch etwas beengten Dachgeschosswohnung in Vancouver in Kanada lebte, ganz in der Nähe des Campus der University of British Columbia. Er selbst öffnete mir leicht vornübergebeugt die Tür. Mit seinen mittlerweile 60 Jahren hatte er etwas Vogelartiges an sich und trug statt einer goldenen Robe ein auffallend aus der Mode gekommenes orangefarbenes Hemd und braune Hosen. Er deutete auf einen Ledersessel, in dem ich Platz nahm, während er selbst sich auf das Sofa gegenüber setzte und darauf wartete, dass ich etwas sagte.

Ich habe schnell gelernt, dass das Warten in Tolles Gesellschaft häufig vorkommt. Wie auf den Bänken am Russell Square schien er sich dabei vollkommen wohlzufühlen, er hatte nicht das Bedürfnis, die Stille zu füllen, keinen Druck, die Dinge voranzutreiben. Mir selbst war weniger wohl, denn mir fiel partout nichts Vernünftiges ein, was ich hätte sagen können. Selbst die Frage »Wie geht es Ihnen?«, so wurde mir plötzlich klar, war vielleicht schon ein problematischer Einstieg, weil ja das »Sie« – und was es genau bedeutete – genau das war, worüber ich mit ihm sprechen wollte.

Nur wenige Dinge scheinen so offensichtlich, grundlegend und unbestreitbar zu sein wie das Ich. Welche Unsicherheiten Sie auch immer haben mögen – darüber, wie Sie leben, glücklich sein, sich moralisch verhalten sollten, welche Beziehungen Sie eingehen und welche Arbeit Sie tun sollten –, Sie gehen wahrscheinlich immer noch davon aus, dass all diese Fragen mit einer leicht identifizierbaren, einzelnen Entität namens »Ich« zu tun haben. Es fühlt sich derartig sicher an, dass es zur Grundlage des wohl berühmtesten Satzes der westlichen Philosophiegeschichte werden konnte. Das im 17. Jahrhundert aufgeschriebene Diktum des französischen Philosophen René Descartes: *Cogito ergo sum*, ich denke, also bin ich. Descartes erkannte, dass es nur sehr wenige Aspekte unserer täglichen Erfahrung gibt, derer wir uns wirklich sicher sein können. Sicher sein könnten wir dagegen, so Descartes, dass wir »wir selbst« sind – dass wir in einem ganz basalen Sinne die sind, für die wir uns halten.

Es lohnt sich, an dieser Stelle der Argumentation von Descartes genau zu folgen. Er beginnt damit, dass er sich einen bösen Geist vorstellt, der entschlossen ist, ihn so oft wie möglich hinters Licht zu führen – einen Dämon, der

»zugleich allmächtig und verschlagen ist« und »all seinen Fleiß daran gewandt [habe], mich zu täuschen«.[2] Wie weit können die Täuschungen des Dämons gehen? Vergiss nicht, so Descartes, dass du dich für dein gesamtes Verständnis der äußeren Welt auf deine fünf Sinne verlässt: Du kannst darüber, was außerhalb deines Körpers vor sich geht, was du nicht berühren, sehen, hören, riechen oder schmecken kannst, überhaupt nichts wissen. Im Prinzip könnte also alles, was Sie über diese Welt zu wissen glauben, in Wirklichkeit eine atemberaubend detailreiche und durch und durch überzeugende Illusion sein, die sich der böse Dämon ausgedacht hat. Wie, so fragt Descartes, kann er sich, wenn er aus seinem Kopf herausschaut, jemals völlig sicher sein, dass »Himmel, Luft, Erde, Farben, Gestalten, Töne und alle Außendinge« nicht nur Täuschungen sind, Fallen, die der Dämon »meiner Leichtgläubigkeit« gestellt hat? Man könnte antworten, dass ein solches Szenario hochgradig unwahrscheinlich ist, aber Descartes geht es nicht um die Wahrscheinlichkeit. Indem er nur das Wissen, das als vollkommen sicher und unerschütterlich betrachtet werden kann, zu isolieren versucht, wendet er eine philosophische Technik an, die unter dem Namen »systematischer Zweifel« bekannt geworden ist.

Der böse Dämon von Descartes könnte sogar noch weiter gehen. (Er ist ja nicht umsonst so extrem böse.) Indem er dem Gehirn die richtigen trügerischen Signale sendet, könnte er sogar dafür verantwortlich sein, dass Sie das Gefühl haben, einen physischen Körper zu besitzen. Vielleicht haben Sie in Wirklichkeit gar keinen Körper. Vielleicht sind Sie nur ein Gehirn in einem Gefäß auf einem Regal im Labor des Dämons. Wie können Sie sich jemals sicher sein? Die Parallelen zu dem Film *Matrix* von 1999 sind nicht zufällig: Der Film ist im Wesentlichen eine Meditation aus der Perspektive des 20. Jahrhunderts über die im 17. Jahrhundert gewonnenen Erkenntnisse des Descartes. »Ein Zuschauer von *Matrix*«, so der Philosoph Christopher Grau, »fragt sich natürlich: Woher weiß ich, dass ich nicht in der Matrix bin? Woher weiß ich mit Sicherheit, dass die Welt nicht eine ausgeklügelte Scharade ist, die von einer übermenschlichen Intelligenz so inszeniert wurde, dass ich die List unmöglich aufdecken kann?«[3]

Doch bei all diesen Täuschungsmöglichkeiten gibt es etwas, das als Einziges unmöglich eine Täuschung sein kann, behauptet Descartes – und das ist die Tatsache, dass Sie all dies erleben. Selbst wer befürchtet, dass er oder sie in Bezug auf buchstäblich alles andere getäuscht werden könnte, muss sicher wissen, dass es einen »Er« oder eine »Sie« gibt, der oder die getäuscht wird. Genau das könnte der Dämon nicht vortäuschen. Der Satz »Ich denke, also bin ich«, schreibt Descartes, »ist der erste und gewisseste, der sich demjenigen bietet, der seine Gedanken in Ordnung hält«. Vielleicht kann man wirklich nicht vieles mit absoluter Gewissheit wissen. Aber Sie wissen, dass Sie Sie sind. Das Gefühl, man selbst zu sein, kann keine Illusion sein – denn das »Ich« ist das, was all diese potenziellen Illusionen überhaupt erst erlebt. Damit jemand ausgetrickst werden kann, muss jemand da sein.

Oder etwa nicht? Einer der Ersten, die einen möglichen Fehler in dieser Argumentation erkannten, war ein Zeitgenosse von Descartes, der französische Philosoph und Geistliche Pierre Gassendi, der – weitgehend vergeblich – einen großen Teil seiner Karriere darauf verwendete, die europäische Intelligenz davon zu überzeugen, dass ihr Starphilosoph sich gewaltig geirrt hatte. Descartes' Methode des »systematischen Zweifels« sollte alle ungerechtfertigten Annahmen über die Natur der Erfahrung aus dem Weg räumen. Doch in *Cogito ergo sum,* so Gassendi, blieb eine letzte teuflische Annahme verborgen: Dass überhaupt gedacht wird, heißt nämlich noch lange nicht, wie Descartes behauptet, dass dieses Denken von einem bestimmten, einheitlichen Denkerakteur – einem »Ich« – durchgeführt wird. Wie der deutsche Wissenschaftler Georg Lichtenberg es später formulieren sollte, hatte Descartes recht mit seiner Behauptung, dass »Denken stattfindet«, nicht aber mit seinem »Ich denke, also bin ich«.

Es war der große schottische Philosoph David Hume, der in der ersten Hälfte des 18. Jahrhunderts diese implizite und fragwürdige Voraussetzung am anschaulichsten illustrierte, indem er ein eigenes Gedankenexperiment vorschlug: Vergessen Sie den systematischen Zweifel. Versuchen Sie stattdessen einfach, Ihre Aufmerksamkeit nach innen zu richten und das zu finden, was Sie Ihr Ich nennen. Er selbst, so behauptete Hume, habe diesen Versuch viele Male unternommen, aber stets ohne Erfolg. Anstelle eines Ich habe er immer nur ganz bestimmte Prozesse gefunden: Gefühle, Empfindungen und Gedanken. Wo war das Ich, das diese Gefühle fühlte, diese Empfindungen wahrnahm und diese Gedanken dachte? Hume war verblüfft:

> Wenn ich in das, was ich mich selbst nenne, am tiefsten eindringe, stolpere ich immer über die eine oder andere Wahrnehmung, über Wärme oder Kälte, Licht oder Schatten, Liebe oder Hass, Schmerz oder Vergnügen. Ich kann mich zu keiner Zeit ohne eine Wahrnehmung ertappen und kann nie etwas anderes als die Wahrnehmung beobachten. Wenn meine Wahrnehmungen für

> eine gewisse Zeit ausgeschaltet sind, zum Beispiel durch einen tiefen Schlaf, so bin ich so lange unempfindlich gegen mich selbst, dass man wirklich sagen kann, ich existiere nicht... Wenn jemand bei ernsthafter und unvoreingenommener Betrachtung meint, er habe eine andere Vorstellung von sich selbst, muss ich gestehen, dass ich nicht mehr mit ihm reden kann.[4]

Es sei nicht völlig undenkbar, räumt Hume ein, dass andere Menschen – möglicherweise sogar sämtliche anderen Menschen auf der Welt, abgesehen von ihm selbst – tatsächlich eine Art klar identifizierbares, leicht zu lokalisierendes Ich haben. Schließlich sei die einzige innere Welt, zu der er direkten Zugang habe, die von David Hume, wie könnte er also jemals hoffen, das Gegenteil zu beweisen? Aber letztlich sieht er es doch anders: »Ich wage zu behaupten, dass auch der Rest der Menschheit nichts anderes ist als ein Bündel oder eine Ansammlung verschiedener Wahrnehmungen, die mit unvorstellbarer Geschwindigkeit aufeinanderfolgen und sich in ständiger Bewegung befinden.«

Die Vermutung, dass das Ich nicht das »Ding« ist, für das wir es halten, wird von der heutigen Neurowissenschaft gestützt: Es gebe, so der Neuropsychologe Paul Broks, kein »Zentrum im Gehirn ... in dem alles zusammenkommt«.[5] Ein gutes Beispiel dafür sind Experimente mit Patienten mit »geteiltem Gehirn« – Menschen, bei denen das Corpus callosum, das die linke und die rechte Gehirnhälfte verbindet, durchtrennt wurde. Wie der Psychologe Michael Gazzaniga gezeigt hat, verhalten sich Menschen mit »geteiltem Gehirn« so, als ob jede ihrer Gehirnhälften ein eigenständiges Ich wäre.[6] In einer Studie wurde das Wort »gehen« nur in die rechte Gehirnhälfte eines Patienten projiziert.

Er stand auf und begann zu gehen – doch auf die Frage, warum er dies getan habe, lieferte die linke Gehirnhälfte, die für die Sprache zuständig ist, schnell einen überzeugenden Grund: »Um mir eine Cola zu holen.« Jede Hemisphäre scheint in der Lage zu sein, auf eine Weise zu handeln, die wir mit einem »Ich« assoziieren, was die Vorstellung infrage stellt, dass es eine bestimmte Hirnregion gäbe, in der ein solches Wesen angesiedelt sein könnte. Der Philosoph Julian Baggini betont jedoch, dass diese Beobachtung nicht notwendig darauf hinauslaufe, dass das Ich »nicht existiert«: Dass wir unter Umständen keine einfache Einheit, sondern eine komplexe Ansammlung von Verschiedenem sind, bedeutet nicht, dass wir nicht real sind. Ein »Bündel von Wahrnehmungen«, um Humes Formulierung aufzugreifen, ist immer noch ein existierendes Bündel von Wahrnehmungen. Was jedoch bleibt, ist die Tatsache, dass wir bisher einen Begriff oder ein Konzept – das Ich – verwendet haben, das bei näherer Betrachtung nicht das ist, was es zu sein scheint.

Eckhart Tolle schaute mich an und blinzelte freundlich.

»Danke, dass Sie sich Zeit genommen haben!«, begann ich etwas zögernd, aber dann fiel mir sofort ein, dass »Zeit« zu den Phänomenen gehörte, die für Tolle seiner eigenen Aussage nach keine Bedeutung mehr hatten. »Zeit ist überhaupt nicht wertvoll«, schreibt er in *Jetzt! Die Kraft der Gegenwart,* »denn sie ist eine Illusion.« Nur die Gegenwart, »das Jetzt«, sei real.

Mehr dazu – Achtung: Ironie – später.

»Es ist mir wirklich ein Vergnügen«, antwortete er, blinzelte wiederum freundlich und wartete. Dieses Warten,

Lächeln und Blinzeln hatte ich schon einmal bei ihm gesehen, wenn auch aus einiger Entfernung. Ein paar Jahre zuvor hatte Oprah Winfrey sich in ihrer Talkshow sehr für seine Bücher starkgemacht und ihn für ein zehnwöchiges Onlineseminar gewinnen können, in dessen Verlauf sie ihn mehrmals als spirituellen Führer bezeichnete, der die Kraft hatte, das Bewusstsein der gesamten Welt zu verändern. Tolle hatte nur gelächelt und geblinzelt. Es schien Winfrey ernsthaft zu verunsichern, dass er offenbar bereit war, eine der wichtigsten Regeln des Fernsehens – nie längere Zeit schweigen! – zu missachten.

Diese Stimme im Kopf – die mich gerade dafür kritisiert hatte, dass mir noch immer keine sinnvolle Eingangsfrage eingefallen war – bemerken wir meistens nur, wenn wir gestresst sind, und das war ich in dieser Situation definitiv. Eckhart Tolles Philosophie – so begann er mir zu erklären, nachdem ich endlich eine Frage formuliert hatte – geht dagegen davon aus, dass wir unser ganzes Leben in der Gesellschaft einer solchen Stimme zubringen. Die Stimme beurteilt und interpretiert die Realität, bestimmt unsere emotionalen Reaktionen und plappert so konstant und laut vor sich hin, dass wir uns mit ihr identifizieren: Wir stellen uns vor, dass wir selbst dieser plappernde Strom des Denkens sind. (Wenn Ihnen diese Darstellung der Zustände in Ihrem Kopf nicht schlüssig vorkommt, sollten Sie die Möglichkeit in Betracht ziehen, dass das daran liegen könnte, dass Sie zu sehr mit dem Geplapper identifiziert sind, um es zu bemerken.) Auf meine Frage, was seiner Meinung nach für die meisten Menschen das größte Hindernis auf dem Weg zum Glück sei, antwortete Tolle, an dessen leichtem Akzent man noch seine deutsche Herkunft erahnen konnte: »Es gibt diese völlige Identifikation mit den Gedanken, die einem durch den Kopf gehen. Es ist einfach die völlige Abwesenheit von Gewahrsein über all das, was über die Gedanken, die einem ständig durch den Kopf gehen, hinausgeht. Es ist der Zustand, in dem man so sehr mit den Stimmen in seinem Kopf identifiziert ist« – und an dieser Stelle ließ er ein abgehacktes, sehr deutsch klingendes Glucksen hören – »dass man glaubt, man *sei* die Stimmen in seinem Kopf.«

In seinem Buch *Eine neue Erde* erzählt Tolle von einer äußerlich unbedeutenden Begebenheit, die sich einige Monate vor seinem schrecklichen nächtlichen Erlebnis in der Wohnung in Belsize Park ereignet hatte. Für ihn war diese Begebenheit der Moment, in dem er zum ersten Mal erkannte, wie sehr er mit seinem Denken identifiziert war. Damals fuhr er jeden Morgen kurz nach der Hauptverkehrszeit mit der U-Bahn zum Lernen in die Zentralbibliothek der University of London:

> Einmal saß mir eine Frau Anfang dreißig gegenüber. Ich hatte sie schon ein paarmal in diesem Zug gesehen. Man konnte nicht umhin, sie zu bemerken. Obwohl der Zug voll war, blieben die Sitze links und rechts neben ihr unbesetzt, was wohl daran lag, dass sie ziemlich verrückt wirkte. Sie war extrem angespannt und redete ununterbrochen laut und wütend mit sich selbst. Sie war so in ihre Gedanken vertieft, dass sie anscheinend weder andere Menschen noch ihre Umgebung wahrnahm … Ihr Monolog ging ungefähr so: »Und dann sagte sie zu mir … Und dann sagte ich zu ihr, du bist eine Lügnerin … Wie kannst du es wagen, mich zu beschuldigen, wenn du doch diejenige bist, die mich immer ausgenutzt hat … Ich habe dir vertraut, und du hast mein Vertrauen missbraucht …«

Die Frau stieg an derselben Haltestelle aus wie Tolle. Aus Neugier beschloss er, ihr zu folgen, bis er allmählich feststellte, dass sie genau wie er auf dem Weg zur Universitätsbibliothek war. Für Tolle war das verunsichernd. Er war ein ehrgeiziger und zielstrebiger junger Doktorand, der die akademische Forschung als einen Höhepunkt menschlicher Tätigkeit betrachtete, und Universitäten wie die, an der er studierte, waren für ihn der Hort einer Elite vollendeter oder zumindest aufstrebender Intellektueller. Er erinnerte sich daran, dass er sich fragte: »Wie kann eine Verrückte wie sie dazugehören?«

> Ich dachte immer noch an sie, als ich vor dem Betreten der Bibliothek noch mal zur Toilette ging. Während ich mir die Hände wusch, dachte ich: »Hoffentlich ende ich nicht so wie sie.« Der Mann neben mir schaute kurz in meine Richtung, und ich war schockiert, als mir klar wurde, dass ich diese Worte nicht nur gedacht, sondern laut vor mich hin gemurmelt hatte. »O mein Gott«, dachte ich, »ich bin jetzt schon so wie sie.«

Ich war zusammengezuckt, als ich diese Stelle zum ersten Mal las, denn sie erinnerte mich an meine Übung, als ich in der Londoner U-Bahn laut gesprochen hatte, um mich in Gleichmut zu üben. Damals wollte ich lernen, Peinlichkeit zu ertragen und mit dem Gedanken zu leben, dass die Leute mich für verrückt halten könnten. Tolle ging es um eine radikalere Haltung: dass nämlich nur ein sehr schmaler Grat solche »verrückten« Menschen von uns anderen trennt. Der größte Unterschied bestehe darin, dass wir Nichtverrückten es die meiste Zeit schaffen, dafür zu sorgen, dass unser ständiges mentales Geplapper für andere unhörbar bleibe.

Wenn wir uns mit diesem inneren Geplapper identifizieren, so Tolles These – wenn wir es irgendwann für uns *selbst* halten –, dann können wir nicht mehr aufhören zu denken, es wird zwanghaft. Wir denken die ganze Zeit, ohne Unterlass, und der Gedanke, dass wir uns irgendwann auch mal eine Pause vom Denken gönnen könnten, kommt uns gar nicht in den Sinn. Wir fangen an, unser Denken und unser Fortbestehen als Mensch als ein und dasselbe zu betrachten. »Nicht mit dem Denken aufhören zu können ist ein furchtbares Leiden«, schreibt Tolle. »Aber wir sind uns dessen nicht bewusst, weil wir fast alle darunter leiden und es deshalb als normal betrachtet wird.« Das Selbstgefühl, das wir aus der Identifikation mit unseren Gedanken konstruieren, nennt Tolle das »Ego« (unterschiedliche Denker verwenden diesen Begriff übrigens auf sehr unterschiedliche Weise). Und ein Leben im Dienste des Ego könne per Definition niemals glücklich machen.

Warum kann das Ego niemals glücklich machen? Tolle greift hier das Argument der Stoiker auf, die zu dem Schluss kamen, dass unsere Urteile über die Welt die Quelle unseres Leids sind. Mit der Behauptung, dass diese Urteile, zusammen mit all unseren anderen Gedanken, das sind, was wir für unser Ich halten, geht Tolle jedoch noch einen Schritt weiter. Durch unsere Gedanken werden wir nicht nur beunruhigt, sondern wir stellen uns auch vor, dass wir diese Gedanken *sind.* Das Ego, das aus dieser Identifikation resultiert, bekommt ein Eigenleben. Es ernährt sich von Unzufriedenheit – aus dem Bruch mit dem gegenwärtigen Moment, der zum einen durch den Widerstand gegen das entsteht, was geschieht, zum anderen durch ständige Projektionen in die Zukunft, durch die das Glück immer in einer anderen Zeit liegt, niemals im Jetzt. Das Ego, so sagt Tolle gern, gedeiht im Drama, denn zwanghaftes Denken kann sich darin hervorragend festbeißen. Außerdem lebt das Ego von der Konzentration auf die Zukunft, denn es ist viel einfacher, zwanghaft an die Zukunft zu denken, als an die Gegenwart. (Auch nur zu versuchen, zwanghaft an das Jetzt zu denken, ist tatsächlich extrem schwierig.) Wenn das alles wahr ist, haben wir uns selbst, ohne es zu wollen, zum Unglücklichsein verurteilt. Zwanghaftes Denken als das, was wir für den Kern unseres Seins halten, ist darauf angewiesen, dass wir unzufrieden sind.

Der Ausweg aus dieser Falle besteht nicht darin, mit dem Denken aufzuhören – das Denken, da stimmt Tolle zu, ist äußerst nützlich –, sondern sich von den Gedanken loszulösen: aufzuhören, die Gedanken als das zu betrachten, was man ist, und zu erkennen, dass man, wie es in *Jetzt! Die Kraft der Gegenwart* heißt, »nicht der Verstand ist«. Wir sollten anfangen, den Verstand als Werkzeug zu benutzen, argumentiert er, anstatt uns umgekehrt, und wie es normalerweise der Fall ist, vom Verstand benutzen zu lassen. Mit seinem »Ich denke, also bin ich« habe Descartes nicht etwa »eine grundlegende Wahrheit« entdeckt, so Tolle, sondern »einen grundlegenden Irrtum« zum Ausdruck gebracht.

Was ihm in jener Nacht mit solcher Wucht widerfahren sei, sei aber genau die Loslösung vom Denken gewesen. Damals hatte er gerade sehr erfolgreich sein Masterstudium in Sprachen und Geschichte abgeschlossen und bereitete sich auf seine Promotion vor. »Ich war gut, weil ich von der Angst getrieben war, nicht gut genug zu sein«, erinnerte er sich. Deshalb habe er äußert hart gearbeitet. Er sah sich selbst als angehenden Intellektuellen und war davon überzeugt, dass sich sämtliche Dilemmata der menschlichen Existenz durch den Intellekt – das heißt durch das Denken – lösen ließen. Aber seine intellektuelle Arbeit machte ihn nicht glücklich – und diese Erkenntnis führte dazu, dass er sich noch schlechter fühlte. »Ich lebte in einem Zustand nahezu pausenloser Angst«, schrieb er. Diese Angst wurde erst allmählich und dann mit rasender Geschwindigkeit immer größer. Irgendetwas musste passieren. Und in jener Nacht, kurz nach seinem 29. Geburtstag, war es so weit:

> In den frühen Morgenstunden wachte ich mit einem Gefühl des absoluten Grauens auf. Ich war schon viele Male mit einem solchen Gefühl aufgewacht, aber dieses Mal war es intensiver als je zuvor. Die Stille der Nacht, die vagen Umrisse der Möbel in dem dunklen Zimmer, das ferne Geräusch eines vorbeifahrenden Zuges – alles fühlte sich so fremd, so feindselig und so völlig sinnlos an, dass es in mir eine tiefe Abscheu vor der Welt auslöste. Das Abscheulichste von allem war jedoch meine eigene Existenz … Ich spürte, dass die tiefe Sehnsucht nach der Vernichtung, nach dem Nichtsein, nun viel stärker wurde als der instinktive Wunsch, weiterzuleben. Ich kann nicht mehr lange mit mir selbst leben. Das war der Gedanke, der sich in meinem Kopf immer wiederholte.

»Ich kann nicht mit mir selbst leben.« Der Satz ist ein Klischee, aber es waren seine Implikationen, die Tolle innehalten ließen. Später erinnerte er sich, wie er dachte: »Wenn ich nicht mit mir selbst leben kann, dann muss es mich zweimal geben: zum einen das ›Ich‹, zum anderen das ›Selbst‹, mit dem ›Ich‹ nicht leben kann. Vielleicht, so dachte ich, ist nur eines von uns beiden real. Ich war so verblüfft von dieser Erkenntnis, dass mein Verstand stehen blieb. Es gab keine Gedanken mehr, aber ich war bei Bewusstsein.« Und dann, ehe er sich's versah, war es Morgen – jener Morgen, an dem er sich von einem Gefühl »tiefen, ununterbrochenen Friedens und Glücks« erfüllt sah.

Wenn man seiner Schilderung Glauben schenken darf, war die falsche Annahme, er *sei* sein Denken, passé; stattdessen konnte er sich selbst plötzlich als Zeuge dieses Denkens erkennen. Diese Erfahrung können auch Sie ganz einfach machen, indem Sie sich bewusst dafür entscheiden, Ihr eigenes Denken zu beobachten. »Setzen Sie sich wie eine Katze vor ein Mauseloch«, rät Tolle, und warten Sie ab, was Ihr nächster Gedanke sein wird. »Wenn Sie Ihren Gedanken zuhören«, erklärt er, »werden Sie sich nicht nur der Gedanken bewusst, sondern auch Ihrer selbst als Zeuge dieser Gedanken. Eine neue Bewusstseinsdimension kommt ins Spiel. Während Sie den Gedanken zuhören, spüren Sie eine bewusste Präsenz – Ihr tieferes Ich – gewissermaßen hinter oder unter den Gedanken. Die Gedanken verlieren dadurch ihre Macht über Sie und lassen bald nach, weil Sie den Verstand nicht mehr durch Ihre Identifikation mit ihm mit Energie versorgen. Dies ist der Anfang vom Ende des unfreiwilligen und zwanghaften Denkens.« Wir alle haben die Erfahrung gemacht, dass es in jenen Momenten, in denen das Denken vorübergehend zu verstummen scheint, etwas »hinter oder unter« dem Denken gibt: zum Beispiel, wenn wir vor der Schönheit einer Landschaft erschaudern oder nach intensiver körperlicher Betätigung oder beim Liebesspiel. Der Trick besteht darin, die ganze Zeit diese Haltung gegenüber dem Denken einzunehmen, auch *während* man denkt. Wenn Ihnen das bekannt vorkommt, dann liegt das vielleicht daran, dass es aus dem Buddhismus kommt. Die Gedanken auf diese Weise zu beobachten ist eine Form der Meditation.

Dies ist der Punkt, an dem man als Skeptiker mit Tolles Perspektive besonders zu kämpfen hat. Er scheint davon auszugehen, dass man, wenn man aufhört, sich mit seinem Ego zu identifizieren, entdeckt, wer man wirklich ist – dass man sein »tieferes Ich« oder sein »wahres Wesen« entdeckt, das sich die ganze Zeit hinter dem falschen Ich versteckt hat. Mainstream-Philosophen werden hier zu Recht nervös. Die erfolgreiche Demontage unseres konventionellen Ich-Verständnisses bedeutet noch lange nicht, dass man automatisch in der Lage ist, sein »wahres« Ich zu finden. Vielleicht sind wir nur ein »Bündel von Wahrnehmungen«, wie Hume es ausgedrückt hat. Vielleicht gibt es überhaupt keine »tiefere«, »wahrere« Vorstellung davon, wer wir sind. Aber noch einmal: Diese Frage muss gar nicht abschließend beantwortet werden. Was zählt, ist, dass wir sie stellen. Im Moment genügt es, dass Sie in sich gehen: Spüren Sie nicht eine gewisse Ruhe, wenn Sie versuchen, Zeuge Ihrer Gedanken zu werden, anstatt sich völlig mit ihnen zu identifizieren?

Der forciert optimistische, auf das Ziel fixierte Ansatz des positiven Denkens ist dagegen genau das, was das Ego liebt. Denn beim positiven Denken geht es ja gerade darum, sich mit den Gedanken zu identifizieren, anstatt sich von ihnen zu lösen. Der »Kult des Optimismus« wiederum propagiert den Blick in eine glückliche und erfolgreiche Zukunft und verstärkt damit die Botschaft, dass das Glück woanders liegt als im Jetzt. Ausgefeilte Pläne, alles anders und besser zu machen, schüren die Unzufriedenheit mit dem einzigen Ort, an dem man das Glück finden kann – in der Gegenwart. »Das Wichtigste«, so sagte Tolle zu mir, »ist, dass wir uns nicht ständig selbst verlieren in dieser permanenten mentalen Projektion weg vom Jetzt. Die meisten Menschen sind nie vollkommen in der Gegenwart präsent, und das liegt daran, dass sie unbewusst glauben, dass der nächste Augenblick in irgendeiner Weise wichtiger ist als der jetzige. Aber dann verpasst man sein ganzes Leben, in dem es nun einmal kein Nicht-Jetzt gibt.« Wieder das abgehackte Glucksen. »Und das ist für manche Menschen eine Offenbarung: zu erkennen, dass das ganze Leben nur aus Jetzt besteht. Vielen Menschen wird plötzlich klar, dass sie die meiste Zeit ihres Lebens so gelebt haben, als wäre es nicht so – ja, als wäre das Gegenteil wahr.« Ohne es zu bemerken, behandeln wir die Zukunft als wesentlich wertvoller als die Gegenwart. Und das, obwohl die Zukunft niemals kommt.

Anstatt angestrengt nachzudenken, wie man in Zukunft die eigenen Probleme in den Griff bekommt, kann es überaus aufschlussreich sein, sich zu fragen, ob man eigentlich *jetzt gerade* irgendwelche Probleme hat. Wer nicht gerade körperliche Schmerzen hat, wird höchstwahrscheinlich mit Nein antworten. Die meisten Probleme sind per definitionem mit Gedanken darüber verbunden, was in der Zukunft – sei es in fünf Minuten oder in fünf Jahren – alles schieflaufen könnte, beziehungsweise mit Gedanken über Dinge, die in der Vergangenheit passiert sind. Seltsamerweise kann es richtig schwierig sein, Probleme zu erkennen, die einen gerade jetzt, in der Gegenwart, beschäftigen – und Gegenwart ist immer.

Oder denken Sie an das heikle Thema des Selbstwertgefühls. Wir neigen zu der Annahme, dass Selbstwertgefühl etwas Gutes ist, aber einige Psychologen vermuten seit Langem, dass mit dem ganzen Konzept etwas nicht stimmt – eben weil es auf der Annahme eines einheitlichen, leicht identifizierbaren Ich beruht. Das Bestreben, seinem »Ich« eine positive Gesamtbewertung zu geben, kann sogar sehr gefährlich sein, denn das eigentliche Problem liegt darin, dass man sich überhaupt auf das Spiel mit der Selbstbewertung einlässt: Implizit geht man davon aus, dass man ein einziges Ich ist, dem man eine Gesamtnote geben kann. In dem Moment, in dem Sie sich selbst eine gute Bewertung geben, *erschaffen* Sie geradezu die Möglichkeit, sich selbst auch schlecht zu bewerten. Sie zementieren damit die Vorstellung, dass Ihr Ich etwas ist, das überhaupt »gut« oder »schlecht« sein kann. Eigentlich ist das aber viel zu pauschal. Sie haben Stärken und Schwächen; Sie verhalten sich mal gut und mal schlecht. All diese Nuancen mit dem pauschalen Begriff des Selbstwertgefühls zu erschlagen verursacht viel Leid. Wenn Sie Ihren Kindern ein hohes Selbstwertgefühl vermitteln, so der Psychologe Paul Hauck, der das Konzept des Selbstwertgefühls ablehnt, »lehren Sie sie Arroganz, Eitelkeit und Überlegenheitsgefühle« – oder, wenn ihr Selbstwertgefühl ins Wanken gerät, eben »Schuldgefühle, Depressionen, ... Minderwertigkeitsgefühle und Unsicherheit«.[7] Lassen Sie das mit den Verallgemeinerungen lieber sein. Wenn Sie unbedingt wollen, bewerten Sie Ihre einzelnen Handlungen. Versuchen Sie, so viele gute und so wenige schlechte Taten wie möglich zu tun. Aber lassen Sie Ihr Ich aus dem Spiel.

Eine letzte – und wohl die bedeutendste – Konsequenz, die sich aus dieser Art des Denkens über das Ich ergibt, betrifft die Idee der Selbstlosigkeit. Wir wissen aus persönlicher Erfahrung und aus jahrzehntelanger psychologischer Forschung, dass es eine weitaus verlässlichere Strategie zum Glücklichsein ist, anderen Menschen zu helfen, anstatt sich nur auf sich selbst zu konzentrieren. Einer der unangenehmeren Aspekte des positiven Denkens – und der konventionellen Rezepte zum Glücklichsein im Allgemeinen – ist die Art und Weise, wie es einer egozentrischen Haltung Vorschub leistet. Auf der anderen Seite können uns »selbstlose« Glücksrezepte aber auch in ein begriffliches Durcheinander stürzen: Wenn Sie beispielsweise, um glücklicher zu werden, einmal in der Woche eine ehrenamtliche Aufgabe übernehmen, ist das dann überhaupt selbstlos? Muss man nicht sich selbst *unglücklich* machen, um wahrhaft selbstlos zu sein? Und was der Fragen mehr sind. Vielleicht liegt die Lösung für all diese Rätsel nicht in der Unterscheidung von egoistischen oder selbstlosen Handlungen, sondern im Hinterfragen dieser spezifischen Vorstellung vom Ich, die diese Unterscheidungen überhaupt erst möglich und nötig macht. Sowohl »egoistische« als auch »selbstlose« Handlungen können so aussehen, dass sie lediglich das Ego nähren, das von Unzufriedenheit lebt. Lockern Sie Ihren Griff auf das Ich, so Tolles Argument, und ohne die Ablenkung durch das Ego steigen Ihre Chancen erheblich, Glück zu befördern – Ihr eigenes und das anderer Menschen.

Es ist gut möglich, dass all dies Sie ziemlich kaltlässt – dass Sie es in keinerlei Weise mit Ihren eigenen inneren Erfahrungen zusammenbringen können. Wenn das der Fall ist, gibt es noch einen anderen Gesichtspunkt, der zeigt, dass das Ich etwas anderes ist, als es zu sein scheint. Dieses Argument hat die Form eines ausgedehnten Gedankenexperiments, das ich hier aus dem Werk des selbst ernannten »spirituellen Entertainers« Alan Watts übernehmen möchte.[8] Der 1973 verstorbene vollbärtige Engländer mit der samtweichen Stimme, der an der Westküste der Vereinigten Staaten lebte, hatte keine bahnbrechenden eigenen Erkenntnisse. Er war ein Popularisierer, der sich vorgenommen hatte, den Menschen des Westens die Philosophien des Ostens zu erklären. Nur wenige akademische Philosophen würden ihn heute für würdig halten, diesen Titel zu tragen. Aber seine Einsichten – die sich weder auf New Age noch auf Pseudowissenschaft stützen, sondern auf strenges, rationales Denken – können Ihnen auf erstaunlich vergnügliche Weise das Hirn vernebeln.

Watts beginnt mit einer scheinbar ganz einfachen Frage: Was ist für Sie die Grenze Ihrer selbst – der Ort, an dem Sie aufhören und der »Rest der Welt«, der nicht Sie sind, anfängt? Die meisten Menschen antworten darauf, dass sie sich – wie er es ausdrückt – als »Hautpaket« empfinden. Es ist die unseren physischen Körper umschließende Hülle aus Haut, die die Grenze des Ichs definiert.

Dabei fällt Ihnen vielleicht sofort ein Problem auf. Manchmal scheinen wir, wenn wir das Wort »ich« benutzen, eine andere Definition zu verwenden – eine, in der sich »ich« nicht auf den ganzen Körper, sondern lediglich auf etwas im Kopf bezieht. Dieser Definition zufolge ist der Rest des Körpers nicht in gleichem Maße »ich« wie der Kopf. Angenommen, Ihnen müsste ein Fuß amputiert werden: Wären Sie der Ansicht, dass Sie nun weniger »ich« sind? (Wahrscheinlich nicht – wenn hingegen Ihr Kopf amputiert werden müsste, sähe die Sache schon anders aus.) Es stehen also bereits zwei konkurrierende Definitionen dafür im Raum, auf welche physische Materialität wir uns beziehen, wenn wir von »ich« sprechen. Bleiben wir aber zunächst einmal bei der Definition mit den »Hautpaketen«.

Nehmen wir an, Sie würden mit einem extrem leistungsstarken Mikroskop einen Teil Ihrer linken Hand heranzoomen, bis Sie nur noch einen winzigen Bereich Ihres Zeigefingers und einen winzigen Teil der ihn umgebenden Luft sehen würden. Bei ausreichender Vergrößerung wäre das, was

Sie durch das Mikroskop sehen würden, nichts anderes als ein chaotisches Durcheinander von Molekülen: Einige bilden Ihren Finger, andere die angrenzende Luft. Das bringt uns zur nächsten Frage – oder eigentlich zu der gleichen Frage, in einer anderen Formulierung: Was genau ist der Grund dafür, dass man eine Grenze zwischen einigen Molekülen auf der einen und anderen Molekülen auf der anderen Seite zieht, um einige von ihnen als »Ich« und andere als die Welt außerhalb von einem selbst zu definieren? Durch die starke Vergrößerung wird erkennbar, dass wir letztendlich nur von Molekülen sprechen. Was macht einige von ihnen so besonders, dass sie als »ich« gelten dürfen?

Eine naheliegende Antwort, die mir sofort in den Sinn kommt, hat mit bewusster Kontrollierbarkeit zu tun. Sie scheinen Ihren Zeigefinger auf eine Weise bewegen zu können, die Ihnen in Bezug auf alles außerhalb Ihrer Haut liegende nicht möglich ist. Vielleicht ist das der Grund, warum die Hautgrenze so wichtig ist: Auf der einen Seite der Grenze hat man bewusste Kontrolle, auf der anderen nicht. Aber Watts hat schon eine Entgegnung parat. Ihre Atmung: Kontrollieren Sie die wirklich bewusst, fragt er? Pumpen Sie aktiv und bewusst das Blut durch Ihre Adern, oder setzen Sie Antikörper zur Bekämpfung von Virusinfektionen ein? Das tun Sie natürlich nicht: Diese Dinge passieren einfach. Sogar das Denken selbst – und das habe ich selbst erst bei der Insight Meditation Society in aller Schärfe verstanden – ist nicht so freiwillig, wie wir es uns vielleicht vorstellen. Die meiste Zeit über *geschieht* das mit dem Denken einfach.

Nun gut, werden Sie vielleicht antworten; vielleicht hätte ich nicht *bewusste* Kontrolle sagen sollen. Aber unbewusste Kontrolle gehört ganz offensichtlich dazu. Ob bewusst oder unbewusst, ich kontrolliere alles innerhalb meiner Haut, aber nichts außerhalb ihrer. Aber auch das stimmt natürlich nicht: Sie kontrollieren allerlei von dem, was sich außerhalb Ihrer Haut befindet. Wenn Sie das passende Werkzeug haben, können Sie einen Swimmingpool in Ihrem Garten bauen; mit Ihrer Überzeugungskraft könnten Sie Hunderttausende von Menschen davon überzeugen, einen Diktator abzusetzen. Hier lautet eine mögliche Entgegnung, dass dies etwas anderes ist – dass es sich um eine indirekte Form von Kontrolle handelt, während sich die Kontrolle, die man über seine Gliedmaßen ausübt, direkter anfühlt. Watts würde Sie mit diesem Einwand jedoch schon deshalb nicht davonkommen lassen, weil er auf einem Zirkelschluss beruht: Er setzt eine Antwort auf genau *das* Rätsel voraus, das wir hier zu lösen versuchen. Schließlich wird der Unterschied zwischen »direkter« und »indirekter« Kontrolle durch nicht mehr und nicht weniger definiert als durch die Frage, wo man die Grenze zwischen »sich selbst« und dem Rest der Welt zieht. Und genau um diese Grenze – und darum, ob wir wirklich gute Gründe dafür haben, sie dort zu ziehen, wo wir sie normalerweise ziehen – geht es.

Inzwischen ist offensichtlich, dass wir uns in einer prekären Lage befinden. Welches Kriterium man auch immer als Grundlage für die Grenzziehung zwischen »ich« und »nicht ich« vorschlägt, es scheint stets ein Gegenargument zu geben, das die Sache zumindest in Zweifel zieht. An diesem Punkt entfaltet Watts den verwirrendsten Teil seiner Argumentation. Wenn man zum ersten Mal damit konfrontiert ist – ich spreche aus Erfahrung –, kann sich das ein bisschen anfühlen, als schlenderte man auf einem sanften Hügel umher, um dann festzustellen, dass sein höchster Punkt zugleich eine extrem steile Klippe ist, die einen klaffenden Abgrund zum darunterliegenden tosenden Meer eröffnet.

Das Argument lautet: Egal, wo man die Grenze zieht – selbst wenn wir uns auf einen Ort einigen könnten, an dem man sie zieht –, würde man nicht wirklich eine Grenze im herkömmlichen Sinne ziehen. Denn (jetzt kommt's) der Begriff der Grenzlinie selbst setzt voraus, dass sie je zwei Seiten hat. Wenn man darüber nachdenkt, macht es nicht viel Sinn, eine Grenze als etwas zu beschreiben, das zwei Dinge voneinander trennt. Es macht mehr Sinn, sie als den Ort zu beschreiben, an dem sie sich treffen – oder genauer gesagt als den Ort, an dem sie dasselbe sind. Das Innere der Grenze ist in seiner Existenz auf das Äußere angewiesen und umgekehrt; sie sind untrennbar und per Definition Teil desselben Ganzen. Es gibt keinen Wellenberg ohne Wellental, keine Dunkelheit ohne Licht.

Dies ist die Einsicht, die hinter dem alten chinesischen Symbol von Yin und Yang steht, aber diese Einsicht hat nichts Religiöses, ja nicht einmal etwas besonders »Spirituelles« an sich. Es ist lediglich die Schlussfolgerung, zu der strenges Denken führen muss, so Watts. Es kann kein »Ich« ohne ein »Alles andere« geben, und der Versuch, das eine (isoliert vom anderen) zu denken, macht keinen Sinn. Gemeint ist aber auch nicht die vage und öde pseudoreligiöse Behauptung, dass »wir alle eins sind«. Unsere Schlussfolgerung trifft vielmehr auf jeder Ebene zu, von der abstraktesten bis zur konkretesten. Ja, es stimmt, dass Sie nicht Sie selbst wären ohne die Beziehungen, in denen Sie stehen, oder die Gemeinschaft, der Sie angehören. Aber man wäre auch nicht ich, wenn es nicht all die physischen Objekte in der Welt da draußen gäbe, die *nicht* ich sind.

Wir verbringen unser ganzes Leben damit, dieser offensichtlichen Wahrheit nicht ins Auge zu blicken. Ohne zu erkennen, dass unsere gegenseitige Abhängigkeit das ist, was uns als Menschen ausmacht, sind wir ängstlich bemüht, unsere Grenzen zu verteidigen, unser Ego zu stärken und uns unserer Überlegenheit über andere Menschen zu vergewissern, als ob es möglich wäre, uns von ihnen abzutrennen. »In Wirklichkeit«, schrieb Watts, »ist das höchste Mysterium – das Einzige, was man wissen muss, um die tiefsten metaphysischen Rätsel zu verstehen – dies: dass es für jedes Außen ein Innen gibt und für jedes Innen ein Außen und dass beide, obwohl sie verschieden sind, zusammengehören.«

Auf die Formulierung »sie sind verschieden« kommt es an. Es geht hier nicht darum, dass es keine Grenzen gäbe – dass die »richtige« Wahrnehmung der Welt sie als ein großes, grenzenloses Ineinanderfließen zeigen würde: wie halb geschmolzene Eiscreme. Die Tatsache, dass »ich« und »alles andere« untrennbar miteinander verbunden sind, muss noch lange nicht bedeuten, dass ich nicht existiere. Unser gesunder Menschenverstand hängt davon ab, dass wir ein kohärentes Gefühl für uns selbst aufrechterhalten und gesunde Grenzen zwischen uns und anderen ziehen – und weder Alan Watts noch Eckhart Tolle haben es auf Ihren gesunden Menschenverstand abgesehen. Die Schlussfolgerung, auf die ihr Denken hinausläuft, ist vielmehr folgende: Am besten betrachtet man das Ich als eine Art nützliche Fiktion. Diese Wahrheit zu erkennen, anstatt alles in unserer Macht Stehende zu tun, um sie zu verleugnen, könnte der Weg zur Erfüllung sein.

Es ist immer wieder gesagt worden, dass Eckhart Tolle es mit seiner ruhigen Präsenz in kürzester Zeit schafft, die Zweifel von Skeptikern zu zerstreuen, und genau das konnte ich an mir selbst beobachten. So ungern ich es mir eingestand, er strahlte tatsächlich eine seltsame Stille aus, die erst in jedem Winkel der kleinen Wohnung in Vancouver Einzug hielt und schließlich, gegen Ende unseres nachmittäglichen Gesprächs, auch in mir. Die Stille, die sich bei meiner Ankunft so unangenehm angefühlt hatte, wurde langsam erträglicher und dann sogar angenehm, da mein zwanghafter Impuls nachließ, sie mit Reden zu füllen. Tolle blinzelte und lächelte fast durchgängig, und ich erwiderte sein Lächeln und fühlte mich wohl dabei.

Dennoch konnte ich nicht recht glauben, dass sein Innenleben wirklich auf diese wunderbare Weise ruhig war, wie er behauptete. Wann, so fragte ich mich, hatte er sich das letzte Mal gehörig geärgert? »Ich kann mich nicht erinnern, wann das das letzte Mal passiert ist«, antwortete er. »Ich glaube, es war vielleicht …« – Irgendwann heute Morgen? Gestern? »Ich glaube, es war vor ein paar Monaten«, sagte er nach einer Weile. »Ich erinnere mich, dass ich draußen spazieren ging, und da war dieser große Hund, und der Besitzer hatte ihn nicht unter Kontrolle – er ist einen kleineren Hund angegangen. Und ich fühlte Zorn in mir aufwallen. Aber [der Zorn] blieb nicht, weil er nicht durch Gedankenaktivität aufrechterhalten wurde. Er dauerte nur einen Augenblick.« In *Jetzt! Die Kraft der Gegenwart* beschreibt Tolle, wie er voller Bewunderung ein paar Enten in einem Teich in der Nähe seines Hauses beobachtete und dabei mitbekam, was passierte, wenn sie in einen Kampf gerieten. Sie ringen miteinander, aber wenn die Konfrontation vorbei ist, schlagen sie mit den Flügeln und spreizen ihre Federn, als wollten sie die Erinnerung an die Begegnung abschütteln. Dann schwimmen sie friedlich weiter. Enten hegen keinen Groll. Menschen mit ihrem Ego dagegen schon. Wenn Tolle in Fahrt kommt, gibt es in der Tat kein menschliches Ärgernis, von dem die Welt heimgesucht wird, das er nicht unseren Bemühungen zur Verteidigung und Stärkung unserer Egos zuschreiben würde. Jede Form von Krieg, Tyrannei und Ungerechtigkeit sei letztlich nichts anderes als das Bemühen, unsere fragilen Egos zu stützen: unsere Grenzen zu verfestigen, uns zu separieren und allen anderen unsere Denkweise aufzuzwingen, von der in unseren Augen unser Leben – und nicht, wie es in Wirklichkeit ist, nur unser Ego – abhängt.

Als ich mich schließlich erhob, um aufzubrechen, zögerte ich einen Augenblick – aus irgendeinem Grund erschien es mir unangemessen und viel zu förmlich, Tolle die Hand zu schütteln –, als er plötzlich einen Schritt auf mich zu machte und mich wie ein freundlicher Bär in den Arm nahm. Dann fuhr ich mit dem Aufzug hinunter ins Erdgeschoss, bestellte mir ein Taxi und setzte mich zum Warten auf eine schmiedeeiserne Bank vor dem Gebäude. Ich fühlte mich auf seltsame Weise benommen und friedlich, und mir kam der Gedanke, dass es vielleicht gar nicht so schlecht wäre, im schwindenden Tageslicht noch ein paar Stunden auf dieser Bank sitzen zu bleiben und nichts zu tun. Aber das kam nicht infrage. Ich – was auch immer das heißen mochte – musste zum Flughafen, um mein Flugzeug nach Hause zu erwischen.

6

Die Sicherheitsfalle

Die versteckten Vorteile der Unsicherheit

Sicherheit scheint mir eine Art Tod zu sein.
Tennessee Williams, *The Catastrophe of Success*

In den von Anspannung und Wachsamkeit geprägten Monaten nach den Terroranschlägen vom 11. September, genauer gesagt am 13. Januar 2002, erschien ein Pilot namens Elwood Menear – von seinen Freunden »Woodie« genannt – auf dem internationalen Flughafen von Philadelphia. Der 46-Jährige sollte im Auftrag seines Arbeitgebers, der Fluggesellschaft US Airways, einen Routine-Inlandsflug nach Minneapolis antreten, und er ahnte zu diesem Zeitpunkt noch nicht, dass sein Name ausgerechnet an dem denkwürdigen Wochenende, an dem Präsident Bush fast an einer Brezel erstickt wäre, in die Schlagzeilen geraten würde.

Die Sicherheitskontrollen in Philadelphia wurden von Tag zu Tag strenger, wie im Übrigen nicht nur im restlichen Amerika, sondern auch überall sonst auf der Welt. Kaum einen Monat zuvor war der vermeintliche »Schuhbomber« Richard Reid an Bord eines Fluges von Paris nach Miami überwältigt worden: Danach hatte die Ära begonnen, in der Schuhkontrollen für alle Reisenden obligatorisch wurden. Piloten waren von diesen neuen strengen Kontrollen nicht ausgenommen, und als Woodie Menear an der Reihe war, beanstandete der Sicherheitskontrolleur eine Pinzette in seinem Handgepäck. Tatsächlich standen Pinzetten – anders als zum Beispiel Korkenzieher oder Metallscheren – nicht auf der Liste der verbotenen Gegenstände; Menear hatte nicht gegen die Vorschriften verstoßen, als er sie an Bord bringen wollte. Doch der Beamte am Kontrollschalter überlegte gerade so lange, dass der Pilot, der sich wie seine Kollegen zunehmend über die neuen Einschränkungen aufregte, richtig ärgerlich wurde. Er hatte jetzt ein für alle Mal genug. Doch anstatt einen Wutanfall zu bekommen, stellte Menear lediglich eine sarkastische Frage, die allerdings dazu führte, dass er umgehend verhaftet wurde und die Nacht im Gefängnis verbringen musste; außerdem wurde er mit sofortiger Wirkung von seinem Arbeitgeber US Airways suspendiert und erst nach monatelanger juristischer Auseinandersetzung vom Vorwurf der »terroristischen Bedrohung« freigesprochen, sodass er seine Arbeit schließlich wieder aufnehmen durfte.

»Warum beanstanden Sie eine Pinzette«, fragte Menear, »wenn ich doch das Flugzeug jederzeit zum Absturz bringen könnte?«

In Anbetracht der damaligen Zeiten und des spezifischen Ortes war es natürlich idiotisch, so etwas zu sagen. Die Erkenntnis jedoch, die sich aus diesem Vorfall nach und nach herauskristallisierte, war alles andere als idiotisch. Als die Sicherheitsbeschränkungen im Luftverkehr in den Jahren nach Menears Verhaftung immer komplexer wurden – sie gipfelten 2006 in dem europäischen Verbot sämtlicher nicht auf kleinste Mengen begrenzter Flüssigkeiten im Handgepäck –, wiesen Kritiker immer schärfer darauf hin, dass die Logik hinter dieser ganzen Politik verkehrt war. Natürlich machte es Sinn, Pistolen und andere Waffen aus den Flugzeugkabinen fernzuhalten. Aber sie waren schon seit Jahren verboten. Darüber hinaus schienen die neuen Vorschriften dazu bestimmt zu sein, Millionen unschuldiger Passagiere größte Unannehmlichkeiten zu bereiten, während sie nur wenig dazu beitrugen, die von einem entschlossenen Flugzeugentführer ausgehende Bedrohung zu eliminieren. Was der 11. September 2001 gezeigt hatte, so argumentierten die Kritiker, war nicht, dass leichte »Teppichmesser« die nächste Stufe des Terrorismus darstellten. Es habe sich vielmehr gezeigt, dass ein Terrorist, der sich mit seinem eigenen, selbst gewählten Tod abgefunden hatte, immer die Oberhand über Menschen hatte, die nicht bereit seien, zu sterben – ganz gleich, welche spezifischen Gegenstände verboten seien oder nicht.

Bruce Schneier, ein amerikanischer Sicherheitsberater, der zu den schärfsten Gegnern der Maßnahmen nach dem 11. September 2001 gehört, hat sich einen Namen – und einen Haufen Feinde – gemacht, indem er die vielen Möglichkeiten aufzeigte, wie man damals (trotz aller neuen Maßnahmen) mit Leichtigkeit ein Flugzeug entführen oder eine Bombe legen konnte. Aus Angelschnur oder Zahnseide lassen sich beispielsweise Garrotten improvisieren, während der abgeknickte Griff eines Rollkoffers »einen ziemlich effektiven Speer« abgeben kann.[1] Alternativ können Sie auch im Baumarkt Stahl-Epoxidkleber kaufen: Er wird in zwei Tuben geliefert, von denen die eine Stahlstaub und die andere Härter enthält, die Sie im Handumdrehen vermischen und mit einem Metallteelöffel als Griff zu einem stumpfen Stahlmesser formen können. (Weder Stahl-Epoxidkleber noch Metallteelöffel sind in Flugzeugen verboten – im Gegensatz etwa zu Schneekugeln, die nach amerikanischem Recht verboten sind.) Schneier will damit natürlich nicht sagen, dass Rollkoffer und Zahnseide dringend auf die Liste der im Flugzeug verbotenen Gegenstände gesetzt werden sollten. Es geht darum, dass man Flugreisen nicht wesentlich sicherer machen kann, indem man jeden neuen Gegenstand verbietet, den ein Terrorist zu benutzen gedenkt oder von dem man es zumindest befürchtet. Es sei denn, man ist bereit, *sämtliche* Gegenstände zu verbieten. Und weil Entführer schließlich immer auch ihre bloßen Hände benutzen können, könnte man gleich noch alle Passagiere an ihre Sitze fesseln. Kurz nach den Anschlägen vom 11. September fragte ein Reporter Schneier, ob man Maßnahmen ergreifen könne, die garantieren würden, dass sich eine solche Tragödie nie wiederholen würde. Natürlich, antwortete Schneier: einfach alle Flugzeuge am Boden lassen.

»Es gibt genau zwei Dinge, die den Flugverkehr seit dem 11. September sicherer gemacht haben: Schlösser an den Cockpittüren und kurze Schulungen für die Passagiere, die ihnen zeigen, dass und wie sie sich zur Wehr setzen können«, sagte mir Schneier. Er ist 49 Jahre alt, trägt einen Pferdeschwanz und spricht in der ruhigen Art derjenigen, die von der Wahrheit ihrer Ansichten überzeugt sind und es nicht nötig haben, sich besonders ins Zeug zu legen, um andere davon zu überzeugen. Man könnte einwenden, dass es noch eine dritte Möglichkeit gibt – die Flugsicherheitsbegleiter. Aber sobald bekannt ist, dass sie eingesetzt werden, braucht man sie eigentlich nicht mehr. Was uns Sicherheit gibt, ist nämlich das Wissen, dass sie da sind, nicht ihre eigentliche Präsenz.

Wenn Schneier recht hat, liegt die Frage auf der Hand: Warum werden diese teuren und zeitaufwendigen Kontrollen weiterhin verordnet? Warum spielen die Regierungen weiterhin Katz und Maus mit den Terroristen, die ihnen immer einen Schritt voraus sein werden? Die meisten Antworten auf diese Frage haben mit dem Druck zu tun, unter dem sowohl Politiker als auch Sicherheitsbeamte stehen: Sie wollen zeigen, dass sie etwas tun, und damit ihre Wähler und die Steuerzahler beeindrucken. Grundlage des Ganzen ist jedoch Schneiers Argumentation zufolge das grundlegende menschliche Bedürfnis nach einem Gefühl von Sicherheit – auch wenn dieses Gefühl bestenfalls indirekt mit einer tatsächlich verbesserten Sicherheitslage zu tun hat. Schneier hat für all jene Maßnahmen, die in erster Linie darauf abzielen, das Sicherheitsgefühl zu erhöhen, ohne den Menschen tatsächlich mehr Sicherheit zu verschaffen, den Begriff »Sicherheitstheater« geprägt. Man könnte sogar argumentieren – und Schneier hat das oft genug getan –, dass die Inszenierung von Sicherheit uns in Wirklichkeit sogar weniger Sicherheit bietet. Sie verschlingt Ressourcen, die für wirksamere Antiterrormaßnahmen, wie zum Beispiel die Informationsbeschaffung, aufgewendet werden könnten, und sie führt darüber hinaus dazu, dass Passagiere und Sicherheitspersonal für bestimmte Arten von verdächtigem Verhalten, das man normalerweise bemerkt, weniger aufmerksam werden. Denn wenn das Gepäck aller Passagiere so penibel kontrolliert wird, dass sogar Schneekugeln abgefangen werden, kann man leicht auf die Idee kommen, dass es auf die eigene Wachsamkeit nicht ankommt.

Sobald man das Thema Sicherheit mit den Augen von Bruce Schneier betrachtet, erscheinen einige der Methoden, mit denen die Gesellschaft an dieses Thema herangeht, abgrundtief lächerlich. Im Jahr 2007 zum Beispiel kündigte der damalige britische Premierminister Gordon Brown eine Reihe von Maßnahmen an, um die Sicherheit an Flughäfen, Bahnhöfen und anderen Verkehrsknotenpunkten des Landes zu erhöhen, darunter den Bau von sprengstoffsicheren Barrieren. Schneiers erklärte daraufhin in seinem Blog, dass die Barrieren zwar in Liverpool Lime Street, der wichtigsten Haltestelle der Stadt, errichtet werden sollen, nicht aber in den weniger stark frequentierten Vorortbahnhöfen, die nur wenige Kilometer weiter auf der gleichen Strecke liegen. Der Blogbeitrag trug die Überschrift: »UK Spends Billions to Force Rail Terrorists to Drive a Little Further« (Großbritannien gibt Milliarden aus, um Schienennetzterroristen dazu zu zwingen, eine Station weiter zu fahren). Browns Ankündigung war klassisches Sicherheitstheater: eine kostspielige Methode, um den Reisenden – die allerdings nicht allzu sehr auf die Details achten durften – ein Gefühl von Sicherheit zu vermitteln, während sie rein gar nichts zur Abwehr eines auch nur halbwegs entschlossenen Terroristen beitrug.

In diesem Buch haben wir bisher gezeigt, dass die gängigen Lehren über den Weg zum Glück schon deshalb nicht funktionieren, weil wir unter ihrem Einfluss viel zu sehr um unser Glück kämpfen. Es ist leicht zu erkennen, dass Bruce Schneiers Kritik an den Sicherheitsmaßnahmen im Flugverkehr diesem Argument zumindest oberflächlich ähnelt: In Wirklichkeit bewirken viele der Maßnahmen, von denen wir glauben, dass sie den Flugverkehr sicherer machen, genau das nicht – oder sogar das Gegenteil. Aber der Zusammenhang geht tiefer, denn »Sicherheit« in Verbindung mit Flugreisen ist nur eine Facette einer viel größeren Frage, die uns mitten in den »negativen« Denkansatz zum Thema Glück führt. Denn der Wunsch nach einem Gefühl von Sicherheit und Unversehrtheit ist nicht nur im Bereich der Terrorismusbekämpfung irrational. Er ist immer irrational.

Wie wir noch sehen werden, ist ein erstaunlicher Teil des menschlichen Handelns – in der Politik, in der Wirtschaft, in den internationalen Beziehungen und im Privatleben – durch den Wunsch motiviert, sich sicher und unversehrt zu fühlen. Und doch führt dieses Streben nach Sicherheit durchaus nicht immer zu Sicherheit – und erst recht nicht ins Glück. Es ist eine unbequeme psychologische Wahrheit, dass Menschen, die sich in einer Situation befinden, die viele andere als extrem unsicher bezeichnen würden – zum Beispiel extreme Armut –, das Glück auf eine Weise kennenlernen, von der wir anderen durchaus etwas lernen könnten. Wenn man den radikalsten Befürwortern des »negativen Weges« Glauben schenken darf, können wir gerade durch die Hinwendung zur Unsicherheit zu der Erkenntnis gelangen, dass Sicherheit selbst eine Art Illusion ist – und dass wir in Bezug auf das, wonach wir suchen, die ganze Zeit einem Irrtum unterliegen.

Heutzutage hat man leicht das Gefühl, in besonders unsicheren Zeiten zu leben, und alles scheint immer nur noch schlimmer zu werden. Vor einigen Jahren veröffentlichte das sogenannte »2020 Project«, eine mit allgemeinen Zukunftsprognosen betraute Initiative der amerikanischen Geheimdienste, einen Bericht, in dem ein Kapitel den unverblümten Namen »Pervasive Insecurity« (tiefgreifende Unsicherheit) trägt.[2] Bis zum Jahr 2020, so die Analysten, »prognostizieren wir tiefgreifende Unsicherheitsgefühle, die ebenso sehr auf psychologischem Empfinden wie auf physischen Bedrohungen beruhen könnten«. Zu den Hauptursachen für die Angst, so die Vorhersage, würden »Sorgen um die Sicherheit des Arbeitsplatzes«, »Ängste im Zusammenhang mit Migration«, »Terrorismus und innerstaatliche Konflikte« und sogar »Konflikte zwischen Großmächten« gehören. Und all dies wurde wohlgemerkt einige Zeit vor dem Finanzkollaps Ende der Nullerjahre geschrieben, der Millionen von Menschen in tiefe Unsicherheit stürzte.

Und doch lassen sich leicht Belege dafür finden, dass die Menschen schon immer glaubten, in Zeiten einzigartiger Unsicherheit zu leben. Im Jahr 1951 – in den USA alles in allem eine relativ glückliche und wohlhabende Phase, die schlimmsten Krisen der Nachkriegszeit waren überwunden und die des Kalten Krieges noch nicht ausgebrochen – hat Alan Watts das Unsicherheitsgefühl seiner Zeit gut eingefangen. Er schrieb: »Wir haben das Gefühl, dass wir in Zeiten ungewöhnlicher Unsicherheit leben. In den letzten hundert Jahren sind viele alte Traditionen verschwunden – in der Familie, im gesellschaftlichen Leben, in der Regierung, der Wirtschaftsordnung, der Religion. Im Laufe der Jahre scheint es immer weniger Felsen in unserer Brandung zu geben, immer weniger Dinge, die wir als absolut richtig und wahr und für alle Zeiten feststehend betrachten können.«[3] Andererseits haben sich viele Menschen im Jahr 634 v. Chr. in Rom schon genauso gefühlt: Die meisten von ihnen waren überzeugt, dass ihre Stadt nach 120 Jahren unweigerlich untergehen würde. Und Menschen haben im Verlauf der Geschichte unzählige Male dieses Gefühl gehabt. Durchsuchen Sie einmal mit dem Suchbegriff »in diesen unsicheren Zeiten« die Google-Bibliothek der digitalisierten Manuskripte, und Sie werden feststellen, dass dieser Ausdruck in Hunderten von Zeitschriften und Büchern immer wieder vorkommt, und zwar praktisch in jedem Jahrzehnt, das in der Datenbank erfasst ist, bis zurück ins 17. Jahrhundert.

»Dabei«, sagt Watts, »ist unser Zeitalter nicht unsicherer als jedes andere. Armut, Krankheit, Krieg, Umwälzung und Tod sind überhaupt nichts Neues.«[4]

Die Menschen haben sich also schon immer sicherer fühlen wollen, als sie sich tatsächlich fühlen. Doch wie die Arbeit von Bruce Schneier auf dem Gebiet der Luftsicherheit zeigt, lauern hier enorme Fallstricke – denn die Strategien, die uns ein Gefühl von Sicherheit vermitteln sollen, verschaffen uns häufig nicht wirklich mehr Sicherheit. Sie können sogar den gegenteiligen Effekt haben. »Denn Sicherheit ist nicht nur ein Gefühl, sondern auch eine Wirklichkeit«, so Schneier, »und das ist nicht dasselbe.«

Das Gefühl und die wirkliche Existenz von Sicherheit klaffen auf bestimmte und vorhersehbare Weise auseinander. In den letzten Jahren wurde viel über »kognitive Verzerrungen« geschrieben – also über die Art und Weise, wie unsere Urteile über die Realität die Tendenz haben, dieser Realität gerade *nicht* zu entsprechen –, und einiges davon kann dazu beitragen, die notorischen Fehleinschätzungen zu erklären, die uns in Bezug auf unsere Sicherheit unterlaufen. So fürchten wir uns gewohnheitsmäßig mehr vor anderen Menschen als vor der Natur. Wir haben vor Gefahren, die wir uns leichter vorstellen können, mehr Angst als vor solchen, die wir uns nur schwer vorstellen können – das ist die sogenannte Verfügbarkeitsheuristik. Wir fürchten Situationen, in denen wir das Gefühl haben, keine Kontrolle zu haben, wie zum Beispiel als Passagier in einem Flugzeug, mehr als Situationen, in denen wir das Gefühl haben, Kontrolle zu haben, wie zum Beispiel am Lenkrad eines Autos. Kein Wunder also, dass wir manchmal Gefahr laufen, uns in Unsicherheit zu begeben, indem wir dem Gefühl der Sicherheit nachjagen. Es ist viel wahrscheinlicher, bei einem Autounfall ums

Leben zu kommen als bei einem Flugzeugabsturz, und es ist viel wahrscheinlicher, an einer Herz-Kreislauf-Erkrankung zu sterben als durch die Hand eines gewalttätigen Eindringlings. Wenn Sie jedoch auf Nachrichten über einen Terroranschlag in einem Flugzeug reagieren, indem Sie auf das Auto umsteigen, obwohl Sie eigentlich fliegen wollten, oder wenn Sie die Zeit und Energie, Ihr Haus vor Angreifern zu schützen, besser darauf verwendet hätten, für eine bessere Ernährung zu sorgen, dann führen Ihre Vorurteile dazu, dass Sie Ihre tatsächliche Sicherheit einem bloßen Gefühl von Sicherheit opfern.

Die Psychologen sind sich nicht einig darüber, wie sich diese Vorurteile überhaupt entwickeln konnten, aber Schneier argumentiert plausibel, dass der Grund in der Evolution liegt – insbesondere in der Diskrepanz zwischen der Geschwindigkeit des evolutionären Wandels und der Geschwindigkeit, mit der sich die moderne Gesellschaft entwickelt hat. Betrachtet man die Entwicklung unserer Spezies über einen längeren Zeitraum hinweg, ist leicht zu erkennen, dass die skizzierten Vorurteile unserem Überleben einst dienlich waren – dass sie uns aber jetzt einen Bärendienst erweisen, weil wir mit Situationen konfrontiert sind, für die sie nie gedacht waren. Gewisse Tiere, die vom Scheinwerferlicht eines Autos überrascht werden, rennen wie wild über die Straße, um das vermeintliche Raubtier abzuschütteln, was aber nun einmal nicht funktioniert, wenn das Raubtier ein riesiges Fahrzeug mit Vierradantrieb ist. Und »wie bei einem Eichhörnchen, dessen Raubtiervermeidungstechniken gegenüber Autos versagen«, so Schneier, »oder bei einer Wandertaube, die von der Evolution darauf vorbereitet wurde, den Falken, aber nicht darauf, die Schrotflinte zu überleben, versagen bei uns Menschen unsere angeborenen Fähigkeiten, mit Gefahren umzugehen, wenn sie mit der modernen Gesellschaft, mit Technologie oder den Medien konfrontiert sind«.

Nehmen wir zum Beispiel die Verfügbarkeitsheuristik. Vor langer Zeit mag es durchaus sinnvoll gewesen sein, sich mehr um die Bedrohungen zu kümmern, die man sich vorstellen konnte: Denn der Grund dafür, dass man diese Bedrohungen lebhaft vor Augen hatte, lag höchstwahrscheinlich darin, dass sie erst vor Kurzem in dem Dorf, in dem man lebte, nur wenige Meter von einem entfernt aufgetreten waren. Sie stellten ganz real eine größere Gefahr dar, sodass die Voreingenommenheit die Einschätzung der Bedrohungslage erheblich vereinfachen konnte. Wenn solche Bedrohungen aber heutzutage deshalb geistig »verfügbar« sind, weil wir uns angewöhnt haben, jeden Tag Nachrichten zu gucken, deren reißerischer Zweck es ist, den Globus systematisch nach den chaotischsten Szenen und Situationen abzusuchen, dann werden wir dazu verleitet, uns auf Bedrohungen zu konzentrieren, denen wir nicht wirklich ausgesetzt sind. Wenn Sie im Fernsehen einen Bericht über einen Terroranschlag in einem fremden Land sehen, geben Sie vielleicht Ihre Pläne für einen Urlaub im Ausland auf, um sich in Sicherheit zu wiegen – obwohl es in Wahrheit eine viel größere Bedrohung für Ihr Überleben darstellen könnte, wenn Sie zu viel Zeit auf dem Sofa vor dem Fernseher verbringen.

Wären kognitive Vorurteile das einzige Problem beim Streben nach Sicherheit, wäre die Lösung einfach, wenn auch nicht unbedingt leicht umzusetzen: Es ginge schlicht darum, sich die eigenen Vorurteile vor Augen zu führen und sein

Verhalten entsprechend anzupassen. Wir würden auf diese Weise vermeiden, uns von unseren gewachsenen emotionalen Reaktionen in die Irre führen zu lassen; wir könnten uns besser vor Gefahren schützen, und dann würde sich in Kürze das vollkommene Glück einstellen. Aber natürlich ist es so einfach nicht. Die radikalere Möglichkeit – die uns zum Kern des »negativen« Glücksansatzes führt – besteht in der Einsicht, dass das Ziel der Sicherheit vielleicht etwas grundsätzlich Problematisches an sich hat und dass wahres Glück von der Bereitschaft abhängt, sich der eigenen Unsicherheit und Verwundbarkeit zu stellen und sie zu akzeptieren.

Das Thema ist heikel. Man müsste schon verrückt sein, wenn man behaupten wollte, dass es besser sei, in großer Gefahr zu leben, oder dass psychologisch gesprochen ein grundlegendes Sicherheitsgefühl nicht gesund sei. (Die Terminologie trägt hier zusätzlich zur Verwirrung bei, denn, so ließe sich argumentieren, schließlich muss man, um in der Lage zu sein, Gefühle der Unsicherheit und Verwundbarkeit gelassen hinzunehmen, schon von vornherein ziemlich sicher sein.) Ein immer wiederkehrendes Thema in der Glücksforschung ist jedoch, dass viele der Methoden, mit denen wir versuchen, uns »sicher« zu fühlen, uns letztendlich nicht glücklich machen. Wir streben nach finanzieller Sicherheit, doch oberhalb einer bestimmten Schwelle führt mehr Geld nicht zu mehr Glück. Wir schützen uns vor physischen Gefahren, indem wir in sicherere Viertel ziehen oder uns sogar in Gated Communities verbarrikadieren, aber die Art und Weise, wie sich solche Trends auf das Gemeinschaftsgefühl auswirken, haben nachweislich einen negativen Einfluss auf das kollektive Glücksniveau. Wir streben nach Erfüllung in starken Liebesbeziehungen und Freundschaften, aber wenn wir in solchen Beziehungen zu sehr nach Sicherheit streben, ersticken wir sie; ihr Gedeihen hängt ja gerade davon ab, dass wir bis zu einem gewissen Grad schutzlos sind und sowohl für negative als auch für positive Erfahrungen offen bleiben. Auf ähnliche Weise kann man sich, wie Schneier sagte, vor Terrorismus schützen: eben, wenn man bereit ist, die Möglichkeit des Fliegens selbst auszuschließen. Allen diesen Beispielen ist gemeinsam, dass das Erreichen umfassender Sicherheit unseren Interessen letztendlich zuwiderlaufen würde. Wir denken vielleicht, dass wir uns Sicherheit mehr als alles andere wünschen, aber überall, wo es darauf ankommt, können wir uns eigentlich nichts weniger wünschen als sie.

»Verletzlich zu sein«, so die Psychotherapeuten Hal und Sidra Stone, »bedeutet, keinen Schutzpanzer zu haben, authentisch und präsent zu bleiben.«[5] Nur wenn wir in der Lage sind, unsere Verletzlichkeit zu spüren, können wir auch die Welt um uns herum in ihrer ganzen Bandbreite spüren. Brené Brown ist Professorin für Soziale Arbeit und hat sich eingehend mit den psychologischen Vorteilen der Verletzlichkeit befasst. Sie ist zu dem Schluss gekommen, »dass man Gefühle nicht selektiv betäuben kann. Man kann nicht sagen: Das ist das Schlimme, das ist die Verletzlichkeit, das ist die Trauer, das ist die Scham, das ist die Angst, das ist die Enttäuschung: Das will ich nicht.«[6] Denn letztendlich kann man sich vor dem Negativen nur schützen, indem man sich auch vor dem Positiven schützt – woraufhin man erkennt, dass man diesen Schutz eigentlich gar nicht wollen konnte. Oder wie es C.S. Lewis in etwas poetischerer Weise ausgedrückt hat:

> Zu lieben bedeutet, verletzlich zu sein. Wenn du irgendetwas liebst, wird dein Herz ausgewrungen und mög-

> licherweise gebrochen. Wenn du sicher sein willst, dass es unversehrt bleibt, darfst du dein Herz niemandem schenken, nicht einmal einem Tier. Wickle es sorgfältig in deine Hobbys und kleinen Luxusartikel ein; vermeide alle Verstrickungen; schließe es sicher in der Schatulle – dem Sarg – deiner Egozentrik ein. Aber in dieser Schatulle – sicher, dunkel, bewegungslos, ohne Luft – wird es sich verändern. Es wird nicht gebrochen, sondern unzerbrechlich, undurchdringlich, unerlösbar werden.[7]

Browns Forschungen zeigen, dass die Betäubung negativer Gefühle letztendlich nicht einmal dabei hilft, sich vor diesen negativen Gefühlen zu schützen – aus Gründen, die der katholische Mönch und Schriftsteller Thomas Merton in seiner Autobiografie *Der Berg der sieben Stufen* dargelegt hat. »Die Wahrheit, die die meisten Menschen nicht verstehen«, schrieb er, »besteht darin, dass man umso mehr leidet, je mehr man versucht, Leiden zu vermeiden, weil man sich von kleinen, unbedeutenden Dingen quälen lässt, und je größer die Angst ist, verletzt zu werden, desto mehr.«[8] Aus dieser Perspektive wird deutlich, dass eines der größten Probleme am »Kult des Optimismus« die verzweifelte Suche nach Sicherheit ist. Durch positives Denken und ähnliche Ansätze suchen wir nach einer Gewissheit, die uns Sicherheit und einen festen Boden unter den Füßen bietet, wir wollen die Zukunft voraussehen und streben nach einer Zeit, in der wir immer nur glücklich sind und mit negativen Gefühlen nichts mehr zu schaffen haben. Aber während wir all diesen Dingen nachjagen, werden genau diejenigen unserer Fähigkeiten ausgeschaltet, die es uns ermöglichen würden, das ersehnte Glück auch zuzulassen.

Für die amerikanische buddhistische Nonne Pema Chödrön ist Unsicherheit das wesentliche Merkmal der Realität – und all unser Kummer rührt daher, dass wir verbissen versuchen, festen Boden unter die Füße zu kriegen – den es aber in Wirklichkeit gar nicht gibt. »Buddhist oder Buddhistin zu werden«, sagt sie, »bedeutet, obdachlos zu werden.« Sich der Realität zuzuwenden bedeutet, zu erkennen, dass wir in einem Zustand »fundamentaler Bodenlosigkeit« leben.[9] »Dennoch kämpfen die meisten von uns permanent darum, diese Bodenlosigkeit nicht zu spüren … meine ganze Lehre sagt nichts anderes, als dass es keine Möglichkeit gibt, diese losen Enden zusammenzuknüpfen.« Sie fährt fort: »Du wirst die Bodenlosigkeit nie loswerden. Das ordentliche, nette kleine Bild ohne Chaos und Katastrophen wird es nicht geben.« Chödröns berühmtestes Buch trägt den Titel *Wenn alles zusammenbricht,* was ein bisschen klingt, als bekäme man darin erklärt, wie man wieder auf die Füße kommt, wenn im Leben einmal alles katastrophal schiefläuft. In Wirklichkeit geht es ihr aber darum, dass es etwas Gutes ist, wenn alles zusammenbricht, wie schmerzhaft diese Erfahrung auch sein mag: Der Verlust der angeblichen Sicherheit bedeutet eine Konfrontation mit dem Leben, wie es wirklich ist. »Die Dinge sind nicht von Dauer, sie bleiben nicht, es gibt keine endgültige Sicherheit«,[10] sagt sie. Was uns unglücklich macht, ist nicht diese Wahrheit, sondern unser Bestreben, sie zu verleugnen.

An dieser Stelle könnte ein triftiger Einwand Ihnen genauso viel Sorge bereiten wie mir. Es mag schön und gut sein, dass diejenigen von uns, die sich in relativ komfortablen Lebenssituationen befinden, ein Loblied auf die Unsicherheit und Verletzlichkeit singen. Vielleicht haben wir sogar das Glück, unser ganzes Leben lang um die wirklich handfesten Unsicherheiten herumzukommen. Aber was lernt man über Glück, wenn Unsicherheit tatsächlich eine unentrinnbare, alltägliche Grunderfahrung ist?

Es war ein Sonntagmorgen im Januar, wolkenlos und heiß, und viele Bewohner des zweitgrößten städtischen Slums in Afrika hatten sich für den Kirchgang angekleidet: Die Männer trugen gut geschnittene Anzüge, die Frauen fuchsiafarbene oder leuchtend grüne Kleider, und die Kinder hielten Bibeln in den Händen. Hier, im ärmsten Teil von Kibera – jenseits der mit Müll übersäten Eisenbahnschienen, die den eigentlichen Slum vom Rest der kenianischen Hauptstadt Nairobi trennen –, war es eine Herausforderung, die Sonntagskleider sauber zu halten, während man sich seinen Weg durch die schlammigen Pfade bahnte, die als Straßen galten; an vielen Stellen bestand der Boden fast ausschließlich aus weggeworfenen Plastiktüten und anderem Unrat. Zwischen Häusern, die aus Blechresten und Lehm errichtet waren, streunten Hühner und Hunde durch die Abwasserrinnen.

Die meisten Kirchgänger gingen den Hügel hinauf zur großen African Inland Church oder auf die andere Seite zur katholischen Hauptkirche. Versteckt zwischen den Häusern gab es noch zahlreiche weitere winzige Ladenfenster-Kirchen – dunkle Hütten, die aus nur einem Raum bestanden und in denen man einen Pfarrer sehen konnte, der vor zwei oder drei Zuhörern predigte oder auf einem Casio-Keyboard Kirchenlieder spielte. Nach Ansicht des 22-jährigen Frankie Oluoch, der in Kibera lebte und sich sonntags eher um seine verschiedenen Geschäfte kümmerte, als in den Gottesdienst zu gehen, waren diese kleineren Kirchen jedoch im Grunde genommen Betrug. »In Kibera ist eine Kirche ein Geschäft«, sagte er, und sein ungezwungenes Lächeln bekam einen leicht zynischen Zug. Er saß auf einem zerschlissenen Sofa im schattigen Haus seiner Mutter in Kibera und trank Cola aus einer Glasflasche. »Eine Kirche ist der einfachste Weg, um an Geld von Hilfsorganisationen zu kommen. Man füllt einmal an einem Tag seine Kirche mit Kindern – schmutzigen Kindern, Kindern, die nichts zu essen haben –, und dann kommt die Organisation und sieht, dass die Kirche voll ist, und sie machen Fotos, um sie ihren Geldgebern zu zeigen, und die geben dir dann Geld.« Er kicherte. »Es dreht sich alles um die Fotos, wissen Sie?«

In einem anderen Teil von Kibera, den man über noch schmalere, noch tiefer in den Slum hineinführende Pfade erreicht, die um eine Kurve an einer Krankenstation vorbeiführen, begannen drei kiberische Männer ihren Arbeitstag in der Ziegenknochen-Verarbeitungsanlage. Sie befand sich unter freiem Himmel und war äußerst übersichtlich: auf der einen Seite ein Haufen frisch gesäuberter Ziegenknochen, in der Mitte verschiedene Sägen und Schleifgeräte und auf der anderen Seite die Arbeitsergebnisse: Bierflaschenöffner, Halsketten und andere Schmuckstücke, die darauf warteten, ins Zentrum von Nairobi transportiert und dort an Touristen verkauft zu werden. Ein klobiger batteriebetriebener Kassettenrekorder spielte Classic Rock, und wenn man genau hinhörte, konnte man den Gesang aus der Kirche auf dem Hügel hören. Der Geruch von Nyama Choma, gebratenem Ziegenfleisch, das auf einem offenen Grill in der Nähe brutzelte, zog durch die Werkstatt und überdeckte den Abwassergestank.

Aus kommerzieller Sicht unterschied sich der Sonntag in Kibera nicht von anderen Wochentagen, und das bedeutete, dass auch heute viel los war. An der Knochenwerkstatt und den Straßengrills vorbei, dann eine mit blauen Plastikplanen bedeckte Gasse hinunter – schon war man am offiziellen Eingang des riesigen Marktes, der zum Slum gehörte. Doch so klar war die Grenze nicht, denn eigentlich fühlte sich ganz Kibera wie ein Markt an. Entlang der von Kratern gesäumten Gasse verkauften Händler an behelfsmäßigen Tischen Radios, Ananas oder Babykleidung in leuchtenden Farben; Menschen mit Schubkarren, die mit Baumaterial oder ausrangierten Elektroteilen beladen waren, wichen nach links und rechts aus, um Zusammenstöße mit anderen Menschen und anderen Schubkarren zu vermeiden.

In einer Gasse, die vom Markt wegführte, vorbei an einem Etablissement, in dem Fußballspiele der britischen Premier League über einen Satellitenfernseher übertragen wurden, trainierte ein Mann, der seinen Namen mit George angab, in seinem kleinen improvisierten Fitnessstudio. Seine Hantel war ein recyceltes Eisenrohr, an dessen Enden anstelle von Hantelscheiben mit Beton gefüllte zylindrische Wasserbottiche hingen. »Hundertfünfzig Kilogramm«, behauptete er, als er gefragt wurde, wie viel er da über seine massigen Schultern stemmte, dass die Adern auf seiner Stirn ins Pochen kamen. Seine Kinder steckten ihre Köpfe hinter dem Tuch hervor, das den Hauptraum des Hauses verdeckte, und lachten ihn aus.

Für jemanden, der aus einem anderen Land kommt, sind die Lebensbedingungen der Einwohnerinnen und Einwohner von Kibera, deren Zahl je nach Erhebung zwischen 170 000 und einer Million liegt, unvorstellbar hart. Der Slum hat kein fließendes Wasser, und an Strom gibt es nur das, was sich die Bewohner »leihen«, indem sie Kabel an die Überlandleitungen anschließen, die die besseren Viertel Nairobis mit Strom versorgen. Sexuelle Gewalt ist an der Tagesordnung. Autodiebstähle und Raubmorde passieren wöchentlich. Da es in Kibera keine ordentlichen sanitären Anlagen gibt, werden die menschlichen Ausscheidungen in erster Linie auf den von den Slumbewohnern ironisch als »fliegende Toiletten« bezeichneten Plumpsklos entsorgt, das heißt in einer Plastiktüte, die dann so weit wie möglich entfernt von der eigenen Wohnung weggeworfen wird. Die Liste der Probleme des Slums wird durch die fliegenden Toiletten um die Punkte Durchfall und Typhus verlängert, die vergleichsweise harmlos klingen, wenn man bedenkt, dass Schätzungen zufolge 20 Prozent der Bevölkerung mit HIV infiziert sind.

Aus all diesen Gründen – und auch, weil es nur eine kurze Autofahrt vom Zentrum Nairobis mit seinem internationalen Flughafen und komfortablen Geschäftshotels entfernt liegt – ist Kibera zu einem weltweit bekannten Symbol des Leids geworden. Premierminister und Präsidenten reisen dorthin, um sich fotografieren zu lassen; sensationslustige Fernsehteams kommen regelmäßig vorbei; und der Slum ist überproportional häufig in den Fokus vor allem religiöser Hilfsorganisationen aus den Vereinigten Staaten und Europa gerückt. Ihre Namen spiegeln das Gefühl tiefer Verzweiflung wider, für das auch der Name »Kibera« steht: die Fountain of Hope Initiative, Seeds of Hope, Shining Hope for Communities, das Kibera Hope Centre, Kibera in Need.

Fragt man jedoch Norbert Aluku, einen schlaksigen jungen Sozialarbeiter, der in Kibera geboren und aufgewachsen ist, ob seine Kindheit dort von Elend und Leid geprägt war, wird er einen ungläubig auslachen. »Natürlich nicht! Denn letztendlich geht es ja nicht um Lebensumstände. Es geht darum, dass man das, was man hat, zusammen mit seinen Nachbarn so gut wie möglich nutzt. In Kibera kommst du nur zusammen mit deinen Nachbarn durch.« Oder fragen

Sie Irene Mueni, die ebenfalls in Kibera lebt und von traumatischen Erlebnissen in ihrer Kindheit berichtet, die aber dennoch sagt: »Glück ist subjektiv. Man kann in einem Slum glücklich sein und in einer Stadt unglücklich. Die Dinge, die man zum Glücklichsein braucht, sind ganz andere als die, von denen man denkt, dass man sie braucht.« Das ist die schwierige Wahrheit, die vielen Besuchern von Kibera auffällt, und sie ringen um Worte, um sie zu benennen, weil sie wissen, dass sie auch falsch interpretiert werden kann: Offen gesagt scheinen die Kiberaner nicht so unglücklich oder deprimiert zu sein, wie man vielleicht erwarten könnte. »Es ist klar, dass die Armut Kibera sehr geschadet hat«, bemerkt Jean-Pierre Larroque, ein Dokumentarfilmer, der viel Zeit in Kibera verbracht hat, »aber diese Armut ruft eher nicht jene mitleiderregenden Hilferufe hervor, die einem NGOs, kirchliche Missionen und Wohltätigkeitsorganisationen einreden wollen.«[11] Was man stattdessen sieht, so stellt er fest, sind »Straßen, die vor Emsigkeit nur so vibrieren«. Kibera wirkt weniger wie ein Ort der Verzweiflung als vielmehr wie eine Brutstätte des Unternehmertums.

Diese unangenehme Erkenntnis – dass Menschen, die in extrem prekären Verhältnissen leben, erstaunlich gut funktionieren und alles andere als depressiv sind – gilt natürlich nicht nur für Kibera. Sie ist so bekannt, dass sie zu einem Klischee geworden ist, vor allem in Bezug auf die afrikanischen Länder südlich der Sahara. Dieses Klischee ist extrem problematisch. Es schrammt nah an einer Reihe von geschmacklosen Verallgemeinerungen vorbei, vielleicht sogar an Rassismus, sowie an toxischen Mythen über »primitive«, von der Moderne unverdorbene Menschen. Es kann auch zu fragwürdigen politischen Schlussfolgerungen führen: Wo Menschen, die in tiefer Armut leben und deren

Gesundheitszustand schlecht ist, so glücklich sind, lassen sich Beobachter immer wieder einmal zu der Annahme hinreißen, dass Hilfe von außen vielleicht gar nicht nötig sei. Und wir zucken – sicherlich zu Recht – zusammen, wenn wir gut betuchte Prominente in schwärmerischem Tonfall über die einfachen Freuden der Armut sprechen hören – wie zum Beispiel Coleen Rooney, Fernsehmoderatorin und Ehefrau eines Fußballers, in einem Interview: »Ich finde es so inspirierend, wenn man Menschen aus ärmeren Ländern im Fernsehen sieht: Sie scheinen einfach so glücklich mit ihrem Leben zu sein, obwohl es ihnen an materiellen Dingen fehlt... Irgendwann in der Zukunft möchte ich gern eins dieser Länder bereisen.«[12]

Diese Sichtweise einfach als falsch oder unangebracht abzutun ist jedoch deshalb etwas problematisch, weil sie zumindest teilweise wahr zu sein scheint. Internationale Erhebungen zum Thema Glück – darunter mehrere seriöse Forschungsprojekte wie der World Values Survey – haben immer wieder ergeben, dass einige der ärmsten Länder der Welt zu den glücklichsten gehören.[13] (Nigeria, wo 92 Prozent der Bevölkerung mit weniger als zwei Dollar pro Tag auskommen müssen, steht dabei an erster Stelle.) Umfragedaten des Afrobarometer Research Project, das mehr als ein Dutzend afrikanischer Länder, unter anderem auch Kenia, einbezieht, haben »ein ungewöhnliches Maß an Optimismus unter den ärmsten und prekärsten der Befragten«[14] in diesen Ländern ergeben. Bestimmte Fragen, zum Beispiel wie optimistisch Eltern auf die Zukunft ihrer Kinder blicken, scheinen sogar in umgekehrter Korrelation mit Wohlstand und Bildung zu stehen: Die am wenigsten Privilegierten gaben die optimistischsten Antworten. Nach Angaben von Forschern im Bereich der psychischen Gesundheit sind

Angststörungen und Depressionen in ärmeren Ländern weitaus weniger verbreitet.[15] (In den Studien werden die Unterschiede bezüglich der Wahrscheinlichkeit, überhaupt eine Diagnose zu erhalten, berücksichtigt.) In einer kürzlich durchgeführten Untersuchung über weltweite psychische Gesundheitsprobleme belegten die afrikanischen Länder südlich der Sahara in Bezug auf die Häufigkeit ihres Vorkommens den letzten Platz; sämtliche Spitzenplätze wurden von reicheren Industrieländern belegt.

»Sehen Sie, das ist etwas, worauf Sozialwissenschaftler schon oft hingewiesen haben«, erklärte mir Norbert bei meinem zweiten Besuch in Kibera. Wir saßen auf Klappstühlen im Schatten seines einstöckigen Büros am Rande des Slums. »Nur weil man soziale Probleme hat, heißt das noch lange nicht, dass man nicht glücklich ist. Haben reichere Menschen wirklich weniger Probleme? Hier gibt es Politiker, die wegen Korruption im Gefängnis sitzen, und ich glaube wirklich nicht, dass sie im Vergleich zu mir glücklich sind. Probleme gibt es auf allen Ebenen. Wie Herzkrankheiten oder Bluthochdruck bei Stress.« Er hob die Schultern. »Das liegt doch auf der Hand, oder?«

Es handelt sich hier um ein psychologisches Phänomen, das erklärungsbedürftig ist. Die Methodik internationaler Glücksstudien mag umstritten sein, und die Beobachtungen von Jean-Pierre Larroque und anderen mögen gewisse Leerstellen aufweisen – aber umgekehrt drängt sich dennoch die Frage auf, warum Orte wie Kibera nicht bei jeder einzelnen Glücksstudie am untersten Ende der Skala stehen. Keine der vielen Antworten, die auf diese Frage schon versucht wurden, ist völlig zufriedenstellend. Zum Beispiel die, dass die Erwartungen von Menschen, die unter solchen Bedingungen leben, einfach niedriger sind. Eine ähnliche

Antwort beruht auf der (zutreffenden) Beobachtung, dass Glück relativ ist: Menschen, die nicht von Beispielen eines angenehmeren Lebensstils umgeben sind, stufen ihre eigene Situation weniger schlecht ein. Das Problem bei diesen Argumenten ist, dass sie sehr schnell in die herablassende Unterstellung abzugleiten drohen, dass die Slumbewohner es eben nicht anders kennen, dass sie einfach nicht wissen, dass es möglich ist, mit fließendem Wasser, funktionierenden Toiletten und niedrigeren Krankheitsraten zu leben. Für Kibera ist diese These mit Sicherheit auszuschließen, denn die Slumbewohner leben direkt neben den nobleren Vierteln von Nairobi; und nicht wenige von ihnen arbeiten dort als Hausangestellte. Vom Slum bis nach Nairobi, zur prächtigen Villa des hochrangigen kenianischen Politikers ist es nur ein kleiner Spaziergang. In einer Mädchenschule im Herzen von Kibera lernen Fünfjährige unter einem riesigen Foto vom Times Square Lesen; Hollywoodfilme auf Video sind weit verbreitet. Norbert Aluku hat sogar einen Begriff für den Ehrgeiz geprägt (»Durst«), den er den jüngeren Kiberanern einzuflößen versuchte, indem er mit ihnen die besseren Gegenden von Nairobi besuchte, um ihnen zu zeigen, was sie alles haben könnten. Unwissenheit ist also zumindest in diesem Fall nicht des Rätsels Lösung.

Und auch ich habe keine Antwort. Das Ganze wird jedoch etwas weniger rätselhaft, wenn man einen Zusammenhang zur Psychologie der Gefühle der Sicherheit und Unsicherheit herstellt. Wir haben gesehen, wie uns das Streben nach einem Gefühl von Sicherheit in die Irre führen kann und dass die Fähigkeit, Glück zu empfinden – zum Beispiel in starken sozialen Beziehungen –, Verletzlichkeit voraussetzt. Was Menschen, die unter mit Kibera vergleichbaren Bedingungen leben, gemeinsam haben, ist der fehlende Zugriff auf

Dinge, mit denen wir anderen auf selbstzerstörerische Weise versuchen, jegliche Unsicherheitsgefühle zu unterdrücken. Damit soll nicht gesagt sein, dass es besser wäre, fast ohne Geld auskommen zu müssen. Aber klar ist auch, dass es viel schwieriger ist, am Geld zu hängen, wenn man keins hat. Das Gleiche gilt für angesehene Berufe, materielle Besitztümer oder elitäre Abschlüsse: Wenn man kaum Chancen hat, zu alldem zu kommen, wird man sich nicht zu der falschen Annahme verleiten lassen, dass so etwas glücklich macht. Generell bedeutet ein Leben unter derart prekären Bedingungen, dass man gar nicht die Möglichkeit hat, Unsicherheitsgefühle zu verdrängen. Stattdessen muss man sich der Realität der Unsicherheit stellen. Die Menschen in Kibera sind verletzlich, ob sie es wollen oder nicht.

Paige Elenson, eine in Kibera arbeitende Amerikanerin, erzählte mir, dass genau diese Erkenntnis einen großen Einfluss auf ihr Leben gehabt hat. »Ich hasse diese ganze Verklärung nach dem Motto, oh, was sind diese Menschen glücklich«, sagte sie zu mir. »Aber wenn man keinen Zugang zu schöner Kleidung und guten Jobs hat, wenn man überhaupt nichts besitzt, woran man sich festhalten kann, dann muss man sich den Leuten eben zeigen, wie man ist, nicht durch das, was man anhat, oder durch eine Berufsbezeichnung. Wenn man gemocht werden will, muss man einfach freundlich sein! Man muss den Leuten in die Augen sehen! Das haben wir in den USA nicht so oft, denn dort heißt es: Schau, was ich anhabe; schau, was auf meiner Visitenkarte steht – ich muss nicht nett zu dir sein. Es gibt also diese Verletzlichkeit, was nur ein anderer Ausdruck dafür ist, dass es weniger Verstellung gibt. Ich weiß nicht, ob man dadurch unbedingt glücklicher wird … Aber wenn es weniger gibt, woran man sich festklammern kann – wenn man gar nicht die Wahl hat –, dann ist das anders. Man lässt den ganzen Scheiß bleiben.«

Apropos Scheiße: An einem Tag in Kibera nahm Norbert mich mit zu einem seiner Projekte, bei dem es darum ging, menschliche Exkremente zu marktfähigem Biogas aufzubereiten. Angestrebt wurde dabei vor allem eine Lösung des Problems mit den fliegenden Toiletten. Die Leute würden aufhören, das Zeug einfach so auf die Straße zu werfen, wenn sie erst einmal wüssten, dass man damit Geld verdienen konnte. Das war der für Kibera typische Pragmatismus, der in diesem Fall von einer amerikanischen Hilfsorganisation aufgegriffen worden war. Wenn Norbert betonte, wie wichtig der Zusammenhalt mit den Nachbarn ist und wie gut es ist, wenn man in der Lage ist, mit dem zu arbeiten, was man hat, dann waren das keine kitschigen Allgemeinplätze. Das gemeinsame Tun, das er hier meinte, war die Wiederverwertung von menschlichen Exkrementen.

»Wissen Sie«, sagte Frankie Oluoch mit seiner Cola in der Hand auf dem Sofa seiner Mutter, nachdem ich ihn auf diese Dinge angesprochen hatte, »Kibera ist kein guter Ort. Riesengroße Probleme und eine Million NGOs, die auch keine große Hilfe sind. Gigantische Probleme. Aber man muss irgendwie klarkommen, weil einem gar nichts anderes übrig bleibt. Also nimmt man, was man hat, und kommt damit zurecht. Und man kann auf diese Weise glücklich sein, denn die Familie macht glücklich, und andere Menschen machen glücklich, und es macht glücklich, etwas aus sich zu machen, seinen Horizont zu erweitern … oder nicht? Warum sich um etwas Sorgen machen, das man gar nicht hat?«

Sich in einer so grundsätzlich unsicheren Lebenssituation wiederzufinden ist zwar alles andere als wünschenswert, aber es sorgt immerhin für *Klarheit.* Natürlich ist man nicht zu beneiden. Aber weniger Illusionen zu haben bedeutet, der Realität ins Auge zu blicken. Wem die Möglichkeit verwehrt ist, sich auf kontraproduktive Weise selbst zu schützen, kann im Angesicht der Not eine Widerstandskraft entwickeln, die man tatsächlich als bescheidene, aber äußerst haltbare Art von Glück bezeichnen kann.

Wir haben gesehen, dass Sicherheit nicht immer so vorteilhaft ist, wie wir es uns vorstellen, und dass Unsicherheit Glück keineswegs ausschließt, sondern es vielleicht sogar befördert. Noch radikaler ist jedoch die These, dass unser Streben nach Sicherheit auf einem ganz grundsätzlichen Missverständnis beruhen könnte – dass (in den berühmten Worten von Helen Keller) Sicherheit »meist ein Aberglaube ist«. Um die weitreichenden Implikationen dieses Gedankens zu verstehen, müssen wir uns ein letztes Mal dem Werk von Alan Watts zuwenden.

Watts beginnt seine schlanke Abhandlung *Weisheit des ungesicherten Lebens* aus dem Jahr 1951 mit dem Hinweis darauf, dass es eine überwältigende Erklärung für die Unsicherheitsgefühle seiner Zeit gibt: den Fortschritt der Wissenschaft. Immer weniger von uns können sich selbst davon überzeugen, dass uns ein Leben nach dem Tod erwartet, dass es einen Gott gibt, der uns beschützt, oder dass die vom Papst oder dem Erzbischof von Canterbury aufgestellten moralischen Regeln ohne Zweifel zu befolgen sind. »Es ist offensichtlich«, schreibt er, »dass im letzten Jahrhundert die Autorität der Wissenschaft in der Vorstellung des Volkes an die Stelle der Autorität der Religion getreten ist und dass die Skepsis, zumindest in geistigen Dingen, allgemeiner geworden ist als der Glaube.«[16] Zugegeben: Watts schrieb diese Worte, weit bevor das fundamentalistische Christentum in Amerika wieder auflebte. Aber es ist durchaus denkbar, dass er diese Entwicklung als unvermeidliche Reaktion auf die von ihm beschriebene Dominanz der Wissenschaft betrachtet hätte.

Es ist – auch für Watts – eine Selbstverständlichkeit, dass die wissenschaftliche Forschung immens viel Gutes bewirkt hat. Aber gleichzeitig hat sie bei vielen das Gefühl einer spirituellen Leere hinterlassen. Indem er die Götter und das Leben nach dem Tod abgeschafft hat, scheint der wissenschaftliche Blick auf das Universum dem Leben des einzelnen Menschen jede besondere Bedeutung genommen zu haben; in diesem Blick kommen wir nur noch als Organismen vor, die ihr kurzes Leben ohne tieferen Grund leben und dann zugrunde gehen. Das, so meint er, ist die Quelle der ultimativen Unsicherheit, die allen anderen Unsicherheiten zugrunde liegt. Doch sich erneut unter die tröstenden Fittiche der dogmatischen Religionen zu begeben ist für die meisten von uns keine Option; man kann sich nicht von Behauptungen überzeugen, von denen man weiß, dass sie unwahr sind. Stehen wir also vor der Wahl, ein sinnloses, aber wissenschaftlich erklärbares Leben zu führen oder ein Leben, das auf Aberglauben und Selbstbetrug beruht? Watts besteht darauf, dass es eine dritte Möglichkeit gibt, und darum geht es denn auch auf den restlichen Seiten seines kleinen Buches.

Ausgangspunkt seines Arguments ist die Feststellung, dass die Unbeständigkeit das Wesen des Universums ist: »Die einzige Konstante ist der Wandel.« Heraklit, der im fünften und sechsten Jahrhundert vor Christus lebte, sagte, dass »niemand zweimal in denselben Fluss steigen kann«, und sein Zeitgenosse Konfuzius soll in China auf einen Strom gezeigt und festgestellt haben: »Er ist immer im Fluss, Tag und Nacht.« Menschen, Tiere, Pflanzen, Gemeinschaften und Zivilisationen wachsen, verändern sich und verschwinden: Das ist die offensichtlichste Tatsache der Welt, und fast alle, ob sie nun von der Wissenschaft kommen oder von der Religion, stimmen ihr zu.

Doch obwohl diese Erkenntnis so offensichtlich ist, so Watts, scheinen wir ständig gegen sie anzukämpfen, indem wir um Sicherheit, Dauerhaftigkeit, Festigkeit und Stabilität ringen. Es geht ihm nicht darum, Sie zu schelten, damit Sie den Kampf gegen die Unbeständigkeit aufgeben. »Tadel«, schreibt er, »führt nicht dazu, dass man eine Sache loswird.« Stattdessen will er verdeutlichen, dass es sich um einen grundsätzlichen Irrtum handelt. Der Versuch, den Wandel zu fixieren, ist ein Widerspruch in sich; das funktioniert genauso wenig, wie Hitze in Kälte zu verwandeln oder Grün in Lila. »Es ist ein Widerspruch in sich, in einem dem Wesen nach kurzlebigen und flüchtigen Universum vollkommen sicher sein zu wollen«, schreibt er. Selbst das Sprechen über dieses Thema läuft Gefahr, sich in einen ähnlichen Widerspruch zu verstricken, denn zu fixieren und zu definieren liegt nun einmal in der Natur der Sprache. Und aus diesem Grund ist die wesentlichste Eigenschaft des Universums auch diejenige, über die sich am schwersten sprechen lässt.

Im Grunde ist es aber mehr als ein bloßer Widerspruch – denn was wir wirklich tun, wenn wir versuchen, inmitten des Wandels Festigkeit zu erlangen, so Watts, ist der Versuch, uns von all dem Wandel abzugrenzen und einen Unterschied zwischen uns und dem Rest der Welt zu behaupten. Das Streben nach Sicherheit bedeutet, dass man versucht, sich vom Wandel und damit von dem, was das Leben ausmacht, zu entfernen. »Wenn ich sicher sein, mich also vor dem Fluch des Lebens schützen möchte«, schreibt Watts, »dann möchte ich vom Leben selbst getrennt sein.« Das bringt uns zum Kern der Sache: Weil wir uns sicher fühlen wollen, bauen wir zur Verteidigung unseres Egos eine Schutzmauer auf, aber genau dadurch wird das Gefühl der Unsicherheit überhaupt erst erzeugt: »Sicher zu sein bedeutet, das ›Ich‹ zu isolieren und zu festigen, aber gerade das Gefühl, ein isoliertes ›Ich‹ zu sein, macht einsam und ängstlich.« Dieser Gedanke ist zunächst kontraintuitiv: Wer ihn begreifen will, muss eine mentale Verschiebung durchmachen, die dem Moment ähnelt, in dem die berühmte optische Täuschung von einer schönen jungen Frau zu einer alten Hexe umspringt. Wir bauen eine Burgmauer, um den Feind fernzuhalten, aber erst durch den Bau der Mauer wird der Feind überhaupt heraufbeschworen. Nur weil es Burgmauern gibt, gibt es auch etwas dahinter, das man angreifen kann. »Der Wunsch nach Sicherheit und das Gefühl der Unsicherheit sind ein und dasselbe«, folgert Watts. »Den Atem anzuhalten bedeutet, keine Luft mehr zu bekommen. Eine Gesellschaft, die auf dem Streben nach Sicherheit beruht, ist nichts anderes als ein Wettbewerb im Luftanhalten, bei dem alle straff wie Trommeln und lila wie rote Rüben sind.« Selbst wenn wir vorübergehend und teilweise das Gefühl der Sicherheit erreichen, fügt er hinzu, fühlt es sich nicht gut an. Das Leben innerhalb der Burgmauern erweist sich als einsam und isolierend. »Wir entdecken [nicht nur], dass es keine Sicherheit gibt, [und] dass es schmerzhaft ist, sie zu suchen, [sondern] dass wir gar nicht froh werden, wenn wir glauben, sie gefunden zu haben.«

Um die letzte Weisheit zu verstehen, die Watts für uns

auf Lager hat, müssen wir uns kurz auf das Ende des vorigen Kapitels besinnen und daran denken, wie stark dort unsere Annahmen über das Wesen des Ichs infrage gestellt wurden. Dort wurden wir mit der Tatsache konfrontiert, dass es keine eindeutige Linie zu geben scheint, an der entlang man die Grenze zwischen dem »Ich« und dem »Anderen« ziehen kann – und dass die Grenze selbst eher ein Treffpunkt als eine Trennlinie ist: Das »Ich« und das »Andere« sind existenziell aufeinander angewiesen. Wenn das jedoch wahr ist, dann ist »Sicherheit« ein Irrtum – denn sie impliziert eine Vorstellung von einem abgetrennten Ich, die sich als falsch erwiesen hat. Wie ist es überhaupt *denkbar*, sich von einem Ökosystem abzugrenzen, das einen in Wirklichkeit ausmacht? Es geht nicht darum, der Unsicherheit »die Stirn zu bieten«, sondern zu erkennen, dass *man sie ist*. Watts schreibt dazu:

> Wirklich zu verstehen, dass es keine Sicherheit gibt, ist weit mehr als die Erkenntnis, dass alles ständig in Veränderung ist, mehr sogar, als die Vergänglichkeit des Lebens anzuerkennen. Die Vorstellung von Sicherheit beruht auf dem Gefühl, dass es etwas in uns gibt, das beständig ist, etwas, das über alle Tage und Veränderungen hinweg Bestand hat. Wir bemühen uns um die Festigkeit, Kontinuität und Sicherheit dieses beständigen Kerns, dieses Zentrums, dieser Seele unseres Wesens, das wir »Ich« nennen. Allein deshalb halten wir uns für den eigentlichen Menschen – den Denker unserer Gedanken, den Fühlenden unserer Gefühle, den Wissenden unseres Wissens. Wir verstehen nicht wirklich, dass es keine Sicherheit gibt, bis wir erkennen, dass dieses »Ich« nicht existiert.

Wenn man sie erst einmal verstanden hat – und ich selbst habe dafür durchaus ein Weilchen gebraucht –, erklärt diese außergewöhnliche Passage ziemlich umfassend, warum unsere Bemühungen, glücklich zu werden, paradoxerweise häufig auf eine Weise sabotiert werden, dass genau das Gegenteil von dem passiert, was wir erreichen wollten. Alles positive Denken, jede Zielsetzung, jede Visualisierung und jeder Optimismus, alle Versuche, die Geschehnisse in unserem Sinne zu lenken, beruhen auf der Annahme, dass »wir« und die »Dinge« voneinander getrennt sind. Doch bei näherer Betrachtung fällt diese Annahme in sich zusammen. Der Versuch, von der Unsicherheit in die Sicherheit zu flüchten, von der Ungewissheit in die Gewissheit, ist ein Versuch, einen Ausweg aus genau *dem* System zu finden, das uns überhaupt erst zu dem macht, was wir sind. Natürlich können wir das System, zu dem wir gehören, beeinflussen. Aber wenn die falsche Auffassung darüber, wer wir sind und was Sicherheit ist, das ist, was uns motiviert, werden wir immer Gefahr laufen, auf selbstzerstörerische Weise zu weit zu gehen und zu viel zu versuchen. Watts folgert daraus:

> Der wahre Grund, warum das menschliche Leben so überaus ärgerlich und frustrierend sein kann, liegt nicht darin, dass es Fakten gibt, die Tod, Schmerz, Angst oder Hunger heißen. Das Verrückte an der Sache ist, dass wir im Angesicht solcher Tatsachen straucheln, uns winden und sträuben und verzweifelt versuchen, unser »Ich« aus dieser Erfahrung herauszuholen … Vernunft, Ganzheit und Integration liegen in der Erkenntnis, dass wir nicht getrennt sind, dass der Mensch und seine gegenwärtige Erfahrung eins sind und dass es weder ein separates »Ich« noch einen separaten Verstand gibt … [Das

> Leben] ist ein Tanz, und wenn man tanzt, will man nichts erreichen. Der Sinn und Zweck des Tanzes ist der Tanz.

Das also ist die tiefere Wahrheit über die Unsicherheit: Sie ist ein anderes Wort für Leben. Damit soll nicht gesagt sein, dass es nicht klug wäre, sich so weit wie möglich vor bestimmten Gefahren zu schützen. Es bedeutet aber sehr wohl, dass das Gefühl von Sicherheit und ein wirklich gelebtes Leben in gewisser Weise Gegensätze sind. Und dass wir umfassende Sicherheit genauso wenig erlangen können, wie es einer Welle gelingen kann, dem Ozean zu entkommen.

7

Das Museum des Scheiterns

Ein Plädoyer für die Bejahung eigener Fehler

Man kann aus einem Schweinsohr keinen Kalbsrücken Orloff zaubern. Trotzdem kann man aus einem Schweinsohr etwas sehr Gutes machen.
Julia Child

In einem unscheinbaren Gewerbegebiet in der Nähe des Flughafens außerhalb der Stadt Ann Arbor in Michigan steht ein ergreifendes Mahnmal für die zerplatzten Träume der Menschheit. Nicht, dass man es von außen als solches erkennen würde. Auf den ersten Blick sieht es aus wie ein Autohaus, und genau das ist es im Jahr 2001 auch noch gewesen, bevor es von einem Unternehmen mit dem rätselhaften Namen GfK Custom Research North America übernommen wurde. Selbst wenn ein zufälliger Besucher hineinschaut – was nur äußerst selten passiert –, wird es einen Moment dauern, bis seine Augen vollständig erfasst haben, was es dort zu sehen gibt: weder Lobby noch Empfangstresen, keine Auflistung der verschiedenen Abteilungen, niemand, der zur Begrüßung bereitsteht. Stattdessen glaubt man sich in einem riesigen, unübersichtlichen Supermarkt wiederzufinden. Zwar gibt es keine Kunden, aber in jedem Gang sind die Metallregale mit Zehntausenden von Lebensmitteln und Haushaltsprodukten vollgestopft. Das Ganze wirkt extrem willkürlich und unzusammenhängend, aber schon bald zeigt sich, was der Grund dafür ist.

Anders als in einem echten Supermarkt gibt es von jedem Artikel nämlich nur ein einziges Exemplar; man findet keine gleichmäßigen Reihen mit Nudelsoßengläsern, keine Kartons mit Spülmittel oder Dosengetränken. Wichtiger ist jedoch, dass viele von diesen Produkten in einem echten Supermarkt überhaupt nicht auftauchen würden. Es handelt sich hier um sogenannte Fehlschläge: Produkte, die nach wenigen Wochen oder Monaten aus dem Verkauf gezogen wurden, weil so gut wie niemand sie kaufen wollte. In der Produktdesignbranche trägt das Fiaskolager der GfK Custom Research den Spitznamen »Museum der misslungenen Produkte«. Die Halle ist ein Friedhof des Konsumkapitalismus – und zeigt die Schattenseiten der erbarmungslos optimistischen Erfolgskultur des modernen Marketings. Oder um es weniger großspurig auszudrücken: Es ist mit ziemlicher Sicherheit der einzige Ort auf der Welt, an dem man das »Touch of Yogurt«-Shampoo von Clairol neben dem ebenso unpopulären »For Oily Hair Only« von Gillette finden kann, nur wenige Meter entfernt von einer ausgetrunkenen Flasche »Pepsi A.M.« Frühstückscola (erfunden im Jahr 1989; im Orkus verschwunden 1990). Das Museum beherbergt ausgemusterte koffeinhaltige Biersorten oder mit dem Logo des Zahnpastaherstellers Colgate versehene Fernsehmenüs, sich selbst erhitzende Suppendosen, die bedauerlicherweise die Tendenz hatten, in den Händen der Kunden zu explodieren, sowie Packungen mit Pfefferminzbonbons, die aus dem Verkauf gezogen werden mussten, weil sie wie die winzigen Päckchen mit Crack aussahen, die man auf Amerikas Straßen bei Dealern erwerben kann. Auch mikrowellengeeignete Rühreier – vorgerührt und in einer Pappröhre verpackt sowie mit einem Pop-up-Verschluss zum leichteren Verzehr im Auto versehen – fanden hier ihre letzte Ruhestätte.

Wenn man über eines der Produkte lacht, kneift die Chefin des Museums, eine unaufdringlich elegant gekleidete GfK-Mitarbeiterin namens Carol Sherry, die Lippen zusammen und runzelt missbilligend die Augenbrauen über ihrer Dolce-&-Gabbana-Brille. Und das ist nur zur Hälfte scherzhaft gemeint. Sherrys Aufgabe ist es, die Produktdesigner und Führungskräfte herumzuführen, die beträchtliche Summen zahlen, um die GfK-Kollektion in Augenschein nehmen zu dürfen – und sie behandelt die ihr anvertrauten Produkte wie missratene, aber im Grunde doch liebenswerte Kinder. Als sie mich an einem strahlenden Dezembermorgen durch das Gebäude führte, hielt sie vor einer cremefarbenen Flasche mit Bodylotion inne, und über ihr Gesicht flackerte ein Ausdruck, der an echte Traurigkeit gemahnte: »Ach ja, *sie* hier«, sagte sie liebevoll. »Sie musste sehr plötzlich vom Markt genommen werden. Leider erhöhte sie das Risiko von Pilzinfektionen.«

Es gibt einen japanischen Ausdruck, *mono no aware,* der sich grob mit »das Pathos der Dinge« übersetzen lässt. Er drückt die Melancholie über die Vergänglichkeit des Lebens aus – über die Schönheit von Kirschblüten, Wolkenformationen und menschlichen Gesichtszügen, die dadurch, dass ihre Zeit auf Erden begrenzt ist, noch gesteigert wird. Zu behaupten, dass Sherry etwas Ähnliches in den Kopf kommt, wenn sie an den ihr anvertrauten Kartons mit Frühstückssaft Banane oder den »Fortune Snookies« vorbeischlendert, einer kurzlebigen Produktreihe mit Glückskeksen für Hunde, überdehnt dieses japanische Konzept nur unwesentlich. Jedes dieser misslungenen Produkte erzählt aus ihrer Sicht eine traurige Geschichte über das aufrichtige Engagement von Produktdesignern, Marketingleuten, Verkäufern und vielen anderen. Sie vergisst nie, dass vom Erfolg von »Touch of Yogurt« oder »Fortune Snookies« die Hypotheken, die Raten für das Auto und der Familienurlaub echter Menschen abhingen. So auch bei Heublein Wine & Dine Dinners, einer Reihe von Fertiggerichten, die mit einer halben Flasche Kochwein verschickt wurden, von der die Kunden verständlicherweise annahmen, dass sie zum Trinken gedacht war. (Dann haben sie den Wein probiert. Und danach haben sie keine Heublein Wine & Dine Dinners mehr bestellt.)

»Der Entwickler tut mir wirklich leid«, sagte Sherry und deutete auf die Pfefferminzbonbons, die versehentlich wie Crack aussahen. »Ich meine, ich habe den Mann getroffen. Welchen Grund sollte er gehabt haben, vor die Tür zu gehen und sich in der Drogenszene umzugucken? Er hat alles richtig gemacht, nur, dass er eben nicht überprüft hat, ob sein Produkt wie eine kleine Portion Drogen aussieht.« Sie schüttelte den Kopf. »Ich finde, es erfordert unglaublich viel Mut, ein Produkt zu entwickeln. So etwas kann auf so viele verschiedene Arten schiefgehen. Das sind echte Menschen, die jeden Morgen aufstehen und aufrichtig ihr Bestes geben, und dann, nun ja … passiert irgendetwas.«

Das Museum für gescheiterte Produkte war selbst eine Art Unfall, wenn auch ein glücklicher. Sein Schöpfer, ein inzwischen bereits pensionierter Marketingfachmann namens Robert McMath, hatte lediglich die Absicht, ganz allgemein einen »Präsenzbestand« von Konsumgütern anzulegen, nicht speziell von Fehlschlägen. In den 1960er-Jahren begann er, von jedem neuen Produkt, das er finden konnte, ein Exemplar zu kaufen und aufzubewahren. (Verderbliches stellte er leer ins Regal, damit es nicht anfing zu stinken.) Schon bald wuchs die Sammlung über sein Büro im Bundesstaat New York hinaus, und er sah sich gezwungen, in einen umgebauten Getreidespeicher umzuziehen, um alles unterzubringen. Später wurde er von der GfK – die Initialen kommen von dem deutschen Namen der Muttergesellschaft – aufgekauft, die das ganze Unternehmen nach Michigan verlegte. Was McMath nicht bedacht hatte, so erzählte er mir am Telefon von seinem Zuhause in Kalifornien aus, war die Wahrheit, die seine Laufbahn letztendlich bestimmen sollte: »Die meisten Produkteinführungen scheitern.« Schätzungen zufolge liegt die Misserfolgsquote bei bis zu 90 Prozent. Allein dadurch, dass er ohne weiteres Kriterium neue Produkte sammelte, hatte McMath also dafür gesorgt, dass sein Bestand überwiegend aus gescheiterten Produkten bestand. »Wissen Sie, ich mochte den Begriff ›Museum der misslungenen Produkte‹ nie so richtig«, sagte er mir. »Aber das ist nun einmal jetzt der Name. Er ist hängen geblieben. Ich konnte nicht viel dagegen machen.«

Ich habe ehrlich gesagt den Verdacht, dass er an diesem Punkt ein wenig unaufrichtig war, denn alles deutet darauf hin, dass McMath seinen Ruf als Guru des Scheiterns durchaus genoss. In den ersten Jahren war er eine feste Größe auf Vortragsreisen, später dann im amerikanischen Kabelfernsehen; sogar David Letterman führte mit ihm ein Interview über seine »Bibliothek der Verlierer«, wie er selbst seine Sammlung nannte. Er schrieb ein Marketing-Handbuch mit dem Titel *What Were They Thinking?*, in dem er sich über Produkte wie das Antitranspirant »No Sweat« von Revlon und »Look of Buttermilk« (ein Pendant zu »Touch of Yogurt« von Clairol) lustig macht (McMath weist darauf hin, dass man bei der Vermarktung von Antischweißprodukten niemals Schweiß erwähnen sollte, weil die Kunden das eklig finden. Davon abgesehen ist völlig unklar, was ein »Buttermilch-Look« sein soll, geschweige denn, warum man ihn sich für sein Haar wünschen sollte.) Sherry jedoch schien die Unbefangenheit, mit der ihr Vorgänger an die ganze Sache herangegangen war, gar nicht zu behagen. »Ursprünglich, ja, war sein Aufhänger für die Medien, dass er der Besitzer eines Museums für Verlierer war«, seufzte sie. »Aber ich finde das eigentlich ziemlich schade. Wahrscheinlich ist es nur menschlich, mit dem Finger auf andere zu zeigen und sich am Unglück anderer zu erfreuen. Aber mir geht es so, dass ich mich mit allem hier sehr verbunden fühle.« Irgendwie traf das etwas. Es stimmt, ich habe gelacht, als ich Goffs aschearmes Katzenfutter entdeckte, das stolz damit warb, dass darin »nur 1,5 Prozent Asche enthalten« waren. (Wie der Journalist Neil Steinberg bemerkte, ist das so, als würde man eine neue Hotdog-Kreation unter dem Motto »fast haarfrei« vermarkten.[1]) Dennoch haben vermutlich einige Menschen Monate ihres Lebens in die Entwicklung dieses Katzenfutters investiert. Natürlich hofft man, dass sie darauf heute mit Humor zurückblicken können. Aber wer weiß das schon?

Das bei Weitem Auffälligste am Museum für misslungene Produkte ist jedoch die Tatsache, dass dieses Museum selbst ein rentables Unternehmen ist. Man könnte annehmen, dass jeder Hersteller von Konsumgütern, der diesen Namen verdient, selbst über eine solche Sammlung verfügt: einen sorgfältig verwalteten Bestand, der ihm helfen kann, zumindest die Fehler zu vermeiden, die seinen Konkurrenten bereits unterlaufen sind. Doch die vielen Führungskräfte, die jede Woche bei Carol Sherry vor der Tür stehen, sind der beste Beweis dafür, dass solche Sammlungen offenbar höchst selten angelegt werden. Die Produktentwickler sind so sehr auf den erhofften Erfolg fixiert – und so wenig bereit, Zeit oder Energie zu investieren, um über die Misserfolge in ihrer Branche nachzudenken –, dass sie zu spät erkennen, wie dringend sie sich die GfK-Sammlung ansehen müssen, und dafür dann einen stolzen Preis zu zahlen bereit sind. Am erstaunlichsten ist die Tatsache, dass viele Designer, die im Laufe der Jahre ihren Weg ins Museum der misslungenen Produkte gefunden haben, dorthin gekommen sind, um in ihrem eigenen Unternehmen entwickelte und dann zurückgezogene Produkte zu begutachten. Manchmal wussten sie vor ihrem Besuch noch nicht einmal, dass diese Produkte existiert hatten. Die meisten Unternehmen hatten offenbar eine so große Scheu davor, über das unangenehme Thema des Scheiterns nachzudenken, dass sie es sogar versäumten, Musterexemplare ihrer eigenen Fehlschläge aufzubewahren.

»Normalerweise läuft das folgendermaßen ab«, sagte McMath. »Ein Produkt wird von einem Produktmanager entwickelt, und wenn sich herausstellt, dass es nicht funktioniert, wird er wahrscheinlich nur ein paar Exemplare in seinem Schlafzimmerschrank aufbewahren, aus sentimentalen Gründen, aber dann verlässt er irgendwann das Unternehmen.« Das Produkt existiert jetzt nur noch im Schlafzimmer des Produktdesigners. Und natürlich wird er auch keine Beispiele für seine Misserfolge mit zu seinem nächsten Arbeitsplatz bringen wollen: Warum sollte man sich freiwillig mit misslungenen Produkten in Zusammenhang bringen? »Die Leute lassen sich von Erfolg und Leistung inspirieren, Marketingfachleute sind da keine Ausnahme«, sagte Sherry. »Man will schließlich seine Leistungen in eine gute Geschichte verpacken.« Auch ist es unwahrscheinlich, dass sich in seiner ehemaligen Firma irgendjemand damit beschäftigen möchte, was schiefgelaufen ist. Scheitern ist einfach kein Thema, auf das ehrgeizige Menschen viel Zeit verwenden möchten. Im besten Fall ist es einfach nur deprimierend, im schlimmsten Fall fühlt es sich irgendwie ansteckend an – als ob die Keime der Katastrophe das nächste eigene Projekt infizieren könnten. Vielleicht erinnern Sie sich an Dr. Robert H. Schuller in *Get Motivated!*, wie er seine Zuhörer aufforderte, das Wort »unmöglich« aus ihrem Wortschatz zu streichen und die Möglichkeit des Scheiterns auszuschließen. Allein die Tatsache, dass eine hoch entwickelte Konsumgüterindustrie auf ein externes Museum für misslungene Produkte angewiesen ist, zeigt, dass viele Produktdesigner und Marketingverantwortliche genau das sehr konsequent getan haben.

McMath zierte sich ein wenig, als ich ihn bat, mir zu erzählen, welche Führungskräfte denn schon bei ihm aufgeschlagen waren, um sich zerknirscht die misslungenen Produkte ihres eigenen Unternehmens anzusehen. Nach einigem Drängen verriet er mir jedoch, dass einige dieser Besucherinnen und Besucher möglicherweise für einen multinationalen Konzern gearbeitet hatten, der mit »P« anfängt und mit »rocter & Gamble« aufhört. Woran er sich jedoch lebhaft erinnerte, war ein Produktdesigner-Team, das mit dem Plan an ihn herantrat, geschlechtsspezifische Windeln auf den Markt zu bringen, die für Jungen und Mädchen jeweils unterschiedlich ausgepolstert waren. Es stellte sich heraus, dass diese Neuerung schon öfter entworfen und öfter wieder aufgegeben worden war: Eltern sehen anscheinend die Notwendigkeit für geschlechtsspezifische Windeln einfach nicht ein, während Einzelhändler es ablehnen, mehr Platz in den Regalen einzuräumen, damit nicht eine der beiden Sorten zur Neige geht. Mit großer Freude führte Robert McMath die Designer in einen Gang seiner Kollektion, wo er ihnen nicht nur demonstrierte, dass ihre Idee bereits ausprobiert worden war – sondern auch, dass es unter anderem ihre eigene Firma gewesen war, die diesen Versuch gestartet hatte.

Scheitern ist allgegenwärtig. Auch wenn wir es lieber vermeiden würden, uns mit dieser Tatsache auseinanderzusetzen.

Das Scheitern und unser gespaltenes Verhältnis zu diesem Thema ist in diesem Buch bisher eher im Hintergrund vorgekommen. Es ist genau das, was in der Kultur des positiven Denkens um jeden Preis vermieden werden soll. Dass ein alternativer Ansatz zum Glücklichsein sich zentral auf dieses Thema bezieht, ist daher nicht verwunderlich. Bei der aus dem Stoizismus entlehnten Methode der negativen Visualisierung geht es genau darum, sich ebendieser Möglichkeit des Scheiterns zuzuwenden. Wer die Methode der Zielsetzung kritisiert, schlägt im Grunde genommen ebenfalls eine andere Haltung gegenüber dem Scheitern vor, denn eine stärker improvisierende Herangehensweise setzt die Bereitschaft voraus, häufiger zu scheitern. Die spirituellen Betrachtungen von Eckhart Tolle und Alan Watts verweisen indes auf eine noch tiefere Schicht des Scheiterns: das ultimative – und letztlich befreiende – Scheitern der Bemühungen des Egos, seine Abgrenzungen und Absicherungen aufrechtzuerhalten.

Es lohnt sich aber auch, das Thema des Scheiterns um seiner selbst willen zu betrachten, denn dann wird deutlich, wie kontraproduktiv die verzweifelten Bemühungen des »Kultes des Optimismus« sind, genau das nicht zu tun, und wie wichtig es umgekehrt wäre, der ständigen Möglichkeit des Scheiterns ins Gesicht zu sehen und sie zu akzeptieren. Sich dem Scheitern zuzuwenden wäre auch deshalb gut, weil die Vorstellung davon, was nötig ist, um Erfolg zu haben, in eine völlig falsche Richtung geht, wenn man verzweifelt versucht, nicht über das Scheitern nachzudenken. Ein weiterer Grund ist, dass es eine viel tiefere Art von Glück ermöglichen kann, wenn man für die emotionale Erfahrung des Scheiterns offen ist, anstatt sich ausschließlich auf den Erfolg zu konzentrieren. Zwar ist es in manchen Kreisen in Mode gekommen, die Bedeutung der »Akzeptanz des Scheiterns« zu betonen: Keine Autobiografie einer bekannten Unternehmer-, Politiker- oder Erfinderpersönlichkeit kommt ohne die einschlägigen Passagen aus, in denen die jeweilige Person ihren Erfolg auf ihre Bereitschaft zum Scheitern zurückführt. (Sir Richard Branson ist in dieser Hinsicht ein Wiederholungstäter.) Aber das Scheitern wirklich zu akzeptieren beinhaltet einen Perspektivwechsel, der weit über das hinausgeht, was in den Lippenbekenntnissen zu diesem Thema gemeint ist. Davon abgesehen, dass das Problem nicht kleiner wird, wenn wir immer nur auf die Ratschläge der Erfolgreichen hören.

Unser Widerstand gegen das Nachdenken über das Scheitern ist besonders merkwürdig, wenn man bedenkt, wie allgegenwärtig das Scheitern ist. »Scheitern ist das herausragendste Merkmal des Unternehmerlebens«, schreibt der Wirtschaftswissenschaftler Paul Ormerod zu Beginn seines Buches *Why Most Things Fail* – aber so gesehen ist das Unternehmerleben lediglich eine Miniaturausgabe des gesamten

Lebens. Sogar die Evolution wird durch das Scheitern vorangetrieben: Zwar betrachten wir sie meist als eine Sache des Überlebens und der Anpassung, aber es macht genauso viel Sinn, sie als eine Sache des Nichtüberlebens und der Nichtanpassung zu betrachten. Anders ausgedrückt: Von allen Arten, die jemals existiert haben, leben heute auf der Erde weniger als ein Prozent. Die anderen sind gescheitert und ausgestorben. Auch auf der individuellen Ebene gilt: Egal, wie viel Erfolg Sie im Leben haben, am Ende werden Sie – bitte nehmen Sie es nicht persönlich – scheitern. Ihre Organe werden versagen, und Sie werden sterben.

Obwohl das Scheitern so allgegenwärtig ist, wissen Psychologen schon lange, dass wir die Vorstellung schrecklich finden und enorme Anstrengungen unternehmen, um den Gedanken daran zu vermeiden. Im pathologischen Extremfall ist diese Angst vor dem Scheitern als »Kakorrhaphiophobie« bekannt – eine psychische Erkrankung, die Symptome wie Herzklopfen, Hyperventilieren und Schwindelgefühl mit sich bringt. Nur wenige von uns leiden in diesem klinischen Sinne daran. Das ist aber, wie wir noch sehen werden, vielleicht auch darauf zurückzuführen, dass wir von Natur aus so überaus geschickt darin sind, unsere Misserfolge »auszublenden«, damit wir unser Handeln in weitaus angenehmerer Erinnerung behalten können, als es der Wirklichkeit entspricht. Wie die Produktdesigner, die ihre misslungenen Entwürfe im Schlafzimmerschrank verstauen, tun wir alles dafür, unser Leben als Erfolgsgeschichte erzählen zu können. Dies führt unter anderem zu einem amüsanten psychologischen Phänomen, das als »illusorische Überlegenheit« bekannt ist. Diese mentale Störung erklärt beispielsweise, warum die überwiegende Mehrheit der Menschen gegenüber Forschern angibt, sich, was sicheres Fahren angeht, zu den besseren 50 Prozent zu zählen – obwohl das natürlich unmöglich sein kann.[2]

Wie so viele, die unsere Abneigung gegen das Scheitern kritisieren, plädiert auch Robert McMath gern dafür, dass wir uns »mehr wie Wissenschaftler« verhalten sollten. Dies impliziert, dass Wissenschaftler im Gegensatz zu uns anderen zwangsläufig lernen müssen, besser mit Misserfolgen umzugehen. Es ist nicht überraschend, dass die meisten Wissenschaftlerinnen und Wissenschaftler dieser für sie schmeichelhaften Ansicht zustimmen. Das Ziel eines jeden guten Wissenschaftlers ist es, die Wahrheit herauszufinden, und schon deshalb kann er es sich nicht aussuchen, ob die Ergebnisse seiner Experimente seine Hypothesen bestätigen oder widerlegen. Wissenschaftliche Forschung bedeutet, eine Hypothese aufzustellen, sie experimentell durchzuspielen und sich dann mit den Ergebnissen auseinanderzusetzen – auch wenn sie die Hoffnung auf einen preisgekrönten Durchbruch zunichtemachen. Stimmt doch, oder?! Na ja, vielleicht nicht so ganz: Eine faszinierende Reihe von Studien, die der in Irland geborene Forscher Kevin Dunbar unter praktizierenden Wissenschaftlerinnen und Wissenschaftlern durchgeführt hat, zeichnet jedenfalls ein vollkommen anderes Bild[3] – und bestätigt, wie tief sitzend und offenbar universell menschlich die Tendenz ist, die Konfrontation mit Misserfolgen zu vermeiden. Wissenschaftler, so zeigt sich, sind darin genauso gut wie alle anderen.

Dunbar verhandelte so lange, bis man ihm Zugang zu vier führenden molekularbiologischen Laboren gewährte, wo er anfing, zu beobachten, wie dort gearbeitet wurde. Monatelang führte er Videointerviews und zeichnete die wöchentlichen Laborsitzungen auf, in denen die Forscherinnen und Forscher ihre Ergebnisse diskutierten. (Diese Art der Untersuchung der täglichen Arbeit von Wissenschaftlern ist selten, nicht zuletzt, weil diese selbst sie häufig als irrelevant abtun.) Zunächst entdeckte Dunbar, dass die Forscherinnen und Forscher tatsächlich ständig mit Misserfolgen konfrontiert waren. »Wenn man als Wissenschaftler ein Experiment durchführt«, sagte er später, »geht etwa die Hälfte der Experimente, die man durchführt, schief.«[4] Aus welchen Gründen auch immer – fehlerhafte Verfahren oder eine falsche Hypothese –, stimmten die erzielten Ergebnisse nicht mit den Schlussfolgerungen überein, auf die die Wissenschaftler zuzusteuern glaubten. Wie einer von Dunbars Probanden es in einer Sitzung ausdrückte, als er seinen jüngsten Fehlschlag beschrieb: »Ich sah die Ergebnisse und hatte Lust, mich von einer Brücke zu stürzen.«

Das Ganze wurde aber noch interessanter, als Dunbar anfing zu untersuchen, wie die Forscherinnen und Forscher mit dieser Flut von Misserfolgen umgingen. Wie er in einem Interview mit der Zeitschrift *Wired* erklärte, reagierten sie nach einem ganz bestimmten Muster.[5] Zuerst wurde der Ausrüstung oder den eigenen Methoden die Schuld gegeben – man vermutete, dass ein Messgerät nicht richtig funktioniert hatte oder einem selbst ein dummer Fehler unterlaufen war. Wenn sich das Problem nicht so einfach erklären ließ, wurde das Experiment wiederholt, manchmal mehrmals, in der Hoffnung, dass die Anomalie dann verschwinden würde. Und wenn das nicht klappte, gab man das Experiment häufig einfach auf. In den Laboren herrscht reger Betrieb, die Wissenschaftler sind überlastet, es gibt weitaus mehr Forschungsideen, als man jemals umsetzen kann: Man muss sich also entscheiden, worauf man sich als Nächstes konzentrieren möchte. Kevin Dunbar zufolge entschieden sich die Forscherinnen und Forscher immer wieder dafür, ihre erst einmal unerklärlichen Ergebnisse beiseitezulegen und sich auf die Erfolge zu konzentrieren: Sie vermieden es auf diese Weise vollständig, sich mit den Misserfolgen auseinanderzusetzen.

Mithilfe bildgebender Verfahren hat Dunbar den Teil des menschlichen Gehirns untersucht, der am stärksten am Aussortieren von Fehlern beteiligt zu sein scheint: den dorsolateralen präfrontalen Kortex (DLPFC). Diese Region spielt eine entscheidende Rolle beim Herausfiltern irrelevanter oder unerwünscht eingehender Informationen, was unerlässlich ist, wenn man sich beispielsweise auf einer lauten Cocktailparty auf ein einziges Gespräch konzentrieren will. (Menschen mit geschädigtem DLPFC haben Schwierigkeiten mit solchen Situationen.) Ein ähnlicher Filterprozess scheint ausgelöst zu werden, wenn uns Informationen präsentiert werden, die unseren Erwartungen widersprechen, selbst wenn sie keineswegs irrelevant sind. In einem Experiment zeigte Dunbar Studierenden der Physik Videos, in denen zwei unterschiedlich große Objekte, die von der Spitze eines Turms fallen gelassen wurden, sich entgegen den Gesetzen der Schwerkraft zu verhalten schienen: Sie fielen mit unterschiedlicher Geschwindigkeit. Die Physikstudenten wissen, dass das nicht sein kann, und ihre DLPFCs leuchteten auf – viel stärker als bei den Betrachtern der Videos, die mit diesem physikalischen Gesetz nicht so vertraut waren. Dunbar vermutet, dass die Gehirne der Physikstudenten auf die unerwünschten, offensichtlich unerklärlichen Informationen reagierten, indem sie versuchten, sie aus ihrem Bewusstsein zu löschen.

In Ann Arbor, im Museum für misslungene Produkte, fällt es nicht schwer, sich vorzustellen, dass eine ähnliche Abneigung gegen die Konfrontation mit dem Scheitern für die

Existenz vieler Produkte in den Regalen verantwortlich sein könnte. Jedes dieser Produkte muss eine Reihe von Besprechungen überstanden haben, bei denen niemand erkannte, dass das Produkt dem Untergang geweiht war. Vielleicht wollte niemand die Aussicht auf ein Scheitern in Erwägung ziehen; und diejenigen, die es vielleicht wollten, wollten es jedenfalls nicht zur Diskussion stellen. Selbst wenn der voraussichtliche Flop erkannt worden wäre, so Robert McMath, hätten die Marketingverantwortlichen höchstwahrscheinlich so reagiert, dass sie *mehr* Geld in das Produkt gesteckt hätten. Dies ist eine typische Reaktion, wenn ein Produkt ein Reinfall zu werden droht, denn mit ausreichend hohen Marketingausgaben kann man zumindest einige Verkäufe garantieren und dem Unternehmen die totale Demütigung ersparen. Wenn die Realität dann sichtbar wird, so McMath in *What Were They Thinking?*, ist es gut möglich, dass »die jeweiligen Führungskräfte längst an einen anderen Posten befördert oder von einem anderen Unternehmen abgeworben wurden«. Dank der kollektiven Unlust, sich dem Scheitern zu stellen, wird noch mehr Geld in das zum Scheitern verurteilte Produkt investiert und kaum Energie darauf verwendet, herauszufinden, was schiefgelaufen ist. Alle Beteiligten haben sich verschworen und – vielleicht ohne dass ihnen bewusst ist, was sie da tun – beschlossen, nie wieder darüber zu sprechen oder nachzudenken.

Unsere Abneigung, über Misserfolge nachzudenken oder sie zu analysieren – sei es bei uns selbst oder bei anderen –, ist, wie schon erwähnt, vor allem deshalb so problematisch, weil sie dazu führt, dass wir eine vollkommen falsche Vorstellung davon bekommen, worauf sich umgekehrt der Erfolg zurückführen lässt. Vor einigen Jahren nahm Jerker Denrell, ein BWLer von der Universität Oxford, an einer Konferenz in seiner schwedischen Heimatstadt Stockholm teil und hörte sich einen dieser Vorträge an, bei denen es einem schwerfallen kann, die Augen offen zu halten. Auf dem Podium erläuterte ein Forscherkollege seine Erkenntnisse über die Persönlichkeitsmerkmale sehr erfolgreicher Unternehmer. Nach mehreren neuen Fallstudien, so verkündete der Redner, wiesen die Erfolgreichen zwei Schlüsseleigenschaften auf: Sie waren bereit, trotz wiederholter Rückschläge durchzuhalten, und sie besaßen genügend Charisma, um andere davon zu überzeugen, ihnen zu folgen. All das liegt auf der Hand und ist entsprechend langweilig, und man kann sich vorstellen, dass die Augen im Konferenzsaal langsam zuzufallen begannen. Doch Denrell hörte aufmerksam zu. Er erkannte, dass die Rede, die er hörte, einen Fehler enthielt, der ihm schon seit einiger Zeit begegnete; er hatte ihn nur noch nie in dieser Reinform erlebt. Der Fehler war so grundlegend, dass er den Großteil der Forschungsergebnisse seiner Kolleginnen und Kollegen infrage stellte.

Es mag natürlich stimmen, dass erfolgreiche Unternehmerinnen und Unternehmer über Ausdauer und Führungsqualitäten verfügen. Weniger offensichtlich – und viel weniger langweilig – ist, was der Redner zu erwähnen versäumte: dass diese Eigenschaften wahrscheinlich auch bei extrem erfolglosen Menschen zu finden sind. »Denken Sie mal darüber nach«, bemerkte Denrell, »große Verluste zu machen erfordert nicht nur Ausdauer … sondern auch die Fähigkeit, andere davon zu überzeugen, ihr Geld zum Fenster hinauszuwerfen.«[6] Menschen ohne viel Ausdauer oder Charisma landen eher in der Mitte und erleben weder große Erfolge noch große Misserfolge. (Wenn Sie nie bei einer Sache bleiben und andere nicht überzeugen können, Ihnen zu folgen, werden Sie vielleicht nie eine Armee von Gleichgesinnten zu einem überwältigenden Sieg führen – aber Sie werden auch nicht dafür sorgen, dass sich alle auf einmal von einer Klippe stürzen.) Es scheint durchaus wahrscheinlich, dass die sehr erfolgreichen und die sehr erfolglosen Menschen ziemlich ähnliche Persönlichkeitsmerkmale haben. Der einzig unbestreitbare Unterschied zwischen den beiden ist, dass die sehr Erfolglosen viel, viel seltener von Professoren der Betriebswirtschaftslehre, die sich mit den Ursachen des Erfolgs befassen, interviewt werden. Schließlich sind sie ja Versager. Selbst wenn die Forscher sie befragen *wollten* – was so gut wie nie der Fall ist –, kann man sich nur schwer vorstellen, wie sie sie überhaupt in nennenswerter Zahl aufspüren würden. Erfolg findet in der Öffentlichkeit statt; in der Tat ist Berühmtwerden für viele Menschen ein wesentlicher Bestandteil des Erfolgs. Misserfolge sind zwar anfangs manchmal spektakulär, aber meist bleiben Menschen, die scheitern, im Verborgenen.

Dieses Problem, das »survivor bias« oder »undersampling of failure« genannt wird, ist in vielen Bereichen der Wissenschaft und des Alltags bereits bestens bekannt. Die meisten von uns begreifen es intuitiv in bestimmten Zusammenhängen, für die das klassische Beispiel das Glücksspiel ist. Wir wissen, dass wir aus einer Glückssträhne am Roulettetisch nicht schließen sollten, dass wir eine magische Fähigkeit besitzen, das Verhalten des Rouletterades vorherzusagen. Wir wissen, dass das Gewinnen beim Roulette eine Frage des Zufalls ist und dass die Wahrscheinlichkeit vorschreibt, dass es manchmal zu Glückssträhnen kommt. Pechsträhnen sind natürlich viel häufiger. Sie führen nur nicht dazu, dass im Casino über sie getuschelt wird. Über all die Männer und Frauen, die in Monte Carlo *nicht* die Bank leer geräumt haben, hört man nämlich nie etwas.

Der Vortrag, den Jerker Denrell in Stockholm hörte, war ein besonders auffälliges Beispiel dafür, wie unser Nachdenken über Erfolg immer wieder an der Untererfassung von Misserfolg scheitert. Dabei gibt es noch unzählige andere Beispiele. Nehmen Sie den Bestseller *Der Millionär gleich nebenan* des amerikanischen Wissenschaftlers Thomas Stanley. Das Buch behauptet, ein wissenschaftlich fundiertes Porträt der typischen Millionärspersönlichkeit zu sein, und obwohl der Klappentext die dort gemachten Schlussfolgerungen als »überraschend« bezeichnet, sind sie das in Wirklichkeit natürlich nicht. Der typische Millionär, so zeigt Stanley, ist diszipliniert und zielstrebig, intelligent, aber nicht unbedingt intellektuell, und sparsam bis zum Abwinken. *Der Millionär gleich nebenan*, so der Verlag, »hat einen weitverbreiteten Mythos des heutigen Amerika zerstört, nämlich dass reiche Menschen zu einer elitären Gruppe hochgebildeter und überaus glücklicher Menschen gehören, die ihr Geld meist geerbt haben und es für teure Anschaffungen und einen verschwenderischen Lebensstil ausgeben«. Die Implikation – und damit sicherlich die Erklärung für den kommerziellen Erfolg des Buches – ist, dass auch Sie eine Million Dollar verdienen könnten, wenn Sie nur diszipliniert, klug und sparsam genug wären. Aber nach allem, was wir über den »survivor bias« wissen, ist das nicht im Geringsten die logische Konsequenz. Seinen eigenen Angaben zufolge verwendete Stanley nämlich keinerlei Zeit darauf, die Persönlichkeiten derjenigen zu untersuchen, die vergeblich versucht hatten, Millionär zu werden, oder nie auf die Idee gekommen waren. (Der Vollständigkeit halber muss hier erwähnt werden, dass in dem Buch sehr wohl Menschen vorkommen, die zwar ein Vermögen gemacht haben, aber nicht in der Lage waren, ihr Geld lange zu behalten.) Es gibt also wenig Grund zu der Annahme, dass Genügsamkeit oder Selbstdisziplin – oder irgendeine andere Eigenschaft – Teil des Erfolgsrezepts von Millionären ist. Es mag viele andere gegeben haben, die ebenso sparsam oder diszipliniert waren, aber nicht einmal in die Nähe des Millionärsdaseins gekommen sind.

»Stellen Sie sich vor, Sie betrachten erfolgreiche Führungskräfte und stellen fest, dass sie sich alle die Zähne putzen«, erklärte mir Denrell. »Nun, Sie werden schnell merken, dass dies nicht nur bei Führungskräften der Fall ist, denn alle putzen sich die Zähne. Sie wissen das, weil Sie sich selbst ja auch die Zähne putzen. Also verwirft man es als entscheidende Eigenschaft. Aber sagen wir, die erfolgreichen Führungskräfte haben irgendeine seltsame Eigenschaft, die Ihnen selbst nicht so vertraut ist. Nun, es wird Ihnen so vorkommen, als ob sich mit dieser Eigenschaft der Erfolg erklären ließe. Es scheint einfach Sinn zu ergeben.« Intuitiv fühlt es sich außerdem richtig an, den Fokus auf die Erfolgreichen zu legen und nicht auf die, die scheitern: Wenn man lernen will, wie man fliegt, schaut man sich Vögel an, keine Kakerlaken. Und doch führt die bloße Konzentration auf den Erfolg in die Irre.

Eine der bemerkenswertesten Folgen des »survivor bias« ist, dass er nicht nur die Arbeit von Wissenschaftlerinnen und Wissenschaftlern hinterfragt, die sich mit Erfolg beschäftigen, sondern auch die Art und Weise, wie erfolgreiche Menschen ihre eigenen Erfolge erklären (und diese Erklärungen vielleicht sogar selbst glauben). Die Buchläden sind voll mit autobiografischen Ratgebern wie dem des millionenschweren Verlegers Felix Dennis, das 2006 unter dem

Titel *How to Get Rich: The Distilled Wisdom of One of Britain's Wealthiest Self-Made Entrepreneurs* erschien. Dennis' Buch ist weitaus weniger nervig als die meisten derartigen Machwerke, was vor allem an dem entwaffnenden Humor liegt, mit dem er über sein Vermögen von 700 Millionen Pfund schreibt; und an der erfrischenden Ehrlichkeit, mit der er zugibt, wie sehr er die Jachten, Karibikurlaube und Sternerestaurants genießt, die zu seinem Lebensstil gehören. Doch jenseits der fröhlichen Rumprahlerei vermittelt sein Buch letztendlich eine ähnliche Botschaft wie die meisten anderen: Um ein Vermögen zu machen, braucht man Hartnäckigkeit, ein gewisses Desinteresse daran, was andere von einem denken, und die Bereitschaft, Risiken einzugehen. Diese Eigenschaften, so Dennis, haben ihn zu dem gemacht, was er ist. Darauf würde Jerker Denrell erwidern: Woher will er das wissen? Dennis hat schließlich nur ein Leben gelebt und nicht die Erfahrung eines alternativen, in einem finanziellen Misserfolg gipfelnden Lebens, mit dem er es vergleichen könnte. Vielleicht haben Tausende andere die gleiche Entschlossenheit, die gleiche Frechheit und den gleichen Mut an den Tag gelegt, sind aber dennoch gescheitert. Vielleicht aber auch nicht. Vielleicht war Dennis' Aufstieg ein dummer Zufall oder ist auf ein ganz anderes Persönlichkeitsmerkmal zurückzuführen, das es ermöglicht hat, dass er nicht *wegen*, sondern *trotz* seiner Sturheit und Risikobereitschaft letztendlich Erfolg hatte. Seine Selbstdiagnose kann natürlich auch stimmen, aber er ist nicht automatisch der, der das am besten beurteilen kann.

Dass Dennis die Risikobereitschaft so betont, zeigt interessanterweise auch, dass die Bereitschaft zu scheitern *selbst* eines der Persönlichkeitsmerkmale ist, die wir infolge des »survivor bias« möglicherweise überbewerten. Das ist das

Problem bei Predigten wie der von Richard Branson, der schreibt: »Ich glaube, dass die Bereitschaft zu scheitern eine der wichtigsten Eigenschaften eines Champions ist.« Er mag recht haben, dass es wichtig ist, keine Angst vor dem Scheitern zu haben, aber andererseits hört man natürlich auch keine Reden oder liest keine Autobiografien von Menschen, die keine Angst vor dem Scheitern hatten, dann aber tatsächlich gescheitert sind. Die Bereitschaft zu scheitern ist also vielleicht überhaupt nicht mit Erfolg verkoppelt; umgekehrt könnte aber, wie Denrell betont, die Bereitschaft, durch das Eingehen großer Risiken ein Scheitern in Kauf zu nehmen, sowohl mit großem Erfolg als auch mit grandiosem Scheitern korreliert sein. Die Definition von »großes Risiko« beinhaltet ja gerade die hohe Wahrscheinlichkeit, dass etwas schiefgeht.

Eine parallele Erkenntnis ergibt sich aus Denrells Studie über die Kommentatoren verschiedener Medien, die Prognosen über die künftige Entwicklung der Wirtschaft abgeben.[7] Denrell und seine Kollegin Christina Fang kamen zu dem Schluss, dass diejenigen, die die gewagtesten, schlagzeilentauglichsten Vorhersagen trafen, genauso häufig erstaunlich falschlagen wie erstaunlich richtig. Sie waren nicht die besseren Prognostiker, sie trafen nur riskantere Vorhersagen – während die Medien, die ihre Vorhersagen herausposaunten und sie lobten, wenn sie durch die Ereignisse bestätigt wurden, den falschen Prognosen nur selten nachgingen. Dies sollten Sie auf jeden Fall bedenken, bevor Sie sich bei der Auswahl einer Geldanlage auf solche Kommentatoren verlassen.

Darüber hinaus sollte man bedenken, dass praktisch jeder Ratschlag, wie man im Leben oder im Beruf erfolgreich sein kann, ständig Gefahr läuft, durch den »survivor bias« unterminiert zu werden. Wir sind es dermaßen gewohnt, Misserfolge zu ignorieren oder zu verdrängen, dass wir nur selten innehalten, um an all die Menschen zu denken, die vielleicht auch massenhaft Anweisungen für Glück oder Erfolg befolgt haben – einschließlich derer, die auf diesen Seiten vorkamen – und trotzdem das gewünschte Resultat nicht erzielt haben.

Dies ist wahrscheinlich ein guter Zeitpunkt, um Ihnen von meiner Filzlaus zu erzählen.

Ich bekam die Laus – nur die eine, obwohl sie außergewöhnlich groß war – im Februar 2001 in Greenwich im Osten Londons, auf dem Gelände des Millennium Dome, Großbritanniens sagenumwobenen Denkmals für den Anbruch des Jahres 2000. Die Geschichte des Domes ist bekanntlich eine Geschichte des Scheiterns: ein finanzielles Desaster, eine Katastrophe, was die Besucherzahlen anging, und das Karriere-Aus mehrerer prominenter Politiker. Anfang 2001 war die »Millennium Experience«, die Ausstellung, die ein Jahr lang den Innenraum des 365 Meter breiten Zeltes beansprucht hatte, zu Ende. Man hatte mich als Zeitungsreporter zur Versteigerung des Inhalts des Kuppelbaus geschickt, mit der die inzwischen bankrotten Betreiber hofften, einen Teil ihrer verlorenen Millionen wieder reinzuholen. Ich hatte 100 Pfund aus der Portokasse meines Arbeitgebers erhalten, um zum Zweck des unterhaltsamen Journalismus einen Kauf zu tätigen. Es war klar, dass das große Geld für die Computer des Unternehmens, die Hightech-Beleuchtungsanlagen und die Catering-Ausrüstung ausgegeben werden sollte, aber es war dort wirklich *alles* zu haben – einschließlich der Ausstellungsstücke aus den 14 »Zonen« des Kuppelbaus, die Themen wie Körper, Geist, Glaube, Arbeit, Geld und Spiel gewidmet waren. Die »Körper«-Zone war die riesige Nachbildung eines menschlichen Körpers – größer als die Freiheitsstatue, wie uns oft gesagt wurde –, durch den die (wie gesagt bei Weitem nicht zahlreich genug erschienenen) Besucher laufen konnten. Die Designer hatten diesen überdimensionalen Körper mit mehreren mechanischen Schamläusen ausgestattet und damit gezeigt, dass sie die unangenehmen Realitäten ihres Themas nicht einfach ignorieren wollten. Mit meinen 100 Pfund habe ich eine davon gekauft. Die anderen gingen an einen Antiquitätenhändler aus Surrey, der mir sagte, er wolle damit seine Frau und seine Kinder erschrecken. Als Mann muss man wohl irgendein Hobby haben.

Ein Angestellter der Kuppel namens Geoff kam und half mir, meine Laus aus dem Lagerraum zu holen. »Es tut mir fast ein bisschen leid«, sagte er mit einem Anflug von echter Rührung. »Ich habe immerhin eine Weile mit diesem Kerl zusammengearbeitet.« Er brachte das gute Stück wie vorgeschrieben zum Bearbeitungsschalter, wo eine Mitarbeiterin es mir abnahm und mir einen Zettel aushändigte. Sie erklärte mir, dass ich die Kreatur erst nach Abschluss der Auktion in ein paar Tagen mitnehmen dürfe. Vorschrift ist Vorschrift.

Ich kehrte ins Büro zurück, lauslos und in nachdenklicher Stimmung. Die ganze Versteigerung hatte sich angefühlt wie ein öffentliches Eingeständnis der Niederlage und damit wie ein angemessenes Ende der ganzen Geschichte: traurig, aber auch lustig und vor allem: angemessen. Die traurige Geschichte des Millennium Dome wird wohl am besten von Dan Howland auf den Punkt gebracht, einem Experten für Messegelände und Vergnügungsparks, der sie in einer Monografie mit dem Titel *Dome and Domer* wie folgt zusammenfasst:

> Vom Augenblick seiner Eröffnung an war klar, dass der Millennium Dome einer der größten und spektakulärsten Misserfolge der Ausstellungsgeschichte überhaupt werden würde. Er war sowohl bei der Presse als auch beim Publikum unbeliebt, er war unzugänglich, schlecht durchdacht, schlecht geplant, schlecht verwaltet und einfach nur langweilig. Es wurde derart viel Geld für den Kuppelbau ausgegeben und im Laufe des Debakels immer noch mehr Geld hineingesteckt, dass die Karriere von Premierminister Tony Blair von der Labourpartei kurz vor dem Aus stand, während andere Labourfunktionäre ihre Karrieren gleich ganz in den Sand setzten. Die Geschichte des Millennium Dome ist eine Geschichte von echten Fehlern, schlechtem Design, Hybris, Dummheit, Gier und Korruption – aber vor allem ist es eine Geschichte einer so unfassbar monumentalen Scheußlichkeit, dass man fast von einer Art triefender Erhabenheit sprechen könnte.

Es ist unnötig, hier jeden Fehler einzeln aufzuzählen. Zu den berühmtesten Pannen gehört die Eröffnungsfeier am Silvesterabend 1999, bei der Tausende von geladenen Gästen, darunter einflussreiche Politiker und Redakteure überregionaler Zeitungen, stundenlang im Freien zittern mussten, bis sie nach dem Einsatz einer hoffnungslos unzureichenden Anzahl von Metalldetektoren endlich in die Kuppel geschleust werden konnten; die Bombendrohung, die beinahe zur Evakuierung des Gebäudes in jener Nacht geführt hätte, und der versuchte Raubüberfall später im selben Jahr, bei dem sich eine Diebesbande mit einem Bagger den Weg nach drinnen bahnte und den Plan, den zweitgrößten lupenreinen Diamanten der Welt zu stehlen, den sie dort vermutete, mindestens zur Hälfte unbehelligt durchführen konnte. (Streng genommen war das kein Tiefpunkt, da der Raub ja vereitelt wurde: Ein Informant hatte die Polizei alarmiert, die den Diamanten durch eine Kopie ersetzt hatte und auf der Lauer lag.) Die Probleme hatten jedoch schon viel früher begonnen: In den Jahren vor der Jahrtausendwende hatten viele leitende Mitarbeiter und Berater des Projekts gekündigt, und mehrere Geschäftsführer waren gefeuert worden. Einer von ihnen erzählte später einem Parlamentsausschuss, dass der ranghöchste Mitarbeiter des Dome kurz vor Anbruch des Jahres 2000 am Rande des Nervenzusammenbruchs gestanden habe, sodass er gezwungen gewesen sei, ein Team von Beratern einzustellen. Der Kuppelbau war so riesig, dass er 18 000 Doppeldeckerbusse aus London fassen konnte, wie uns mitgeteilt wurde. Die Kommentatoren waren sich jedoch einig, dass es weitaus besser gewesen wäre, die mehr als 800 Millionen Pfund, die das Projekt verschlungen hatte, für den Kauf einer großen Menge von Doppeldeckerbussen auszugeben.

Mit anderen Worten: Der Millennium Dome hätte kaum eine größere Katastrophe sein können. Und doch hat er auch gezeigt, wie sehr das Scheitern die Menschen einander näherbringen kann. Bei der Versteigerung herrschte eine überraschend ausgelassene Stimmung, die nicht nur die Schadenfreude der Journalisten widerspiegelte, sondern auch eine Haltung, die die Geschichte der Kuppel von Anfang an begleitet zu haben schien: eine Art öffentliche und liebevolle Umarmung des Unterfangens in all seiner Erfolglosigkeit. »Sie ist ein Andenken an ein nationales Desaster«, erklärte mir ein Besucher auf meine Frage nach dem Grund seines Besuches der Auktion. »Das ist doch eine sehr britische Sache, nicht wahr?« In den Monaten nach der Auktion, als Politiker und Journalisten darüber diskutierten, was aus dem nun leeren Kuppelbau werden sollte, hat die Kolumnistin Ros Coward diese bittersüße britische Vorliebe für das Scheitern dieses Unterfangens sehr treffend beschrieben. Es war nicht so sehr die Freude über das Unglück anderer, sondern vielmehr ein verdrehter Stolz darauf, zu der Nation zu gehören, die die ganze Millennium-Dome-Sache in den Sand gesetzt hatte:

> Das Markenzeichen der Kuppel ist klar: Desaster. Das ganze Ding schreit förmlich danach, als riesengroße Dummheit ausgeschlachtet zu werden, als ungeheuer unterhaltsames Sinnbild für Wirrwarr, Größenwahn und schlichten Unsinn … Wir haben das Gebäude, das wir so hassen, lieb gewonnen, diese große Dummheit mit ihrem großen Unterhaltungswert beim Stolpern von der Krise in die Katastrophe. Irgendetwas daran entspricht dem britischen Nationalcharakter. Wir sind gut im Umgang mit Katastrophen, nehmen uns selbst nicht so ernst und freuen uns, wenn etwas albern und grandios danebengeht … Das ist der Schlüssel zur Zukunft unseres Landes. Es sollte ein Museum der Katastrophen und Dummheiten werden, eine Geschichte der zum Scheitern verurteilten Projekte, der dummen Unfälle.[8]

Dieser Vorschlag ist natürlich nie umgesetzt worden. Heute heißt der Kuppelbau o2-Arena und ist ein Konzertsaal, in dem gelegentlich Motivationsseminare in Stadiongröße abgehalten werden.

Ein paar Tage nach der Auktion kehrte ich nach Greenwich zurück, um meine Filzlaus abzuholen, aber sie war nirgends zu finden. Der Angestellte der Kuppel, der mir bei der Suche half, war zerknirscht, aber nicht überrascht. Selbst der Versuch, den Inhalt der Kuppel zu veräußern, wurde zum Fehlschlag. In den folgenden Jahren erhielt ich von der Wirtschaftsprüfungsgesellschaft PricewaterhouseCoopers, die den Konkurs abwickelte, dann und wann einen Brief, in dem mir mitgeteilt wurde, dass ich eines Tages – vermutlich nachdem wichtigere Gläubiger entschädigt worden waren – die 100 Pfund meiner Zeitung zurückbekommen würde.

Darauf warte ich bis heute.

Diese halbe Akzeptanz des Scheiterns ist, wie Coward andeutet, etwas, das die Briten selbst gern als typisch britisch betrachten. Wir feiern Kapitän Scotts gescheiterten und tödlichen Versuch, als Erster den Südpol zu erreichen; wir schätzen den Geist der Evakuierung von Dünkirchen mehr als den Triumph des Sieges. »All jenen, die schreckliche Bücher über den Erfolg veröffentlicht haben«, schrieb der (britische) Journalist Stephen Pile 1979 in seinem Bestseller (jedenfalls in Großbritannien) *The Book of Heroic Failures,* »widme ich dieses schreckliche Buch, das davon handelt, dass es vollkommen in Ordnung ist, inkompetent zu sein … einfach, weil ich es selbst bin und alle, die ich kenne, auch.« Für erfolgsorientierte US-Amerikaner mag diese Vorliebe für das Scheitern wie etwas Exzentrisches, typisch Europäisches erscheinen, das häufig auf den Niedergang des British Empire zurückgeführt wird. »Es ist nicht gerade amerikanisch, über das Scheitern nachzugrübeln«, schreibt der Journalist Neil Steinberg.[9] »In Europa, wo jede Nation irgendwann einmal das Ziel hatte, zu echter Größe zu kommen – nur, um diesen Vorsatz ad absurdum zu führen, indem sie riesige Paläste mit Blattgold überzogen und reihenweise Fabergé-Eier in Auftrag gaben –, ist das anders. England hatte sein Imperium, Spanien seine Armada, Frankreich seinen Napoleon, Deutschland seinen unaussprechlichen Höhepunkt. Sogar Belgien hatte einen Moment des Ruhms – auch wenn seit dem Tod Karls des Kühnen im Jahr 1477 alles nicht mehr so ist wie früher. In diesen Nationen sind die Erinnerungen an einstige Größe und die bittere Analyse des Scheiterns so ziemlich das Einzige, was die Leute noch mit ihnen verbindet. Was meinen Sie, warum es dort so viele Pubs und Straßencafés gibt?«

Aber wir sollten die Akzeptanz des Scheiterns dennoch nicht als kulturspezifische Eigenart abtun, denn im Zusammenhang mit dem »negativen Weg« zum Glück gibt es darüber sehr viel mehr zu sagen. Wir haben bereits gesehen, dass die Bereitschaft zum Scheitern und zur Analyse vergangener Misserfolge für das Verständnis von Leistung und Erfolg entscheidend sein kann. Zutiefst kontraintuitiv ist dagegen zunächst, dass die Annahme des Scheiterns als Scheitern für sich genommen glücklich macht – und also mehr ist als ein bloßes Mittel zum Erfolg: dass es sich einfach besser anfühlt, das Scheitern zu begrüßen, als ständig dagegen anzukämpfen.

Im Scheitern liegt eine Offenheit und Ehrlichkeit, ein bodenständiges Zusammentreffen mit der Realität, das auf den Höhen des Erfolgs nicht zu haben ist. Etwas sehr Beeindruckendes – wie der Dome es hätte werden sollen: »ein Leuchtfeuer für die Welt«, wie Tony Blair einst allzu optimistisch prophezeite – ist immer eine Art Barriere. Von etwas beeindruckt zu sein bedeutet, sich in der Anwesenheit von etwas zu befinden, das sich von einem selbst unterscheidet und das besser ist als man selbst. Das Scheitern hingegen lässt diese Grenzen verschwinden und zeigt die Fehlbarkeit derjenigen, die sonst versuchen, sich so darzustellen, als wären sie immun gegen Niederlagen. Es reduziert die Menschen auf menschliches Maß. Die Verwundbarkeit, die durch das Scheitern zutage tritt, kann Empathie und Gemeinschaftlichkeit fördern. Als Sie erfuhren, dass die Menschen, die den Dome betrieben, am Rande des emotionalen Zusammenbruchs standen, fühlten Sie sich ihnen eher mehr oder eher weniger verbunden? Die Antwort ist sicherlich: mehr. Wäre der Kuppelbau ein triumphaler Erfolg geworden, wären die besonderen Gespräche, die ich mit den Mitarbeitern geführt habe, niemals zustande gekommen. Sie wären abweisend und vorsichtig gewesen, und man hätte sie angewiesen, nicht mit den Medien zu kommunizieren, es sei denn, um die Marke aufzupolieren. »Psychologisch gesehen ist das wohl gesund«, sagte ein Sicherheitsmann, der vier lebensgroße Schaufensterpuppen in OP-Kleidung bewachte, die später für 320 Pfund verkauft werden sollten. »Wir sind zur Beerdigung gekommen, wir haben den Toten begraben, und nun trauern wir.« Das Scheitern ist eine Erleichterung. Endlich kann man sagen, was man denkt.

Dennoch kann es unglaublich schwerfallen, eine solche Haltung gegenüber dem eigenen Scheitern einzunehmen. Wie Christopher Kayes' Begriff der »Goalodicy« (»Zieldentität«) andeutet, machen wir unsere Ziele allzu oft zu einem Teil unserer Identität, sodass das Scheitern zu einer Bedrohung all dessen wird, was wir sind. Oder, wie Albert Ellis es verstand: Wir stürzen uns auf ein gewünschtes Ergebnis – zum Beispiel, eine glückliche Ehe einzugehen oder einen erfüllenden Beruf zu ergreifen – und erheben es zu einem Ziel, von dem wir glauben, es erreichen zu *müssen*, wodurch ein Scheitern nicht nur traurig, sondern katastrophal wird. Um es in den buddhistischen Ausdrücken von Anhaftung und Nichtanhaftung zu sagen: Wir haften dem Erfolg an.

Die skizzierten kontraproduktiven Denkweisen über das Scheitern manifestieren sich am deutlichsten im Phänomen des Perfektionismus. Auf diese Eigenschaft sind viele Menschen insgeheim – oder auch nicht so insgeheim – schon deshalb stolz, weil sie kaum wie eine Charaktereigenschaft wirkt, und doch ist Perfektionismus im Grunde nichts anderes als das von Angst getriebene Bestreben, die Erfahrung des Scheiterns um jeden Preis zu vermeiden. In seiner extremen Ausprägung ist der Perfektionismus eine anstrengende und auf Dauer sehr belastende Lebenseinstellung. (Untersuchungen haben ergeben, dass Perfektionismus stärker mit Suizid verkoppelt ist als das Gefühl der Hoffnungslosigkeit.) Die Erfahrung des Scheiterns voll und ganz anzunehmen und sie nicht nur – als Sprungbrett zum Erfolg – zu tolerieren bedeutet, dass man aufhört, sich permanent anzustrengen, um jeden Fehltritt zu vermeiden. Es bedeutet, sich zu entspannen. »Der Ruin«, schreibt die amerikanische Zen-Buddhistin Natalie Goldberg, »bringt uns auf den Boden der Tatsachen zurück, zu den Dingen, so, wie sie sind, ganz ohne Glitzer. Erfolg kann nicht ewig andauern. Für uns alle läuft einmal die Zeit ab.«[10] Sie fährt fort: »Erfolg verfestigt uns. Wir fühlen uns unbesiegbar und wollen immer mehr.« Um die Dinge so zu sehen und zu fühlen, wie sie wirklich sind, »müssen wir abstürzen. Nur dann können wir zu einem authentischeren Selbst durchdringen. Das ist der tiefere Ort, von dem aus Zen seine Wirkung entfaltet. Es geht hier um eine andere Art der Niederlage: um das große Scheitern, die grenzenlose Hingabe. Wir haben nichts zum Festhalten und nichts zu verlieren.«

Zum Glück ist es möglich, diese Einstellung zum Scheitern zu kultivieren, ohne die seltenen Höhen der buddhistischen Erleuchtung zu erreichen. Die Arbeiten der Psychologin Carol Dweck von der Stanford University legen nahe, dass die Art und Weise, wie wir das Scheitern erleben, in hohem Maße davon abhängt, welche impliziten Überzeugungen über Talent und Leistungsfähigkeit wir pflegen – was bedeutet, dass wir uns vielleicht auch einfach selbst in Richtung einer gesünderen Einstellung schubsen können.

Dweck zufolge lässt sich jeder von uns irgendwo auf einem Kontinuum einordnen, je nachdem, welche »implizite Ansicht« – oder unausgesprochene Einstellung – wir darüber haben, was Talent ist und woher es kommt. Diejenigen, die einer »Theorie der Festgelegtheit« folgen, gehen davon aus, dass unsere Fähigkeiten angeboren sind; diejenigen, die an eine »Theorie des Wachsens« glauben, sind überzeugt, dass sich unsere Fähigkeiten durch Herausforderungen und harte Arbeit entwickeln. Wenn Sie zu den Menschen gehören, die sich sehr bemühen, die Erfahrung des Scheiterns zu vermeiden, sind Sie wahrscheinlich eher am Ende des dweckschen Kontinuums anzusiedeln. Menschen mit einer »Theorie der Festgelegtheit« betrachten Herausforderungen als Gelegenheiten, bei denen sie ihre angeborenen Fähigkeiten unter Beweis stellen müssen, und empfinden Misserfolge als besonders schrecklich: Für sie sind sie der Versuch zu zeigen, wie man ist, und der Beweis dafür, dass man den Anforderungen nicht gewachsen war. Das klassische Beispiel für eine Person mit einer »Theorie der Festgelegtheit« ist der junge Sportstar, der dazu ermutigt wird, sich für ein »Naturtalent« zu halten – der dann aber nicht genügend trainiert, um sein Potenzial auszuschöpfen. Wenn Talent angeboren ist, so seine unausgesprochene Argumentation, warum sich dann die Mühe machen?

Menschen mit der »Theorie des Wachsens« sind anders. Wegen ihrer Überzeugung, dass sich Fähigkeiten durch die Bewältigung von Herausforderungen entwickeln, hat die Erfahrung des Scheiterns für sie eine ganz andere Bedeutung: Sie ist ein Beweis dafür, dass sie an ihre derzeitigen Grenzen gehen. Würden sie das nicht tun, würden sie nicht scheitern. Die entsprechende Analogie ist das Krafttraining: Muskeln wachsen, indem sie an die Grenzen ihrer derzeitigen Kapazität gebracht werden, wo Fasern reißen und sich neu bilden. Unter Gewichthebern ist das »Training bis zum Versagen« nicht das Eingeständnis einer Niederlage – sondern eine Strategie.

Erfreulicherweise zeigen Dwecks Studien, dass wir nicht ein Leben lang an einer bestimmten Denkweise festhalten müssen. Die »Theorie der Festgelegtheit« ist nämlich (was erst einmal ein bisschen paradox klingt) selbst nicht festgelegt, sondern kann auf die »Wachstumsseite« des Kontinuums verschoben werden. Manche Menschen können ihre Einstellung schon dadurch ändern, dass sie sich mit dem Unterschied zwischen »festgelegt« und »wachsend« vertraut machen. Bei Misserfolgen lohnt es sich, darüber hinaus an Folgendes zu denken: Wenn Sie das nächste Mal bei einer Prüfung durchfallen oder eine soziale Situation falsch angehen, denken Sie immer daran, dass das überhaupt nur passieren konnte, weil Sie an die Grenzen Ihrer bisherigen Fähigkeiten stoßen – wodurch sie sie langfristig ausweiten. Wenn Sie Ihre Kinder zu einer wachstumsbasierten Einstellung ermutigen wollen, so Dwecks Rat, achten Sie darauf, dass Sie sie für ihre Bemühungen und nicht für ihre Intelligenz loben. Wenn Sie sich auf Letzteres konzentrieren, wird das die Theorie der Festgelegtheit wahrscheinlich stärken, sodass Ihre Kinder in Zukunft weniger bereit sein werden, das Risiko eines Misserfolgs einzugehen. Die auf Wachstum konzentrierte Denkweise ist dagegen diejenige, die am ehesten zum Erfolg führt – aber im Kern geht es hier darum, dass eine auf Wachstum fokussierte Denkweise auch dann ein glücklicheres Leben ermöglicht, wenn sie nie zu einem besonders herausragenden Erfolg führt. Sie erlaubt es, den stressigen und ermüdenden Kampf des Perfektionismus aufzugeben: Das Ganze ist eine Win-win-Situation, die nur eine einzige Voraussetzung hat: die Bereitschaft, aus vollem Herzen zu scheitern.

Interessanterweise waren wir Menschen früher viel eher bereit, auf diese Weise über das Scheitern nachzudenken. Vor dem 19. Jahrhundert, so der Historiker Scott Sandage, hörte man das Wort »Scheitern« (bezogen auf Personen) nur selten. Bestimmte Projekte, wie beispielsweise die Kandidatur für ein Amt oder eine Unternehmensgründung, konnten scheitern – die dahinterstehende Person hatte zwar Fehler gemacht, galt aber selbst nicht als Fehlschlag. Fehler konnten zweifellos deprimierend sein und manchmal sogar katastrophale Folgen haben. Aber sie führten nicht zur pauschalen Verurteilung eines ganzen Menschen.

Bei der Recherche für sein faszinierendes Buch *Born Losers* musste Sandage kreative Wege finden, um den »survivor bias« zu umgehen, der dafür sorgt, dass normalerweise nur Erfolgsgeschichten ihren Weg in die Archive finden. Genialerweise kam er auf die Idee, die Bettelbriefe zu untersuchen, die in den späten 1800er-Jahren an den Ölmagnaten John D. Rockefeller geschickt wurden. Die Durchsicht dieser und anderer Quellen bestärkte Sandage in seiner Vermutung, dass die Vorstellung, ein *Mensch* könne ein »Fehlschlag« sein, eine direkte Folge des zu dieser Zeit immer dominanter werdenden kapitalistischen Unternehmertums war. Ein entscheidender Schritt, so Sandage, war dabei das Aufkommen von Rating-Agenturen, deren Aufgabe darin bestand, über Personen zu urteilen, die bei Banken einen Kredit beantragten, um den Banken dabei zu helfen, das Risiko einzuschätzen, das sie mit der Vergabe eines Kredits eingehen würden. In einer immer stärker von ökonomischen Fragen bestimmten Gesellschaft konnte mangelnde Kreditwürdigkeit nur allzu leicht als Urteil über die ganze Person betrachtet werden. Sandage stellt sogar fest, dass mehrere moderne Redewendungen für die Beschreibung des moralischen Wertes einer Person aus der Rating-Sprache stammen, wie zum Beispiel »Nichtsnutz« und »ersten Ranges«. Das Scheitern, schreibt er, wurde von einem Schlagloch im Leben zu einem Augenblick, in dem »die Geschichte endet«. Ab der Mitte des 19. Jahrhunderts wurde das Scheitern »nicht mehr nur als eine Katastrophe betrachtet, die die Lebensgeschichte eines Menschen bereicherte, sondern als etwas, das ein Leben zum Stillstand brachte, indem die Zukunft verschwand«.

Kurz gesagt, das Scheitern wurde zunehmend als eine Art Tod betrachtet. Die radikalsten Fürsprecherinnen für die Akzeptanz des Scheiterns, wie Natalie Goldberg, vertreten dagegen die Ansicht, dass Scheitern genau das Gegenteil des Todes ist: nämlich der Weg zu einem viel lebendigeren, raueren und intensiver erlebten Leben.

Die meisten im konventionellen Sinne erfolgreichen Menschen, die die Vorteile des Scheiterns stark machen, vertreten eine weitaus weniger radikale Ansicht als Goldberg; in ihren Erzählungen ist das Scheitern lediglich ein

Mittel zum sich irgendwann doch verwirklichenden Zweck des Erfolgs. Eine seltene Ausnahme ist J. K. Rowling, die unfassbar erfolgreiche Autorin der *Harry Potter*-Romane, die 2008 an der Harvard-Universität eine berühmt gewordene Abschlussrede zum Thema Scheitern hielt. Natürlich kann man nicht mit Sicherheit sagen, wie Rowling über das Scheitern denken würde, wenn es nicht am Anfang ihres spektakulären Erfolgs gestanden hätte. Aber sie vermittelte den deutlichen Eindruck, dass sie auch dann so empfunden hätte, wenn sie unbekannt, arm und kreativ unerfüllt geblieben wäre. Ihre Worte decken sich mit den Erkenntnissen des Stoizismus, des Buddhismus und anderer Denkrichtungen über die Vorteile des negativen Wegs, und sie sollen hier deshalb ausführlich zitiert werden:

> Ich denke, man kann mit Fug und Recht behaupten, dass ich nur sieben Jahre nach meinem Schulabschluss auf ganzer Linie gescheitert war. Meine außergewöhnlich kurze Ehe war in die Brüche gegangen, ich war arbeitslos, alleinerziehend und so arm, wie man es im modernen Großbritannien oberhalb der Obdachlosigkeit nur sein kann. Meine eigenen Befürchtungen und die meiner Eltern hatten sich bewahrheitet, und allen üblichen Maßstäben zufolge war ich selbst die größte Verliererin, die ich je getroffen hatte. Ich stelle mich jetzt nicht hin und behaupte, dass Scheitern Spaß macht. Es war eine dunkle Zeit in meinem Leben, und ich ahnte nicht im Geringsten, dass es zu dem kommen würde, was in den Medien seitdem als märchenhaftes Happy End dargestellt wird. Ich wusste damals natürlich nicht, wie tief das Tal sein würde … Warum also spreche ich über die Vorteile des Scheiterns? Ganz einfach, weil

das Scheitern bedeutete, das Unwesentliche abzuschütteln. Ich hörte auf, mir vorzumachen, ich sei etwas anderes, als ich war, und ich begann, meine ganze Energie darauf zu richten, die einzige Arbeit zu vollenden, die mir wirklich etwas bedeutete … Weil meine schlimmsten Ängste sich bewahrheitet hatten und ich immer noch am Leben war, war ich wie befreit. [Das Scheitern] ermöglichte mir eine innere Sicherheit, zu der ich durch das Bestehen von Prüfungen niemals gefunden hätte … Diese Art von Wissen ist also trotz allen Schmerzes ein wirkliches Geschenk, und es war für mich tausendmal kostbarer als jeder Abschluss.

8

Memento mori

Der Tod als Lebensweise

Wenn ich mein Leben hinter mir hätte, würde ich es mir zur Gewohnheit machen, mich jeden Abend mit dem Tod zu beschäftigen. Ich würde sozusagen das Erinnern an den Tod üben … ohne ein allgegenwärtiges Gefühl für den Tod ist das Leben fade. Man könnte sich genauso gut ausschließlich von dem Weißen in Eiern ernähren.
Inspektor Mortimer in Muriel Sparks *Memento Mori*

In einer Passage des 200 000 Zeilen umfassenden spirituellen Epos *Mahabharata* aus Indien wird der Kriegerprinz Yudhisthira von einem Naturgeist am Ufer eines Sees über den Sinn des Daseins befragt, wobei solche Befragungen im *Mahabharata* ständig vorkommmen. »Was ist auf der ganzen Welt am wunderlichsten?«, will der Geist wissen. Yudhisthiras Antwort ist zu einer der bekanntesten Zeilen des Epos geworden: »Das Wunderlichste auf der Welt ist, dass der Mensch sich für unsterblich hält, obwohl jeden Tag zahllose Geschöpfe in den Tod gehen.«

»Wunderlich« ist eine gute Formulierung. Wir haben

immer wieder gesehen, dass der bloße Wunsch, bestimmte Gedanken nicht zu denken oder bestimmte Gefühle nicht zu empfinden, nicht ausreicht, um sie zu beseitigen. Das ist der Grund, warum in Daniel Wegners »Eisbären-Experiment« kein Mensch der Aufgabenstellung gewachsen ist, warum positives Denken so häufig dazu führt, dass man sich schlechter fühlt, und warum es fast immer besser ist, sich den schlimmsten Szenarien zu stellen, als so zu tun, als könnten sie nicht eintreten. Verblüffenderweise ist aber die Sterblichkeit eine Ausnahme von dieser Regel. Der Tod ist allgegenwärtig, unausweichlich und auf einzigartige Weise schockierend. Doch solange er uns nicht unmittelbar trifft – durch einen akuten Trauerfall, eine lebensbedrohliche Krankheit oder einen knapp überlebten Unfall –, gelingt es vielen von uns, den Gedanken an die eigene Sterblichkeit über Monate, ja sogar Jahre zu vermeiden. Je mehr man darüber nachdenkt, desto merkwürdiger erscheint es. Wir schaffen es, uns Tag für Tag wegen irgendwelcher kleinen Probleme in der Familie oder bei der Arbeit selbst leidzutun. Doch über das größte aller Probleme machen wir uns meist keine Gedanken. »Im Grunde«, schrieb Freud – wie immer etwas pauschal, aber in diesem Fall überzeugend –, »glaubt niemand an seinen eigenen Tod.«[1]

Diese offene Nonchalance im Angesicht der menschlichen Endlichkeit wirkt noch seltsamer, wenn man bedenkt, dass der Tod zwar ständig Thema ist, aber wir es irgendwie schaffen, nie wirklich über ihn zu sprechen. Wer liest schon diese Zeitschriftenartikel, in denen hundert Dinge aufgelistet sind, die man tun sollte, bevor man stirbt – Orte, die man bereisen sollte, Lebensmittel, die man essen sollte, Platten, die man hören sollte –, und schenkt dem »Bevor man stirbt«-Teil überhaupt irgendwelche Aufmerksamkeit? Und denen, die es tun, entfährt mit großer Wahrscheinlichkeit ein Aufschrei existenzieller Verzweiflung: »Wozu soll ich mir die Mühe machen, wenn ich am Ende sowieso sterbe?« (Existenzielle Verzweiflung ist natürlich nicht die Reaktion, die ein Zeitschriftenredakteur normalerweise bei seinen Leserinnen und Lesern hervorrufen möchte.) Wir sind fasziniert von fiktiven Mordfällen, aber der »Mord« in einem Krimi hat meist kaum etwas mit der Realität des Todes zu tun. Selbst reale Todesfälle in Nachrichtensendungen können Entsetzen, Mitgefühl oder Empörung auslösen, ohne dass der Betrachter auch nur eine Sekunde darüber nachdenkt, dass ihn in ein paar Jahrzehnten im Großen und Ganzen das gleiche Schicksal erwartet. Der Gedanke, dass wir beschließen, in einem ganz persönlichen Sinne über unsere eigene Sterblichkeit nachzudenken, sie zu einem alltäglichen Gesprächsthema zu machen, erscheint uns geradezu lustig – als Witz, auf dem zum Beispiel in Woody Allens Film *Liebe und Tod* von 1975 fast die gesamte Komik beruht:

BORIS: Das Nichts. Nichtsein. Schwarze Leere.
SONJA: *Was hast du gesagt?*
BORIS: Ach, ich habe nur meine Zukunft geplant.

Eine der überzeugendsten Erklärungen dieses psychologischen Rätsels ist nach wie vor die von Ernest Becker im Jahr 1973 in seinem Hauptwerk *Die Überwindung der Todesfurcht* vorgelegte. (Eine andere todessüchtige Woody-Allen-Figur, Alvy Singer, versucht in *Der Stadtneurotiker* mit einer Ausgabe dieses Buches die Titelheldin Annie Hall herumzukriegen.) Becker wurde 1924 in Massachusetts geboren; als Wehrpflichtiger lernte er schon in jungen Jahren die Schrecken des Todes kennen und half bei der Befreiung eines nationalsozialistischen Konzentrationslagers, als er gerade erst 21 Jahre alt war. Dass wir uns nicht ernsthaft mit unserer Sterblichkeit auseinandersetzen, ist für Becker kein Zufall oder Versehen: Seiner Argumentation zufolge denken wir gerade deshalb nicht über den Tod nach, *weil* er so erschreckend und bedeutend ist. »Der Gedanke an den Tod, die Angst vor ihm verfolgt das menschliche Tier wie kein anderer«, lautet der erste Satz seines Buches. Doch die Folge davon ist, dass wir unser Leben der Verdrängung dieser Angst widmen und gewaltige psychologische Schutzmauern errichten, um die Konfrontation mit ihr zu vermeiden. Tatsächlich ist ein enormer Anteil aller menschlichen Aktivitäten nach Beckers Ansicht »weitgehend auf den Versuch ausgerichtet, den Tod in seiner Unausweichlichkeit zu vermeiden oder zu überwinden, indem wir auf irgendeine Weise leugnen, dass er das endgültige Schicksal des Menschen ist«.

Wir sind in der Lage, diese Leugnung aufrechtzuerhalten, erklärt er, weil wir sowohl ein physisches als auch ein symbolisches Ich besitzen. Und während es unvermeidlich ist, dass das physische Ich untergeht, ist das symbolische Ich – das in unserem Geist existiert – durchaus in der Lage, sich selbst davon zu überzeugen, dass es unsterblich ist. Die Beweise dafür lassen sich allerorten finden; sie sind sogar so allgegenwärtig, dass man sie übersehen könnte. Beckers Ansicht zufolge sind alle Religionen, alle politischen Bewegungen und nationalen Identitäten, alle geschäftlichen Unternehmungen, alle karitativen Aktivitäten und alle künstlerischen Bestrebungen nichts anderes als »Unsterblichkeitsprojekte«: verzweifelte Bemühungen, der Anziehungskraft des Todes auszuweichen. Wir sehnen uns danach, uns nicht als sterbliche Menschen, sondern als unsterbliche »Helden« zu sehen. Die Gesellschaft selbst ist im Wesentlichen ein

»kodifiziertes Heldensystem« – eine Struktur von Bräuchen, Traditionen und Gesetzen, die wir geschaffen haben, um uns als Teil von etwas zu fühlen, das größer und dauerhafter ist als ein bloßes Menschenleben. Dank unserer Fähigkeit, Symbole zu schaffen, schreibt Becker, »kann sich der einzelne Organismus in den Dimensionen von Raum und Zeit ausdehnen, ohne auch nur einen Körperteil zu bewegen; er kann die Ewigkeit in sich aufnehmen, selbst wenn er gerade röchelnd stirbt«. Aus dieser Perspektive verlassen sich nicht nur im konventionellen Sinne religiöse Menschen auf die Vorstellung eines Lebens nach dem Tod. Alle normal angepassten Menschen, ob religiös oder nicht, tun dies unbewusst – und »jede Gesellschaft ist somit eine ›Religion‹, ob ihr das nun bewusst ist oder nicht«. Für Becker ist psychische Krankheit eine Fehlfunktion der inneren Todesvermeidungsmaschinerie. Depressive Menschen sind depressiv, weil sie anders als die meisten anderen immer wieder daran scheitern, sich vor der Erkenntnis zu bewahren, dass sie in Wirklichkeit keine kosmisch bedeutsamen Helden sind – und dass sie in nicht allzu langer Zeit sterben werden.

Unsterblichkeitsprojekte mögen die Ursache für viel Gutes sein – große Architektur, große Literatur, große Taten der Philanthropie, große Zivilisationen –, aber nach Beckers Ansicht sind sie gleichzeitig auch die Ursache für das Allerschlimmste. Unser Drang, uns selbst für Helden zu halten, macht da keine Unterschiede. Auf ihn ist nicht nur zurückzuführen, warum wir uns im Sport, in der Politik oder im Handel miteinander vergleichen, sondern auch, warum wir Kriege führen. Der Krieg ist das ultimative Aufeinandertreffen rivalisierender Unsterblichkeitsprojekte: Wenn mein Unsterblichkeitsgefühl vom Triumph meiner Nation abhängt und Ihres vom Triumph Ihrer, kämpfen wir länger und härter, als wenn es uns nur um ein Territorium oder die Macht ginge. Der Philosoph Sam Keen schreibt in Anlehnung an Becker: »Wenn wir in der Wirtschaft oder auf dem Schlachtfeld Erfolg haben wollen, hat das oft weniger mit wirtschaftlichen Notwendigkeiten oder der politischen Realität zu tun als mit dem Bedürfnis, uns zu versichern, dass wir etwas von bleibendem Wert erreicht haben ... [Menschliche Konflikte] sind Kämpfe auf Leben und Tod – meine Götter gegen deine Götter, mein Unsterblichkeitsprojekt gegen dein Unsterblichkeitsprojekt.«[2] Mit anderen Worten: Wir kämpfen so sehr für den Erhalt unserer symbolischen Unsterblichkeit, dass wir dafür sogar unser physisches Leben opfern würden. Um den Tod zu leugnen, sterben wir. Schlimmer noch, wir bestreiten so lange, dass wir das tun, bis wir es nicht mehr leugnen können. »Einer der Hauptgründe, warum es so einfach ist, Männer in den Krieg zu schicken«, stellt Becker düster fest, »ist, dass jeder von ihnen tief im Inneren Mitleid mit dem Mann neben ihm hat, der bald sterben wird. Mithilfe dieser Fantasie schützt sich jeder so lange, bis er entsetzt bemerkt, dass er blutet.«

Wenn Becker recht hat, ist die »wunderliche« Tatsache, dass wir uns so verhalten, als wären wir unsterblich, gar nicht so wunderlich. Es ist nämlich nicht so, dass man einfach *versäumt,* über seine eigene Endlichkeit nachzudenken. Vielmehr ist das ganze Leben ein einziger unerbittlicher Versuch, dieses Nachdenken zu vermeiden – ein Kampf, der so existenziell ist, dass man ihn, anders als das »Eisbären-Problem«, fast immer bewältigen kann.

Einige Jahre nachdem *Die Überwindung der Todesfurcht* ein Bestseller geworden war, erkannten mehrere experimentierfreudige Psychologen, dass Beckers Spekulationen (und so überzeugend sie auch waren, es waren nur Spekulationen) leicht einer wissenschaftlicheren Prüfung unterzogen werden könnten. Wenn Becker recht hat, dass wir unser ganzes Leben damit verbringen, den Gedanken an unseren eigenen Tod zu verdrängen, dann müsste daraus folgen, dass Menschen, die explizit an ihre Sterblichkeit *erinnert* werden – die in der Sprache der Psychologieexperimente dazu »instruiert« werden, darüber nachzudenken –, sich instinktiv wehren, indem sie sich immer stärker an ihre den Tod verleugnenden Überzeugungen und Verhaltensweisen klammern. Diese Vermutung liegt einem Forschungsbereich zugrunde, der etwas unsubtil als »Terrormanagement-Theorie« bezeichnet wird und der in den vergangenen beiden Jahrzehnten zahlreiche überzeugende Beispiele dafür hervorgebracht hat, wie tief wir von unserer Todesverleugnung geprägt sind.

Eine typische Versuchsreihe zur Terrorbewältigung, die 2003 an der Rutgers University in New Jersey durchgeführt wurde,[3] verlief folgendermaßen: Zunächst wurde den Teilnehmerinnen und Teilnehmern zur Tarnung eine banale Geschichte erzählt, die plausibel machen sollte, warum sie als Probanden eingeladen worden waren – die Studie, so wurde ihnen mitgeteilt, »untersuche das Verhältnis von Persönlichkeitsmerkmalen und Meinungen zu gesellschaftlichen Fragen«. Die menschliche Vergänglichkeit wurde nicht erwähnt. Dann bat man sie, mehrere lange und größtenteils banale Fragebögen auszufüllen, die für alle Teilnehmerinnen und Teilnehmer identisch waren, abgesehen von zwei besonderen Fragen. Bei der einen Gruppe der Befragten bezogen sich diese beiden Fragen ebenfalls auf etwas Alltägliches: ihre Fernsehgewohnheiten. Die Fragen der anderen jedoch – der Mitglieder der sogenannten »Mortalitätssalienz«-Gruppe – drehten sich um den Tod. Eine davon lautete: »Beschreiben Sie bitte kurz die Gefühle, die der Gedanke an Ihren eigenen Tod in Ihnen auslöst.« Die andere Frage forderte die Befragten auf, »so genau wie möglich aufzuschreiben, was Ihrer Meinung nach mit Ihnen geschieht, während Sie physisch sterben und sobald Sie physisch tot sind«.

Dann kam ein zweiter Block, der sich um das eigentliche Ziel der Studie drehte. Die Teilnehmerinnen und Teilnehmer sollten einen kurzen Text lesen, in dem die Außenpolitik von George Bush ausdrücklich befürwortet wurde, und dann entscheiden, inwieweit sie damit übereinstimmten. »Persönlich«, so hieß es in dem Aufsatz, »befürworte ich die Maßnahmen von Präsident Bush und den Mitgliedern seiner Regierung, die im Irak mutig gehandelt haben. Ich schätze die Weisheit unseres Präsidenten hinsichtlich der Notwendigkeit, Saddam Hussein zu entmachten... Wir müssen hinter unserem Präsidenten stehen und dürfen uns nicht von Bürgern ablenken lassen, die alles andere als patriotisch sind.«

In Experimenten zur Terrorbekämpfung zeigt sich immer wieder, dass Menschen, die in diesen Zustand der »Mortalitätssensibilität« versetzt wurden – also aufgefordert wurden, über den Tod nachzudenken –, eine deutlich andere Haltung zeigen als diejenigen, die dazu keinen Anlass hatten. Die Antworten dieser Gruppe stützen die Hypothese, dass sie auf die Erinnerung, dass sie sterben werden, so reagieren, dass sie noch entschlossener an ihren Unsterblichkeitsprojekten festhalten. Christen werden noch feindseliger gegenüber Juden.[4] Moralisten werden um einiges moralischer.[5] Wenn es um Geld geht, sind die Menschen weniger bereit, zu teilen und zu vertrauen, und mehr darauf bedacht, so viel Reichtum wie möglich zu horten. Und als man im Jahr 2003 die Probanden in Rutgers fragte, inwieweit sie die Ansichten des Aufsatzes über Präsident Bush teilten, waren diejenigen im Zustand der »Mortalitätssalienz« deutlich eher bereit, der kriegsbefürwortenden Rede des Autors zuzustimmen. Auch andere Studien haben gezeigt, dass im Zustand der »Mortalitätssalienz« autoritäre Persönlichkeiten gegenüber »beziehungsorientierten« bevorzugt werden. Auch im wirklichen Leben hat Bush stark von Mortalitätssalienz-Effekten profitiert. Die Terroranschläge vom 11. September 2001 hätten wie eine extreme Version der Todesfragen in einem Fragebogen zur Terrorbekämpfung gewirkt und jeden, der die Nachricht hörte, aufgeschreckt und zu der Erkenntnis gebracht, dass auch er an einem gewöhnlichen Morgen ins Büro gehen und sterben könnte. »Es ist [die Angst], die die Menschen so willig macht, solchen forsch auftretenden, stark erscheinenden Demagogen mit festem Kiefer und lauter Stimme zu folgen«, schrieb Becker – Anführern, »denen man am ehesten zutraute, die Welt vom Unbestimmten, Schwachen, Ungewissen und Bösen zu säubern. Ach, sich ihrer Führung zu überlassen – welche Beruhigung, welche Erleichterung!«

Die Bedeutung der menschlichen Endlichkeit macht sich noch auf andere, manchmal überraschende Weise bemerkbar. So reagierten Versuchspersonen, die zum Nachdenken über den Tod angeregt wurden, bei Gesprächen über menschliche Körperausscheidungen mit intensiverem Ekel.[6] Aussagen wie »Wenn ich jemanden kotzen sehe, wird mir schlecht« stimmten sie entschiedener zu. Es ist außerdem wahrscheinlicher, dass sie bestimmte ausgedachte Szenarien, in denen man zum Beispiel Maden auf einem Stück Fleisch entdeckt, als »sehr ekelhaft« einstufen. Solche Reaktionen zeigen Forschern zufolge, dass die Teilnehmerinnen und Teilnehmer Schwierigkeiten haben, sich gegen den Hinweis auf die eigene »Kreatürlichkeit« abzugrenzen – also gegen die Tatsache, dass sie (wie alle anderen Tiere auch) körperlich sterblich sind. »Ekel«, so heißt es in einer dieser Studien, »ermöglicht es dem Menschen, sich über andere Tiere zu erheben und den Gedanken an den Tod auf diese Weise abzuwehren.«[7] (Diese Reaktion auf menschliche Endlichkeit könnte nach Beckers Logik auch dazu beitragen, die Tabus einiger Kulturen gegenüber menstruierenden Frauen zu begreifen und zu erklären, warum Stuhlgang und Urinieren fast überall als etwas sehr Privates empfunden werden.) Es zeigt sich, dass Menschen, die sich in einem Zustand der Endlichkeitssensibilität befinden, auch viel eher mit der Theorie des »intelligenten Designs« sympathisieren,[8] vielleicht aus ähnlichen Gründen: Wenn man sich selbst davon überzeugen kann, dass das Leben nicht zufällig aus einem sinnlosen Ursumpf entstanden ist, fällt es leichter zu glauben, dass es auch nicht in sinnloser Auslöschung enden wird.

Wenn man all das bedenkt, klingt die Behauptung unglaubwürdig, es könne *vorteilhaft* sein, das Bewusstsein der eigenen Endlichkeit stärker in den Alltag zu integrieren. Zum einen deutet Beckers Argumentation darauf hin, dass die Verleugnung des Todes viel zu tief in uns verwurzelt ist, als dass wir jemals hoffen könnten, sie zu überwinden. Wenn sie außerdem das ist, was zahlreiche außergewöhnliche Leistungen des Menschen überhaupt erst ermöglicht: Will man die Verdrängung dann überhaupt überwinden? Doch seit der Zeit der alten Griechen haben radikale Denker den Standpunkt vertreten, dass ein Leben, das vom Bewusstsein der eigenen Sterblichkeit durchdrungen ist – und zwar als alltägliche Gewohnheit und nicht nur, wenn uns der Tod unmittelbar begegnet –, viel reicher sein könnte. Mit Sicherheit aber ehrlicher. Der Tod ist eine Tatsache des Lebens, wie sehr wir auch versuchen, das zu leugnen.

Der »Kult des Optimismus« dagegen, der so stark auf das positive Denken um jeden Preis fokussiert ist, kann selbst als eine Art »Unsterblichkeitsprojekt« betrachtet werden – eine Zukunftsvision von Glück und Erfolg, die angeblich so mächtig und allumfassend ist, dass sie es irgendwie schafft, den Tod zu überwinden. Anhänger des positiven Denkens legen zwar Lippenbekenntnisse über das Bewusstsein der Endlichkeit des menschlichen Lebens ab, indem sie predigen, »jeden Tag so zu leben, als wäre es der letzte«, aber das ist bei ihnen in der Regel nicht mehr als ein Motivationstrick: ein Ansporn, sich aufzuraffen und seinen Ehrgeiz in die Tat umzusetzen. Wenn aber dieser Ehrgeiz sich selbst nur wieder auf andere Unsterblichkeitsprojekte richtet, sind wir einem Leben im Bewusstsein des Todes nicht wirklich näher gekommen.

Ernest Becker selbst ist der eigenen Sterblichkeit tragischerweise sehr früh begegnet: Ein Jahr vor der Veröffentlichung von *Die Überwindung der Todesfurcht* wurde bei ihm im Alter von 47 Jahren Darmkrebs diagnostiziert. Zwei Jahre später besuchte ihn Sam Keen an einem regnerischen Februartag im Jahr 1974 in einem Krankenhaus in Vancouver, buchstäblich auf dem Sterbebett. Keen war gekommen, um mit Becker ein Interview für *Psychology Today* zu führen. »Nun«, sagte Becker zu ihm, »jetzt haben Sie die Gelegenheit zu überprüfen, ob ich so gelebt habe, wie ich gedacht habe.«[9] Er habe nur ein Minimum an schmerzstillenden Medikamenten verlangt, erklärte er, um in den letzten Begegnungen mit seiner Familie und in seinem Sterben »klar« zu bleiben. Der Verleugnung des Todes möge sich die gesamte menschliche Zivilisation verdanken, aber es sei deshalb noch lange nicht die beste Art und Weise, wie ein einzelner Mensch mit seinem eigenen Tod umgehen könne, so

Becker. »Allmählich und widerstrebend«, schrieb Keen später, »beginnen wir anzuerkennen, dass die bittere Medizin, die [Becker] uns verschreibt – dem Schrecken unseres eigenen Todes ins Auge zu blicken –, paradoxerweise zur Tinktur wird, die unserer Sterblichkeit Süße verleiht.«[10] Das Interview wurde im März, einen Monat nach der Begegnung der beiden, veröffentlicht. Wenige Tage danach starb Becker.

Der Gedanke, dass wir mehr Zeit damit verbringen sollten, über den Tod nachzudenken, mag schwer zu verdauen sein, aber es gibt einige starke und pragmatische Argumente, die tatsächlich dafürsprechen. Nehmen wir zum Beispiel die stoische Technik der »gedanklichen Vorwegnahme zukünftiger Übel«. Der Tod wird kommen, würde Seneca sagen, und deshalb ist es besser, sich geistig darauf vorzubereiten als plötzlich schockartig zu erkennen, dass er unmittelbar bevorsteht. So oder so sind unsere unbewussten Bemühungen, nicht an den Tod zu denken, nie vollkommen erfolgreich: Lange bevor der eigene Tod zur Wahrscheinlichkeit wird, wird man gelegentlich von jener nächtlichen Panik ergriffen, die Philip Larkin in seinem Gedicht »Aubade« so anschaulich beschrieben hat: »Rastloser Tod, einen ganzen Tag näher jetzt … schießt von Neuem empor, um zu holen, zu erschrecken.« Lieber solchen Schrecken durch gedankliche Normalisierung der Unausweichlichkeit des Todes vermeiden, so viel steht fest!

Aber wie soll man das anstellen? Die Verleugnung des Todes ist anders als viele andere Probleme, die oft so schwer auf uns lasten, dass uns gar nichts anderes übrig bleibt, als sie zu lösen. Das Problem ist, dass es sich die meiste Zeit gar nicht wie ein Problem anfühlt. Solange man die unbewusste

Annahme, dass man unsterblich ist, aufrechterhalten kann, macht sie das Leben viel einfacher. Wie soll man gegen diesen Instinkt ankämpfen und beschließen, mitten im Alltag dem Tod zu begegnen?

Auf der Suche nach Antworten wandte ich mich an Lauren Tillinghast, die sich auf ihrer Visitenkarte und Webseite als »philosophische Beraterin« bezeichnete. Sie war Teil einer aktuellen Bewegung unter Philosophen, die ihre Disziplin zu ihren sokratischen Wurzeln zurückführen wollten. Die Philosophie sollte wieder mehr sein als eine akademische Übung im Theoretisieren: nämlich eine therapeutische Praktik, die auf die Beruhigung der Seele abzielte. Tillinghast war früher selbst ein aktiver Teil dieser Art der Theoretisiererei gewesen; sie hatte in Philosophiezeitschriften Artikel mit Titeln wie »Was ist ein attributives Adjektiv« oder »Der klassifikatorische Sinn von Kunst« veröffentlicht. Aber sie hatte auch ein Beratungsbüro in der Innenstadt von Manhattan, einen hellen und ordentlich eingerichteten Raum, der sich in einem heruntergekommenen Bürogebäude befand, in dem eine Reihe ganz normaler Therapeuten, Psychiater und Berater tätig waren. Mit ihren etwa 40 Jahren hatte sie die geübte freundliche Neutralität einer Frau, die es gewohnt ist, sich die Probleme anderer Menschen unvoreingenommen anzuhören. Sie schenkte mir Pfefferminztee in eine weiße Porzellantasse, führte mich zu einem Sessel und zuckte nicht im Geringsten zusammen, als ich ihr mitteilte, dass ich über den Tod sprechen wollte – insbesondere darüber, wie man lernen konnte, mit einem größeren Bewusstsein für die eigene Endlichkeit zu leben. »Nun, das ist ein ziemlich großes Thema«, sagte sie. Aber irgendwo mussten wir ja anfangen, und wir beschlossen, mit Epikur zu beginnen.

Der erste Schritt bei dem Versuch, sich mit der eigenen Endlichkeit anzufreunden, besteht darin, den Schrecken zu verringern, den der bloße Gedanke an den Tod auslöst. (Wenn einem das nicht gelingt, ist es unwahrscheinlich, dass man auf diesem Weg sehr viel weiterkommt.) Tillinghast erzählte, dass Philosophen dies oft mit rationalen Argumenten zu erreichen versuchten: Wenn man sich davon überzeugen kann, dass die Angst vor dem Tod unlogisch ist, ist man eher in der Lage, sie loszulassen. Der antike griechische Philosoph Epikur – ein Zeitgenosse von Zenon von Kition, dem allerersten Stoiker – hatte einen der frühesten Versuche unternommen. Vor ihm bestand der philosophische Konsens über den Tod im Großen und Ganzen darin, dass er in Wirklichkeit nicht endgültig sei: Das beste Argument dafür, keine Angst vor dem Tod zu haben, war die Aussicht auf ein glorreiches Leben nach dem Tod. Epikurs Argument ist die spiegelbildliche Antwort darauf. Wenn das Leben aber nun *nicht* über den Tod hinausreiche, sei auch *das* ein hervorragender Grund, keine Angst vor ihm zu haben, meinte er. »Der Tod betrifft uns nicht«, so Epikur, »denn solange wir existieren, ist der Tod nicht da, und wenn der Tod da ist, existieren wir nicht.« Vielleicht haben Sie Angst, unter Schmerzen zu sterben, oder Sie fürchten den Schmerz, der sich einstellt, wenn andere Menschen sterben: Unser Fokus ist an dieser Stelle nicht der schreckliche Schmerz der Trauer. Aber die Angst, selbst tot zu sein, macht einfach keinen Sinn. Der Tod bedeutet das Ende des erlebenden Subjekts und damit das Ende jeder Fähigkeit, den Zustand zu erleben, den wir fürchten. Oder wie Einstein es ausdrückte: »Die Angst vor dem Tod ist die unberechtigtste aller Ängste, denn wer tot ist, kann nicht mehr verunglücken.« Die eine große Angst, die unser Leben beherrscht, entpuppt sich aus dieser Perspektive als eine Art Irrtum. Es ist, als hätten wir uns die ganze Zeit nicht unseren Tod vorgestellt, sondern ein Begräbnis bei lebendigem Leibe – aller Vorteile des Daseins beraubt und doch irgendwie gezwungen, diesen Zustand als solchen zu erfahren.

Ein starkes Gegenargument zu dieser Position ist, dass unsere Angst nicht daher rührt, dass wir uns den Tod falsch vorstellen, sondern daher, dass wir ihn uns überhaupt nicht vorstellen können. Das war in etwa Freuds Sicht der Dinge: dass das, was wir als »Todesangst« bezeichnen, in Wirklichkeit eher das entsetzliche Gefühl ist, das uns im Angesicht von etwas völlig Unvorstellbarem befällt. Doch wie der zeitgenössische Philosoph Thomas Nagel betont, ist auch an diesem Argument etwas faul – denn »unvorstellbare« Zustände sind nicht per se erschreckend.[11] Wir können uns auch nicht vorstellen, wie es ist, in einem Zustand traumlosen Schlafes zu sein, doch geben wir uns ihm jede Nacht hin, und die wenigsten von uns tun dies mit Angstgefühlen. »Menschen, die dem Tod gegenüber abgeneigt sind«, stellt Nagel trocken fest, »haben in der Regel gegen einen Zustand der Bewusstlosigkeit nichts einzuwenden.«

Epikur hat noch einen zweiten, damit zusammenhängenden Punkt über die mangelnde Schrecklichkeit des Todes zu sagen, der als »Argument der Symmetrie« bekannt geworden ist. Warum, so fragt er sich, fürchtet man das ewige Vergessen des Todes, wenn man nicht mit Schrecken auf das ewige Vergessen vor der Geburt zurückblickt – das, soweit es einen betrifft, ebenso ewig und ebenso sehr ein Vergessen war? Vladimir Nabokov eröffnet seine berühmten Memoiren *Erinnerung, sprich* mit einer Passage, die diesen Punkt verdeutlicht: »Unsere Wiege schaukelt über einem Abgrund, und der gesunde Menschenverstand sagt uns, dass unsere

Existenz nur ein kurzer Lichtspalt zwischen zwei Ewigkeiten der Finsternis ist. Obwohl es sich um eineiige Zwillinge handelt, betrachtet der Mensch den vorgeburtlichen Abgrund meist viel gelassener als den, auf den er zusteuert.« Wenn man nicht traumatisiert ist, weil man noch nicht geboren wurde, scheint es logisch, dass man sich keine Sorgen machen muss, durch den Tod traumatisiert zu werden. Aber natürlich, so Tillinghast, »nützt es den meisten Menschen wenig, wenn sie darauf hingewiesen werden, dass ihre Angst *unlogisch* ist. Das wird sie kaum zum Verschwinden bringen«.

Es gibt noch ein weiteres Problem mit all diesen Bemühungen, die Aussicht auf den Tod weniger beängstigend zu machen: Wer sagt denn, dass der *Tod* überhaupt das Problem ist? Wenn wir über unsere eigene Sterblichkeit nachdenken, besteht der eigentliche Schmerz doch darin, dass wir *nicht mehr am Leben sein werden* und all die Vorteile verlieren, die wir durch das Leben genießen. »Die Menschen kommen im Allgemeinen nicht zu mir, weil sie Angst davor haben, nach dem Tod vergessen zu werden«, so Tillinghast. »Aber die Vorstellung, dass alles, was das Leben ausmacht, zu Ende geht – das ist die eigentliche Quelle der Angst.« Es stimmt natürlich, dass man nicht mehr erleben wird, dass man dieser Vorteile beraubt ist, sodass die Angst davor wohl nicht zu rechtfertigen ist. Aber wie Nagel in einem Aufsatz mit dem schlichten Titel »Der Tod« argumentiert, bedeutet die Tatsache, dass man den Tod nicht fürchten muss, nicht, dass er nicht etwas Schlimmes ist. Als Analogie stellt er sich einen Erwachsenen vor, der eine schwere Hirnverletzung erleidet und auf den geistigen Zustand eines Dreijährigen reduziert wird. Er mag in seinem neuen Zustand vollkommen glücklich sein, aber niemand würde bestreiten, dass dem Erwachsenen, der er einmal war, etwas Schlimmes widerfahren ist. Es macht keinen Unterschied, dass der Erwachsene nicht mehr da ist. Ganz gleich, wie überzeugend Sie Epikurs Argumente gegen die Angst vor dem Tod finden, daraus folgt nicht, dass der Tod nicht *schlimm* ist.

Diese Unterscheidung ist von entscheidender Bedeutung, weil sie die Idee, dass ein größeres Bewusstsein für die eigene Sterblichkeit Teil unseres Glücksrezepts sein könnte, zum ersten Mal plausibel macht. Solange man sich vor der eigenen Sterblichkeit fürchtet, kann man nicht wirklich erwarten, dass man Ernest Beckers »bittere Medizin« schluckt und freiwillig mehr Zeit damit verbringt, über den eigenen Tod nachzudenken. Umgekehrt scheint der Versuch, den Tod als etwas *Gutes* zu betrachten, im Blick auf den Einzelnen einfach zu viel verlangt zu sein. Ja, vielleicht ist dieser Versuch noch nicht einmal besonders wünschenswert, denn er könnte dazu führen, dass man dem Leben weniger Wert beimisst. Der ideale Mittelweg könnte darin liegen, den Tod als etwas zu begreifen, das man nicht fürchten muss, das aber trotzdem *schlimm* ist, weil durch ihn etwas beendet wird. Das Argument ist ein durch und durch bodenständiges, pragmatisches und stoizistisches: Je mehr man sich der Endlichkeit des Lebens bewusst ist, desto mehr wird man dieses Leben schätzen, und desto weniger wird man es mit Ablenkungen vergeuden. »Betrachten Sie es einfach so, als würden Sie in ein wirklich gutes Restaurant gehen«, sagte mir Tillinghast. »Sie nehmen es als Tatsache hin, dass das Essen irgendwann vorbei ist und nicht ewig dauern wird. Es spielt keine Rolle, ob das grundsätzlich so sein sollte oder ob man das Gefühl hat, dass man es verdient hätte, noch länger zu speisen, oder ob man sich darüber *ärgert,* dass der Abend im Restaurant irgendwann zu Ende ist. Es ist einfach so, dass Sie nur diese eine Mahlzeit haben. Da macht es doch Sinn, sie durch und durch zu genießen, oder nicht? Sich auf die verschiedenen Aromen zu konzentrieren? Sich nicht von dem Ärger darüber ablenken zu lassen, dass am Nebentisch eine Frau sitzt, die zu viel Parfüm aufgelegt hat?« Der Psychotherapeut Irvin Yalom weist in seinem Buch *In die Sonne schauen* darauf hin, dass viele von uns mit der düsteren Befürchtung leben, dass wir im Sterbebett bereuen werden, wie wir unser Leben verbracht haben. Wenn wir uns unsere eigene Endlichkeit bewusst machen, kommen wir dieser Gemütsverfassung auf dem Sterbebett näher, aus der heraus ein solches Urteil gefällt werden könnte – und können so unser Leben auf eine Art und Weise verbringen, die wir mit viel geringerer Wahrscheinlichkeit bereuen werden.

Sich wirklich mit der eigenen Sterblichkeit zu konfrontieren, so Yalom, ist wie ein Erwachen – eine völlige Veränderung der Perspektive, die das Lebensgefühl vollkommen verändert. Und das kann erst einmal unangenehm sein. Er erinnert sich an die Worte einer Anfang 30-jährigen Patientin, die bei ihm in Therapie gewesen war: »Ich glaube, die stärksten Gefühle kamen hoch, als mir klar wurde, dass ich es bin, die sterben wird«, sagte sie zu ihm, »und nicht irgendeine andere Person, wie Ich-als-alte-Dame oder ein todkrankes, lebenssattes Ich. Ich glaube, ich habe den Tod immer nur schemenhaft wahrgenommen, als etwas, das passieren *könnte*, und nicht als etwas, das passieren *wird*.« Dieser Perspektivwechsel, so Yalom, bedeutet nicht nur, dass man die Intensität des Lebens erhöht, sondern auch, dass man sein Verhältnis zum Leben insgesamt verändert. Es ist eine Transformation, die er in Anlehnung an die Sprache des Philosophen Martin Heidegger als einen Wechsel von der Konzentration darauf, »wie die Dinge sind«, hin zu der

Tatsache, »dass die Dinge sind«, beschreibt – zum puren, erstaunlichen »Ist-Sein« der Existenz.

Dies ist der eigentliche Unterschied zwischen dem Bewusstsein der Endlichkeit als Lebensweise einerseits und den klischeehaften Slogans, jeden Tag so zu leben, als wäre es der letzte, andererseits. Die Slogans mögen motivierend sein – eine Erinnerung daran, sich mit den wichtigen Dingen zu befassen, bevor es zu spät ist. Aber Yalom geht es vor allem um einen Wandel, der das »Wichtige« grundsätzlich neu definiert. Wenn man sich wirklich mit der eigenen Endlichkeit auseinandersetzt, dem ultimativen und unvermeidlichen Worst-Case-Szenario, ändert sich alles. »Alle äußeren Erwartungen, alle Ängste vor Peinlichkeit oder Versagen – diese Dinge fallen im Angesicht des Todes einfach von einem ab, und es bleibt nur das übrig, was wirklich wichtig ist«, sagte der Apple-Gründer Steve Jobs einmal in einer Rede, die dann sehr schnell von verschiedenen Gurus des positiven Denkens übernommen wurde, obwohl seine Botschaft in Wahrheit geeignet war, ihren Dogmen den Todesstoß zu versetzen. »Sich daran zu erinnern, dass man sterben muss, ist die beste mir bekannte Methode, um nicht in die übliche Falle zu tappen, nämlich zu glauben, dass man etwas zu verlieren hätte. Wir sind bereits nackt.«

Wenn man anfängt, auf diese Weise zu denken, so Yalom, dann wird daraus ein guter Kreis. Die Angst vor der zukünftigen Reue über ein sinnlos verbrachtes Leben wird von einem sinnvolleren Leben verringert – was wiederum dem Tod seine ängstigende Macht nimmt. Wie er sagt, gibt es eine positive Korrelation zwischen der Angst vor dem Tod und dem Gefühl, sein Leben nicht gelebt zu haben. Lebt man ein Leben, das von dem Bewusstsein der eigenen Endlichkeit durchdrungen ist, kann man hoffen, es in etwa so zu beenden, wie Jean-Paul Sartre zu sterben hoffte: »In aller Stille … und der Gewissheit, dass der letzte Schlag meines Herzens auf der letzten Seite meines Werks steht und der Tod nur einen Toten mitnimmt.«[12]

Nachdem ich eine Zeit lang mit den Ideen von Becker, Epikur, Thomas Nagel und Irvin Yalom gerungen hatte, beschloss ich, eine Reise nach Mexiko zu unternehmen. Die Vermutung, dass dies notwendig werden würde, wenn ich wirklich verstehen wollte, welche Rolle das Bewusstsein des Todes im täglichen Leben spielt, hatte ich schon seit Längerem. Ich hatte gehört, dass in Mexiko eine einzigartige Einstellung zum Tod herrschte. Es sei eines der wenigen Länder, in denen Traditionen, die an den Tod erinnern, noch lebendig waren – die Rituale und Bräuche waren so angelegt, dass sie regelmäßig zum Nachdenken über die Endlichkeit des eigenen Lebens anregten. Aber Mexiko war in den letzten Jahren internationalen Umfragen zufolge auch eines der glücklichsten Länder, vielleicht sogar das glücklichste oder zweitglücklichste Land der Welt, je nachdem, welche Maßstäbe man anlegt.[13] Das berühmteste Beispiel für diese Einstellung zum Tod ist das jährliche Fest zum Tag der Toten, an dem die Mexikaner Brot essen, das die Form von Leichenteilen hat, und an dem sie mit reichlich Tequila auf die Verstorbenen – und den Tod selbst – anstoßen; die Menschen bauen Schreine in ihren Häusern, drängen sich auf den Plätzen der Städte und halten die ganze Nacht über Wache an den Gräbern verstorbener Angehöriger. Aber all das ist viel mehr als ein nationaler Feiertag im November. Der berühmte mexikanische Essayist Octavio Paz schreibt in seinem Buch *Das Labyrinth der Einsamkeit*: »In New

York, Paris und London spricht man das Wort ›Tod‹ nicht aus, weil es einem die Lippen verbrennt... der Mexikaner dagegen ist mit dem Tod vertraut, scherzt über ihn, streichelt ihn, schläft mit ihm, feiert ihn; er ist eines seiner liebsten Spielzeuge und seine unerschütterlichste Liebe.«

Eine solch intime Beziehung zur eigenen Sterblichkeit war nicht immer so ungewöhnlich wie heute. Die entsprechenden Traditionen gehen mindestens bis auf das alte Rom zurück. So heißt es, dass Generäle, die eine Schlacht gewonnen hatten, einen Sklaven anwiesen, der Siegesparade auf ihrem Weg durch die Straßen zu folgen; der Sklave hatte die Aufgabe, dem General immer wieder eine Warnung vor Hybris zuzurufen: *Memento mori,* »Denk daran, dass du sterben wirst«. Viel später, im christlichen Europa, wurde das *Memento mori* zu einem festen Bestandteil der bildenden Kunst: Todessymbole tauchten häufig in Stillleben auf, manchmal auch in Form eines Schädels, der den des Mäzens darstellen sollte. Öffentliche Uhren waren Automaten in der Gestalt des Todes und zeigten manchmal den lateinischen Spruch »Vulnerant omnes, ultima necat« – eine Art Erinnerung an die Auswirkungen der vergehenden Minuten: »Jede [Stunde] verwundet, und die letzte tötet.« Die spezifische Motivation für das Nachdenken über den Tod war von Epoche zu Epoche und von Kultur zu Kultur unterschiedlich. In der Antike hatte es viel damit zu tun, dass man sich daran erinnerte, das Leben wie eine köstliche Mahlzeit zu genießen, wie Lauren Tillinghast geraten hat. Für die späteren Christen ging es oft eher um eine Erinnerung, sich in Erwartung des Jüngsten Gerichts gut zu verhalten.

Ein zeitgenössisches Beispiel für das Todesbewusstsein im mexikanischen Alltag hat mich besonders fasziniert. »Santa

Muerte« war der Name einer (nach Ansicht ihrer Anhänger) neuen Religion beziehungsweise eines (in den Augen der katholischen Kirche) satanischen Kultes, in dem der Tod selbst angebetet wurde – und zwar in der Gestalt einer Figur, die als La Santa Muerte oder Heiliger Tod bekannt war. Die Bewegung war mehrere Jahrzehnte zuvor in den härtesten Vierteln von Mexiko-Stadt entstanden, unter Prostituierten, Drogenhändlern und den Ärmsten der Armen – Menschen, für die weder die mexikanische Regierung noch die katholische Kirche in irgendeiner Weise gesorgt hatten. Zur Santa Muerte beteten diese Menschen um Schutz vor dem Tod, um einen sanften Tod oder manchmal auch um den Tod ihrer Feinde. Santa Muerte hatte sich über den Weg der Einwanderung inzwischen auch in Teilen der Vereinigten Staaten verbreitet; und man erzählte sich, dass einige der mächtigsten Geschäftsleute und Politiker Mexikos in ihren Häusern geheime Todesschreine stehen hatten. Obwohl es sich bei vielen Anhängern des Heiligen Todes um gesetzestreue Mexikaner handelte – sie waren sogar auf die Straße gegangen, um gegen die Versuche der Regierung zu protestieren, die Bewegung als eine Bande von Kriminellen abzustempeln –, war sie doch zur bevorzugten Religion der »Narcotraficantes« geworden, der skrupellosen Drogenschmugglerbanden im Norden Mexikos. Zum Hauptheiligtum der Bewegung im Barrio Tepito in Mexiko-Stadt – einem in einer Seitenstraße in einer Glasvitrine aufgestellten lebensgroßen und mit Schmuck beladenen Skelett – kamen einige der gewalttätigsten Männer des Landes, um Opfergaben in Form von Dollarscheinen, Zigaretten und Marihuana zu hinterlassen. Welche Bedeutung die Bewegung auch immer haben mochte, die Anhänger von Santa Muerte scheinen sich einer extremen Form des *Memento mori* zu widmen – indem sie das eigene Leben um die Allgegenwart des Todes herum organisieren. »In einer Welt der Fakten«, schreibt Paz, »ist der Tod nur eine Tatsache unter vielen. Aber da er eine so unangenehme Tatsache ist, die all unsere Vorstellungen und den Sinn unseres Lebens infrage stellt, tut die Philosophie des Fortschritts so, als könne sie ihn verschwinden lassen, wie ein Zauberer eine Münze in seiner Hand.« In Mexiko war Santa Muerte die, an die man sich wandte, wenn die Lebensumstände diesen Zaubertrick vereitelten – wenn die ständige Angst vor einem gewaltsamen Tod es schlicht und einfach unmöglich machte, seine eigene Sterblichkeit zu ignorieren.

Zwar fuhr ich während meiner Zeit in Mexiko ein paar Tage vor dem Tag der Toten tatsächlich nach Tepito, aber der Besuch dort wurde nicht gerade mein erfolgreichster journalistischer Auftrag. Man hatte mich davor gewarnt, mir einfach auf der Straße ein Taxi zu rufen und mich hinfahren zu lassen, weil die Gefahr, entführt zu werden, zu groß war. Ich gehörte nicht zu den Reportern, die nach gefährlichen Situationen hungerten, und eigentlich hätte ich wohl am besten gar nicht hinfahren sollen. »Ausländer fahren aus offensichtlichen Gründen niemals nach Tepito«, schrieb mir jemand in einem Internetforum, das ich wahrscheinlich auch nicht hätte konsultieren sollen. »Nur Idioten und Ahnungslose treibt es nach Tepito«, warnte mich ein anderer. Wenige Tage zuvor hatte dort an einer Straßenecke eine bewaffnete Bande am helllichten Tag sechs Menschen niedergeschossen. In den Zeitungen war zu lesen, dass die Polizei ganze Stadtteile als zu gefährlich abgeschrieben hatte: Sie machten sich nicht einmal mehr die Mühe, dort zu patrouillieren. Ein in Mexiko-Stadt ansässiger Filmemacher, der einen Dokumentarfilm über Tepito gedreht hatte, lehnte es ab, mich dorthin zu begleiten, und berief sich auf Sicherheitsbedenken. Und eine Gastronomin aus einem schickeren Teil der Stadt hatte mir fröhlich ein angeblich bekanntes Sprichwort vor den Latz geknallt: In Tepito tragen sogar die Ratten Waffen. Mein Spaziergang durch Tepito war für mich also zumindest das: eine Übung in Sachen *Memento mori.*

Ich machte mich morgens auf den Weg aus dem Stadtzentrum heraus, durch Einkaufsstraßen und das Geschäftsviertel von Mexiko-Stadt, dann entlang riesiger Schnellstraßen, die von gut besuchten, aus den unterschiedlichsten Ständen zusammengestückelten Märkten gesäumt waren, bis die Straßen enger und die Gebäude wieder kleiner wurden und ich in Tepito angekommen war. Der Mittelpunkt des Viertels bestand aus einem dieser zusammengestückelten, unglaublich lauten Märkte – Tepito ist als Umschlagplatz für gefälschte und gestohlene Waren berüchtigt –, aber auf der Suche nach dem Schrein von Santa Muerte verließ ich schon bald die Hauptstraßen und tauchte in die verlassenen Seitenstraßen ein, wo sich tatsächlich Ratten zwischen aufgetürmten Müllbergen tummelten. Zunehmend nervös eilte ich an verdunkelten Hauseingängen vorbei.

Am Schrein selbst herrschte festliche Stimmung. Etwa 20 Menschen warteten in einer geordneten Schlange, um dem Skelett, das mit lila- und orangefarbenen Halsketten und einem Spitzenschal geschmückt war, die Ehre zu erweisen. Einige trugen ihre eigenen kleineren Statuetten oder Flaschen mit Spirituosen als Geschenk mit sich; ein oder zwei bliesen Zigarren- oder Zigarettenrauch über das Skelett, wenn sie am Anfang der Schlange angelangt waren, was, wie ich später erfuhr, ein Ritual der spirituellen Reinigung war. Die Gläubigen unterhielten sich und lachten – Männer und Frauen, ältere Frauen und muskulöse junge Männer, einige mit neugeborenen Babys und Kleinkindern im Schlepptau.

Da es mir nicht gelungen war, einen Übersetzer zu überreden, mich in das Barrio zu begleiten, war ich gezwungen, mich auf mein schreckliches Spanisch zu verlassen, um ein Gespräch mit einer Frau zu beginnen, die eine meterhohe Todesstatue unter dem Arm trug. Mehrere andere Leute in der Schlange drehten sich um und starrten uns an.

Sie wollte nicht reden. Die Atmosphäre in meiner unmittelbaren Umgebung wurde schnell ein bisschen eisig. Ich war zu aufdringlich. Außerdem war es gut möglich, dass einige der Menschen um mich herum weder mit einem Reporter noch mit einem Fremden sprechen wollten: Die Menschen kamen zur Santa Muerte, um sie zu bitten, so der mexikanische Essayist Homero Aridjis, »sie heute Nacht zu beschützen, weil sie jemanden entführen oder angreifen wollten«.[14] Es war schwer, sich ein Leben vorzustellen, in dem der Tod eine so zentrale Rolle spielte. Andererseits war die große Wahrheit, die durch die Szene am Schrein – wo sich beim Warten in der Schlange die Generationen mischten – unterstrichen wurde, dass der Tod ein Thema war, an dem jeder und jede ein unausweichliches Interesse hatte.

Als blasser, dünner Engländer war ich hier allerdings völlig fehl am Platz. Und ein muskulöser Mann in einer schwarzen ärmellosen Weste, der den Schrein zu bewachen schien, hatte das längst bemerkt. Er starrte mich an. Sein Blick war belustigt und drohend zugleich: Auf fast schon peinliche Weise war klar, dass ich keinerlei körperliche Bedrohung für ihn darstellte. Trotzdem legte er den Kopf schief, um mir die Richtung zu zeigen, in die ich seiner Meinung nach zu verschwinden hatte: weg vom Schrein, zurück zur Hauptstraße.

Kurz darauf beschloss ich, Tepito zu verlassen.

Am Tag der Toten selbst hatte ich mehr Glück. (Die Feierlichkeiten beginnen am letzten Tag des Oktobers, aber das Fest erreicht seinen Höhepunkt am 2. November.) Über den Freund eines Kollegen hatte ich Kontakt zu einem einheimischen Taxifahrer im Ruhestand namens Francisco aufgenommen, der gut Englisch sprach und sich nebenbei als »Mittelsmann« für Journalisten in Mexiko-Stadt betätigte. In der Abenddämmerung hielt er mit einem stark ramponierten grauen Lieferwagen vor meinem Hotel. »Es ist ein sehr sicheres Auto«, meinte er strahlend, obwohl ich ihn gar nicht danach gefragt hatte. Dann fügte er hinzu: »Mein anderes Auto ist verunglückt – und jetzt hat mein Bruder für immer ein kaputtes Bein!« Ich habe das Thema nicht weiter vertieft. Francisco kannte sich, wie er mir ein paar Tage zuvor am Telefon erklärt hatte, besonders in den winzigen Siedlungen auf dem Land außerhalb der Hauptstadt aus, wo der Tag der Toten noch »auténtico« war – nicht kommerziell oder touristisch, sondern eindringlich und rein – und wo die Dorfbewohner die ganze Nacht auf den örtlichen Friedhöfen Nachtwache hielten, um mit den Leichnamen ihrer Angehörigen zu kommunizieren. Es war also nicht in meinem Interesse, mit ihm über Sicherheit im Straßenverkehr zu streiten.

In Mexiko-Stadt erreichten die offiziellen Feierlichkeiten gerade ihren Höhepunkt. Zwischen den knochenförmiges Brot und Zuckerschädel anbietenden Wagen auf dem historischen zentralen Platz der Stadt, dem Zócalo, flanierten Familien. Überall waren Menschen – Erwachsene und Kinder – als Tod verkleidet: Jungen als hohläugige Vampire mit steifem, gestärktem Kragen, Frauen als »La Catrina«, in Mexiko das ikonische Bild des Todes in Gestalt einer Frau mit breitkrempigem Hut. An vielen Ecken standen

Totenaltäre, die mit Schädeln aus Pappmaschee geschmückt waren. Diese Jahrhunderte zurückreichenden Traditionen waren in das Leben einer geschäftigen, modernen Großstadt integriert worden. Ich hatte gehört, dass sogar in den Bürogebäuden der Banken und Versicherungen in der Innenstadt die Schreibtische nicht selten in Altäre verwandelt wurden. Es war gang und gäbe, dass sich die Kollegen gegenseitig witzige Verse schrieben, in denen ihnen vorhergesagt wurde, auf welche Weise sie sterben würden.

Aber Francisco und ich ließen die belebten Plätze hinter uns und fuhren auf den breiten, chaotischen Highway, wir wichen streunenden Hunden und offenbar von Selbstmördern gesteuerten Minibussen aus und tuckerten nach Einbruch der Nacht auf leeren, unbeleuchteten Landstraßen weiter. »Weißt du«, sagte Francisco zu mir, nachdem wir schon wieder an einer aus der Dunkelheit auftauchenden, schwach beleuchteten Todesstatuette vorbeigekommen waren, »als Kinder sind wir an diesem Tag immer von Haus zu Haus gegangen, um Witze darüber zu machen, wie jeder Mensch sterben wird. Wenn also jemand zu viel rauchte, brachte man ihm Zigaretten mit, um ihn damit aufzuziehen, dass er an seinem übermäßigen Zigarettenkonsum sterben würde.« Bei der Erinnerung daran musste er lächeln. »Oder wenn jemand in dem Haus gelebt hatte, der an den Folgen des Rauchens gestorben war, dann brachte man vielleicht Zigaretten mit, um an ihn zu erinnern.«

»Hat das die Leute nicht verletzt?«

»Verletzt?«

»Du weißt schon. Fanden sie es nicht unpassend?«

»Nein, warum?« Er drehte sich um und sah mich an. »Ich glaube aber, so ist das nur in Mexiko.«

Damit hatte er im Großen und Ganzen recht. Anderswo

in der katholischen Welt ist am 2. November Allerseelen, ein Feiertag, der schon seit dem achten Jahrhundert dem trauernden Gedenken der Toten gewidmet ist. Aber als die Konquistadoren im 15. Jahrhundert Mexiko erreichten, erlebten sie bei den Maya und Azteken Totenfeiern, die weitaus aufwendiger waren als ihre eigenen: Die Azteken ehrten ihre »Todesdame«, Mictecacihuatl, bei einem zweimonatigen Fest mit Lagerfeuern, Tänzen und Festgelagen. Dies durch etwas Feierlicheres und Christlicheres zu ersetzen war der erklärte Vorsatz der Kolonialisten. Der Tag der Toten – eine seltsame Mischung aus christlichen und vorchristlichen Bräuchen, Trauer und Humor – ist ein Zeugnis dafür, dass sie diesen Vorsatz nur unvollkommen in die Tat umsetzen konnten.

Es gab Kulturen, die das *Memento mori* noch weiter auf die Spitze trieben. Der Essayist Michel de Montaigne pries im 16. Jahrhundert die alten Ägypter, »die auf dem Höhepunkt ihres Festes und ihrer Ausgelassenheit als *Memento mori* das getrocknete Skelett eines Menschen in den Raum brachten«. (Montaigne war außerdem der Meinung, dass ein Schriftsteller möglichst mit Blick auf einen Friedhof arbeiten solle, weil das das Denken schärfe.) Und im *Satipatthana Sutta,* einem der maßgeblichen Texte des Buddhismus, fordert der Buddha seine Mönche auf, zu den Friedhöfen zu reisen, um sich dort für die Meditation eines der folgenden Objekte zu suchen:

> Einen Leichnam, ein oder zwei Tage alt, aufgequollen, von blauschwarzer Farbe, voller Fäulnis; einen Leichnam, der von Krähen gefressen wurde; ein Gerüst aus Knochen, von dem das Fleisch herabhängt, mit Blut bespritzt, von den Sehnen zusammengehalten; Knochen,

in alle Richtungen verstreut, gebleicht und Muscheln ähnelnd; zusammengehäufte Knochen, nach dem Verstreichen vieler Jahre verwittert und zu Staub zerfallen …

Die sogenannte »Leichenpraktik« sollte den meditierenden Mönch zu der Erkenntnis führen, dass – wie der Buddha es formuliert haben soll – »auch mein Körper diese Natur, diese Dichte hat und ihr nicht entkommen kann«.

Francisco und ich fuhren und fuhren. Nach einem Abstecher in eine winzige Stadt, wo wir an einem Straßenstand Chilaquiles mit Schweinefleisch aßen und eine Prozession von Kirchgängern beobachteten, die gerahmte Fotos von verstorbenen Verwandten trugen, erreichten wir schließlich unser Ziel: das Dorf San Gregorio Atlapulco. Es war kühl und beinahe Mitternacht. Zuerst sah ich nur ein orangefarbenes Leuchten am schwarzen Himmel; dann, als wir um eine Kurve bogen, begriffen wir plötzlich, woher dieses Leuchten kam. Auf dem Dorffriedhof, wo gerade die Ringelblumen blühten, standen Hunderte von Kerzen, die ein sanftes orangefarbenes Licht in den Himmel warfen.

Francisco parkte den Wagen, und wir betraten den Friedhof. Es dauerte einen Moment, bis sich meine Augen an den Anblick gewöhnt hatten. Viele der Grabsteine waren nur grobe Betonplatten oder Baumstümpfe, aber fast keiner stand heute Abend alleine da. Neben ihnen saßen auf Klappstühlen oder im Schneidersitz auf dem Boden Grüppchen aus zwei, drei oder vier Personen, manchmal auch mehr, unterhielten sich leise und tranken Tequila aus Pappbechern. In einer Ecke des Friedhofs schlenderte eine voll kostümierte Mariachi-Band von Grab zu Grab und brachte jedem Grabstein ein Ständchen. Ich hielt eine Frau an, die einen Arm voller Teppiche und Stühle zu einem nahe gelegenen Grabstein trug, und fragte sie, was sie da tue. »Oh, das ist meine Mutter«, sagte sie strahlend und deutete auf das Grab. »Wir kommen jedes Jahr hierher.«

Es wäre völlig falsch, den Eindruck zu erwecken, dass der Tag der Toten – oder Mexikos Umgang mit dem *Memento mori* im Allgemeinen – die unausweichliche und einschneidende Realität der Trauer in irgendeiner Weise abmildern würde. Diese Friedhofswachen wurden meist nicht von denjenigen besucht, die noch unter einem Verlust litten. Auf jeden Fall ging es nicht darum, dem Tod mit einem breiten Grinsen zu begegnen. Eine solche Herangehensweise wäre sicherlich auch der »Kult des Optimismus in seiner schlimmsten Form«: Zum einen funktioniert sie nicht und wäre, selbst wenn sie funktionieren würde, keine angemessene Reaktion auf den Verlust eines Menschen. Der Tag der Toten ist kein Versuch, etwas Schreckliches in etwas Harmloses umzuwandeln; er ist vielmehr gerade die Zurückweisung solcher binären Kategorien. Was auf dem Friedhof geschah, war *Memento mori* in seiner kraftvollsten Form – ein Ritual, das weder die Gedanken an den Tod verdrängt noch versucht, ihn in der Art des amerikanischen beziehungsweise britischen Halloween zu versüßen oder zu verharmlosen. Es ging darum, den Tod ins Leben zurücksickern zu lassen.

»Bei uns«, so der in Mexiko aufgewachsene Schriftsteller Victor Landa, »sterben die Menschen traditionell drei Tode. Den ersten, wenn unser Körper aufhört zu funktionieren; wenn unser Herz nicht mehr von selbst schlägt, wenn unser Blick keine Tiefe und keine Aussage mehr hat, wenn der Raum, den wir bewohnen, langsam seine Bedeutung verliert. Der zweite Tod tritt ein, wenn der Körper in die Erde gesenkt wird … den dritten und endgültigen Tod sterben wir, wenn niemand mehr lebt, der sich an uns erinnert.«[15] Der Tod war in dieser Nacht auf dem Friedhof allgegenwärtig, jedoch beziehungsweise gerade deshalb fehlte die dritte Art des Todes vollkommen. Eine ganze Stadt erinnerte sich. Und ihre Bewohnerinnen und Bewohner erinnerten sich auch an ihre eigene Sterblichkeit, die sich von der ihrer toten Verwandten nur dadurch unterscheidet, dass sie sie noch nicht eingeholt hatte.

Aber man muss keine Friedhofswachen veranstalten, um *Memento mori* als Praktik zu etablieren. Man kann viel kleiner anfangen. Der Psychologe Russ Harris schlägt eine einfache Übung vor: Stellen Sie sich vor, Sie wären 80 Jahre alt – vorausgesetzt, Sie sind es nicht schon; wenn Sie es sind, wählen sie einfach ein höheres Alter –, und vervollständigen Sie dann die Sätze »Ich wünschte, ich hätte mehr Zeit mit … verbracht« und »Ich wünschte, ich hätte weniger Zeit mit … verbracht«. Dies erweist sich als erstaunlich wirksamer Weg, innerhalb kürzester Zeit ein Bewusstsein für die eigene Sterblichkeit zu entwickeln. Plötzlich fügt sich alles zusammen, und es wird einfacher, den Rat von Lauren Tillinghast zu befolgen: dass man nämlich herausfinden sollte, was man konkret für Maßnahmen ergreifen könnte, um den guten Seiten des Lebens mehr Raum zu geben – damit man, wenn man stirbt, sein Leben so umfassend und intensiv wie möglich gelebt hat.

Solche kleinen Gewohnheiten sind vielleicht sogar die stärkste Form des *Memento mori*. Denn gerade die regelmäßigen und unscheinbaren Rituale können wir am besten in unseren Alltag einbauen und auf diese Weise im Angesicht der eigenen Endlichkeit zumindest in die Nähe der ruhigen Rationalität eines Epikur gelangen. Was mir jedenfalls noch Monate nach meiner Mexikoreise im Gedächtnis blieb, waren nicht die lauten Todesfeiern, die ich im Zentrum von Mexiko-Stadt erlebt hatte. Vielmehr war es das Gefühl, das ich in San Gregorio Atlapulco gehabt hatte: mich beim Anblick der Sterblichkeit entspannen zu können, Wohlbefinden in der Koexistenz mit ihr – kurz: das Gefühl, dass Leben und Tod zusammengehören.

Bevor wir in dieser Nacht das Dorf verließen, bemerkte ich um kurz vor zwei Uhr morgens eine ältere Frau, die allein an der Friedhofsmauer auf einem Klappstuhl saß. Sie war in einen Schal gehüllt und schien leise mit einem Grabstein zu sprechen.

Zögernd näherte ich mich ihr. Es fühlte sich nicht richtig an, sie zu stören, aber sie wirkte nicht verärgert, sondern nickte lächelnd in Richtung eines Mauervorsprungs neben dem Grab und lud mich ein, mich zu setzen. Was ich dann auch tat.

Die Klänge der Mariachi-Band wehten von der anderen Seite des Friedhofs herüber. Einige Familien hatten, wie ich bemerkte, kleine Holzfeuer angezündet; ein paar Meter weiter schlang Francisco die Arme um sich, um nicht zu frieren. Ich ließ meinen Blick über den mit Ringelblumen übersäten Friedhof gleiten, auf dem sich so viele Menschen zusammendrängten. Jenseits seiner Mauern erhellte kein Licht die dunkle Schwärze, aber in seinem Inneren verliehen die Feuer und Hunderte von flackernden Kerzen der Nacht trotz der Kälte etwas Heimeliges. Die Musiker hörten nicht auf zu spielen. Der Tod lag in der Luft, und alles war gut.

Epilog

Die Fähigkeit zur Negativität

Im Dezember 1817 besuchte der damals 22-jährige Dichter John Keats die jährliche Weihnachtspantomime im Theatre Royal in der Londoner Drury Lane. Sein Freund, der Kritiker Charles Wentworth Dilke, begleitete ihn, und auf dem Heimweg sprachen die beiden über das Schreiben und über die Natur des literarischen Genies. Irgendwo zwischen dem Theater in Soho und seinem Zuhause in Hampstead wurde Keats eine Erkenntnis zuteil, die er einige Tage später in einem Brief an seine Brüder festhielt. Dieser Brief protokolliert einen – wie es ein Keats-Biograf ausdrückte – »maßgebenden Augenblick« der Literaturgeschichte:[1]

> Dilke und ich hatten keinen Disput, sondern eher eine Art Verhandlung über verschiedene Themen; während mir gerade alles Mögliche durch den Kopf ging, wurde mir plötzlich klar, durch welche Eigenschaft sich ein erfolgreicher Mann, besonders in der Literatur, auszeichnet, eine Eigenschaft, die Shakespeare im Übermaß besaß: die Fähigkeit zur Negativität, das heißt, Ungewissheiten, Rätsel, Zweifel ertragen zu können,

> ohne gleich aufgeregt Zuflucht zu Fakten oder zur Vernunft zu suchen …[2]

Es ist beeindruckend, aber vielleicht auch ein bisschen irritierend, dass ein 22-Jähriger nicht nur überhaupt zu solchen Einsichten fähig ist, sondern sie ihm auch noch derart beiläufig auf dem Nachhauseweg vom Theater kommen. Keats hatte solche Erkenntnisse vollkommen mühelos und sehr häufig, und das war in gewisser Weise auch notwendig, denn drei Jahre später war er tot. Er gab so wenig auf die »Fähigkeit zur Negativität«, dass er den Begriff nie wieder schriftlich verwendete und damit künftigen Literaturwissenschaftlerinnen und Literaturwissenschaftlern die Möglichkeit gab, ganze Bücher darüber zu schreiben, was er damit gemeint haben könnte.

An dem jetzigen Punkt unserer Reise auf dem negativen Weg zum Glücklichsein sollten uns seine Worte jedoch zumindest in ihren Grundzügen bekannt vorkommen. Manchmal besteht die wertvollste aller Begabungen darin, *nicht* nach einer Lösung zu suchen, das Verlangen nach Vollständigkeit, Gewissheit oder Bequemlichkeit wahrzunehmen, ohne sich genötigt zu fühlen, ihm zu folgen. Keats war der Meinung, dass die Sucht nach Gewissheit und Vollendung Dilkes größter Fehler war, und dieses Urteil des Dichters über seinen Freund bringt ein Thema auf den Punkt, das uns nun schon öfter begegnet ist: »Er wird sein ganzes Leben lang nie zu einer Wahrheit gelangen«, schrieb Keats, »gerade weil er es immer wieder versucht.«[3] Nichts anderes als das Bemühen selbst – dieses »nervöse Handausstrecken« – sei das Problem.

Etwas allgemeiner gesprochen ist die »Fähigkeit zur Negativität« eigentlich nur ein anderer Begriff für ein Leben nach dem »umgekehrten Gesetz« – und vielleicht ist dieser Ausdruck auch eine gute Bezeichnung für das wichtigste Talent, das ich bei den Menschen entdeckte, denen ich im Laufe der Recherchen zu diesem Buch begegnet bin. Was sie gemeinsam hatten, war eine Geisteshaltung, die ich mir als eine Art anmutigen mentalen Tanzschritt vorstellte: die Bereitschaft, das eigene Innenleben schief anzugucken; innezuhalten und einen Schritt zurückzutreten; sich dem zuzuwenden, wovor andere flüchten; und zu erkennen, dass der am kürzesten erscheinende Weg zu einer positiven Gemütsverfassung nur selten zu einer tieferen Form von Glück führt. Der Ausdruck »Fähigkeit zur Negativität« trägt auch dazu bei, eine subtile Doppeldeutigkeit des Wortes »negativ« zu klären. Es bezieht sich sowohl auf eine Reihe von Fähigkeiten, die das »Lassen« im Gegensatz zum Tun beinhalten – insofern negative Fähigkeiten –, als auch auf die Tatsache, dass diese Fähigkeiten die Konfrontation mit negativen (also »unangenehmen«) Gedanken, Gefühlen und Situationen erlauben.

Es geht hier nicht darum, dass die Fähigkeit zum Negativen stets besser ist als die zum Positiven. Optimismus ist etwas Wunderbares; Ziele können manchmal sehr hilfreich sein; auch positives Denken und positive Visualisierung haben bestimmte Vorteile. Das Problem ist, dass wir uns angewöhnt haben, beim Nachdenken über Glück Positivität und die Möglichkeiten des »Tuns« chronisch überzubewerten, während wir Negativität und die Möglichkeiten des »Lassens« (wie das Ruhen in der Ungewissheit und das Sichanfreunden mit Misserfolgen) chronisch unterbewerten. Um einen etwas klischeehaften Begriff aus der Therapeutensprache zu bemühen: Wir verbringen viel zu viel Zeit unseres Lebens mit der Suche nach einer »Auflösung«.

Selbst diejenigen von uns, die sich über solche Klischees lustig machen, sind oft von dem Wunsch beseelt, der Ungewissheit und Angst ein Ende zu setzen, sei es, indem wir uns selbst davon überzeugen, dass die Zukunft rosig ist, oder indem wir uns resigniert mit der Erwartung abfinden, dass sie es nicht sein wird. Was wir stattdessen brauchen, ist, wie es der Psychologe Paul Pearsall ausdrückt, »Geöffnetheit«.[4] Zugegeben, das ist eine etwas unbeholfene Wortschöpfung. Aber gerade ihre Unbeholfenheit erinnert an das, was sie zum Ausdruck bringen soll, nämlich die freudige Akzeptanz der Unvollkommenheit und das Loslassen der Suche nach sauberen Lösungen.

Die verschiedenen Ansätze, die wir hier untersucht haben, widersprechen sich häufig im Detail; manchmal klingen sie schon für sich genommen so paradox, dass sie auch in sich widersprüchlich zu sein scheinen. Aber im weiteren Sinne handeln sie alle von der »Fähigkeit zur Negativität«. Bei den Stoikern steht die Erkenntnis im Mittelpunkt, dass man sich bewusst dafür entscheiden kann, sich von dem, was geschieht, nicht aus der Ruhe bringen zu lassen, auch wenn man auf die Ereignisse selbst keinen Einfluss hat. Diese Einsicht ist die Grundlage der stoizistischen Gelassenheit. Bei den Buddhisten ermöglicht die Bereitschaft, das »innere Wetter« der eigenen Gedanken und Gefühle zu beobachten, die Einsicht, dass man sich sein Handeln nicht von ihnen diktieren lassen muss. Bei all den verschiedenen Ansätzen geht es aber darum, dem »nervösen Handausstrecken« in Richtung besserer Umstände oder besserer Gedanken und Gefühle zu widerstehen. Um fähig zur Negativität zu werden, muss man sich jedoch nicht irgendeiner uralten philosophischen oder religiösen Tradition verschreiben. Es geht dabei zum Beispiel auch darum, es auszuhalten, dass eines der eigenen Projekte – oder das Leben selbst – gerade kein klar definiertes Ziel hat, oder sich zu trauen, einen Misserfolg genau anzugucken, oder Gefühle von Unsicherheit nicht mehr beiseitezuschieben und damit aufzuhören, auf »Motivationstechniken« zurückzugreifen, anstatt sich um die eigentlichen Dinge zu kümmern.

Natürlich können Sie aber auch beschließen, Ihr Leben dem Stoizismus zu widmen, wie Keith Seddon in seinem Zauberer-Cottage in Watford; Sie können eine vollkommen lebensverändernde Erfahrung machen wie Eckhart Tolle. Aber Sie können diese verschiedenen Ansätze auch als Werkzeugkasten betrachten, aus dem man sich bei Bedarf das eine oder andere Werkzeug ausleihen darf. Jeder und jede von uns kann ein bisschen stoizistischer, ein bisschen buddhistischer werden oder ein bisschen häufiger »Memento mori« praktizieren. Anders als die Flut der Selbsthilfeprogramme, die vorgeben, umfassende Lebensanleitungen zu sein, ist der negative Weg zum Glück keine Alles-oder-nichts-Angelegenheit. Wenn man wirklich fähig zur Negativität sein möchte, gehören Mäßigung und Ausgewogenheit genauso dazu wie die Einsicht, dass es besser wäre, darauf zu verzichten, sich ständig anzustrengen – sogar dann, wenn es gerade um eine negative Tätigkeit geht. »Tüchtigkeit und die Ergebnisse der Tüchtigkeit«, schrieb Aldous Huxley, »können letztlich nur die für sich reklamieren, die die paradoxe Kunst des Tuns und Nichttuns beherrschen, die Kombination von Entspannung und Aktivität, diejenigen, die gelernt haben, als Person loszulassen, damit eine unbekannte immanente oder transzendente Kraft wirken kann.«[5]

Und worauf läuft das Ganze hinaus? Paul Pearsall zufolge liegt der wichtigste Vorteil der »Geöffnetheit« nicht in der Gewissheit und Ruhe, ja nicht einmal im Trost im landläufigen Sinne, sondern in dem »seltsam aufgeregten Trost, der darin liegt, sich mit den gewaltigen Geheimnissen des Lebens auseinanderzusetzen«. Der »Kult des Optimismus« und die Kultur des positiven Denkens dagegen zeichnen sich – sogar in ihren mystizistisch eingefärbten New-Age-Varianten – letztlich vor allem dadurch aus, dass sie das Geheimnis verabscheuen. Sie suchen die Sicherheit und wollen das Glück zu etwas Dauerhaftem und Endgültigem machen. Aber selbst wenn man in den Genuss eines solchen Glücks kommt: Es wird immer oberflächlich und unbefriedigend bleiben. Der größte Vorteil der Fähigkeit zur Negativität – die wahre Macht des negativen Denkens – besteht darin, dass sie dem Geheimnis wieder Raum gibt.

Wenn man mit Motivationsreden sein Geld verdient oder auf andere Weise als Verfechter des positiven Denkens auftritt, ist wohl das Schlimmste der ständige Druck, optimistisch wirken zu müssen: Wenn Sie jemand dabei ertappt, wie Sie finster dreinblicken, gestresst sind oder sich selbst bemitleiden – was ab und zu völlig normal ist –, droht das alles zu untergraben, wofür Sie stehen. Wer, wie ich selbst, im Laufe vieler Jahre nach und nach zum Verfechter des negativen Denkens geworden ist, hat dieses Problem nicht. Schlechte Laune ist erlaubt. Dessen ungeachtet sollte das ultimative Ziel unserer Abenteuerreise in die Negativität ja aber trotz allem das Glück sein. Sie dürfen sich also mit Recht fragen, ob die Philosophien und psychologischen Methoden, denen ich begegnet bin, mich tatsächlich glücklicher gemacht haben – und welche von ihnen nach all den Reisen und Reiseberichten einen Platz in meinem Leben behalten haben. Hat der negative Weg zum Glück wirklich funktioniert? Diese Frage mit einem einfachen Ja oder Nein zu beantworten oder eine Liste mit zehn todsicheren Tipps für den Erfolg des negativen Denkens aufzustellen würde sicherlich gegen den Grundgedanken der ganzen Sache verstoßen. »Geöffnetheit« verlangt ja gerade, dass wir solchen verlockenden Gewissheiten widerstehen. Aber ich kann einen vorläufigen Zwischenbericht geben.

Ich habe es mir nicht zur Gewohnheit gemacht, mich in den öffentlichen Verkehrsmitteln der Großstädte dieser Welt selbst zu beschämen. Ich bin auch nicht in die mexikanische Provinz umgezogen, um ein Leben zu führen, das vom Tod durchdrungen ist. Und seit meiner Woche in Massachusetts habe ich nicht ein einziges Mal an einem weiteren Schweige-Retreat teilgenommen. Aber ein bescheidenes Maß an Negativität ist in vielerlei Hinsicht zu meiner täglichen Praxis geworden. Es vergeht kaum ein Tag, an dem ich nicht bei irgendeiner Gelegenheit das anwende, was ich inzwischen als »stoische Pause« bezeichne – mehr brauche ich nicht, um mir ins Gedächtnis zu rufen, dass die Ursache für meinen Kummer nichts anderes als mein eigenes Urteil ist: mein Urteil über den mich regelmäßig auf die Palme bringenden Kollegen, mein Urteil über den scheußlichen Verkehr, mein Urteil über das angebrannte Essen, und nicht die Situation selbst. Schon dass ich mich fast jeden Morgen für fünf oder zehn Minuten zur Vipassana-Meditation hinsetze, führt dazu, dass ich mich fühle, als hätte ich einen Spritzer Schmieröl auf meine geistige Maschinerie aufgetragen: Für den Rest des Tages gleiten schwierige Gedanken und Gefühle mit viel weniger Reibungswiderstand an mir ab. Die täuschend einfach klingende Frage von Eckhart Tolle: »Hast du *in diesem Moment* ein Problem?«, ist gegen Stress auf niedrigem Niveau ein wunderbares Mittel.

Und ohne die Einsicht von Shoma Morita, dass man partout keine »Selbstmotivation« (beziehungsweise »Selbstmotivation!!!«) braucht, um loszulegen und ins Handeln zu kommen, hätte ich dieses Buch sicher nicht zu Ende schreiben können. In Freundschaften und in der Beziehung zu meiner Freundin habe ich immer besser verstanden, dass Glück und Verletzlichkeit oft ein und dasselbe sind. Und mindestens einmal pro Woche habe ich Grund, mir Albert Ellis' Unterscheidung zwischen einem sehr schlechten und einem absolut schrecklichen Ergebnis in Erinnerung zu rufen. Das Ausmalen von Worst-Case-Szenarien ist für mich ohnehin eine der größten Trostquellen überhaupt. Wenn man wirklich versucht, die Frage »Was ist das Schlimmste, was passieren könnte?« rational und detailliert zu beantworten, ist die Antwort manchmal tatsächlich ziemlich schlimm. Aber das Schlimme ist endlich und begrenzt und nicht unendlich schrecklich, sodass es immer eine Chance gibt, damit fertigzuwerden. Zumindest glaube ich, dass es eine gibt. Mir ist bewusst, dass ich, seit ich mich mit diesem Lebensentwurf beschäftige, keine größeren Tragödien erlebt habe, und auch meiner Familie und meinen Freunden geht es im Großen und Ganzen bestens. Wie ein guter Stoiker habe ich versucht, mir dessen bewusst zu sein, um aus der Dankbarkeit dafür, dass ich es so gut habe, mein Glück zu schöpfen. Aber für mich persönlich wird sich natürlich erst in der Zukunft zeigen, ob diese Grundhaltung sich bewährt.

Schon jetzt ist aber für mich erkennbar, dass die hier verhandelten Methoden letztlich auf etwas hinauslaufen, das jenseits jeder Methode liegt, nämlich auf eine völlig andere Definition von Glück. Die eigentliche Offenbarung des »negativen Weges« ist nämlich weniger der Weg als vielmehr das Ziel. Negativität als Methode zu etablieren macht letztlich nur dann Sinn, wenn in dem angestrebten Glück sowohl negative als auch positive Gefühle Platz haben. Der schon öfter erwähnte Paul Pearsall zum Beispiel, Vater der »Geöffnetheit«, hat einen Großteil seines Lebens damit verbracht, einen einsamen Kampf zu führen, den John Keats sicher gutgeheißen hätte: Er wollte erreichen, dass das Konzept der »Ehrfurcht« vom Mainstream der akademischen Psychologie neben Liebe, Freude, Wut, Angst, Traurigkeit und so weiter als eine primäre menschliche Emotion anerkannt wird. »Im Gegensatz zu allen anderen Emotionen«, so Pearsall, sei Ehrfurcht »ein alle unsere Gefühle in sich vereinendes, besonders intensives Gefühl«. Man kann es nicht einfach als glücklich, traurig, ängstlich, wütend oder hoffnungsvoll einstufen. Stattdessen geht es darum, all diese Gefühle auf einmal zu erleben und dennoch paradoxerweise keine klar identifizierbare oder zumindest leicht beschreibbare Emotion zu haben. »Ehrfurcht«, so schreibt er, »ist wie der Versuch, ein komplexes Puzzle zusammenzusetzen, bei dem Teile fehlen. In einem von Ehrfurcht geprägten Leben gibt es nie einen Abschluss, sondern nur die ständige Akzeptanz der Geheimnisse des Lebens. Wir dürfen nie wissen, wann diese fantastische Reise endet … aber das ist Teil des lebensverändernden Chaos, das diese Haltung auf so aufregende Weise schwierig macht.« Diese ungewöhnliche Beschreibung von Glück ist ebenso gut wie die jedes Zustandes, der diesen Namen verdient hat. Diese Art von Glück hat nicht das Geringste mit den simplen Oberflächlichkeiten des positiven Denkens zu tun – nichts mit dem starren Grinsen des Optimismus um jeden Preis oder der fordernden Erwartung, dass der Erfolg garantiert sein müsse. Das Ganze ist nämlich viel schwieriger – aber auch viel authentischer – als das.

Der negative Weg zum Glück ist also eine andere Art von Weg. Und er führt zu einer anderen Art von Ziel. Oder sollte ich vielleicht besser gleich schreiben, dass der Weg das Ziel ist? So etwas ist unfassbar schwer in Worte zu fassen, aber die angestrebte Fähigkeit zur Negativität verbietet es andererseits ohnehin, sich zu sehr um perfekte Formulierungen zu bemühen. »Ein guter Reisender hat keine festen Pläne«, sagt der chinesische Weise Lao-Tse, »und er ist nicht darauf bedacht, anzukommen.«[6] Es gibt keine bessere Art zu reisen.

Dank

Beim Schreiben dieses Buches hatte ich oft die Gelegenheit, seine Argumente an mir selbst zu überprüfen, denn in diesem Prozess musste ich mich mit Ungewissheit, Angst, der Aussicht auf Misserfolg und gelegentlich auch mit blindem Entsetzen auseinandersetzen. Ich bin dankbar, dass ich mich dabei nicht auf das positive Denken verlassen musste, sondern stattdessen auf die Fähigkeiten und die Lebenszeit von außergewöhnlichen Menschen zurückgreifen durfte. Ich danke vor allem meinen unfassbar stoischen Lektoren, Nick Davies bei Canongate und Mitzi Angel bei Faber and Faber, deren Talente den Text enorm verbessert haben. Zu den vielen, denen ich bei Canongate und FSG dankbar bin, gehören Jamie Byng, Cate Cannon, Jaz Lacey Campbell, Norah Perkins, Octavia Reeve, Angela Robertson und Jeff Seroy.

Zu sagen, dass ich meiner Agentin Claire Conrad und ihrer Kollegin Tina Bennett in New York zu Dank verpflichtet bin, wäre eine lachhafte Untertreibung, denn ihre Beratung und Ermutigung waren unverzichtbar. Vielen Dank an alle bei Janklow & Nesbit.

Neben den genannten Interviewpartnern danke ich den folgenden Personen für Ratschläge, Kontakte und Kommentare zu den Kapiteln oder zu Orten, an denen ich schreiben konnte: Cyntia Barrera, Tor Butler-Cole, Jeremy Chatzky, Clar Ni Chonghaile, Catherine Crawford, Joanna Ebenstein, Kenneth Folk, Jeffy Gibbins, Julia Greenberg, Debbie Joffe-Ellis, Solana Larsen, Jeff Mikkelson, Mac Montandon, Salvador Oguín und Joanna Tuckman. An einem besonders nervenaufreibenden Punkt im Entstehungsprozess dieses Buches hatte ich das große Glück, mich der Gemeinschaft der Brooklyn Creative League anschließen zu dürfen, ohne die ich das Manuskript wahrscheinlich nie fertiggestellt hätte. Beim *Guardian* danke ich Emma Cook, Janine Gibson, Clare Margetson, Emily Wilson und Becky Gardiner für ihre Unterstützung beziehungsweise ihre Nachsicht bei Meinungsverschiedenheiten. Ian Katz ist nicht gerade für Nachsicht bekannt, aber ich bin ihm dafür für vieles andere dankbar.

Da dieses Buch ursprünglich aus den Themen meiner Kolumne für das *Guardian Weekend* Magazine entstanden ist, liegt sein eigentlicher Ursprung, wie der Ursprung so vieler Ideen, im Hirn von Merope Mills, der Herausgeberin des Magazins. Ein großer Dank gebührt auch Esther Addley, Anne Bernstein und meinen Freunden aus York, von denen ich hier ungerechterweise Adam Ormond, Rurik Bradbury, Abigail Gibson, Daniel Weyman, Sally Weyman, Rachael Burnett und Robin Parmiter herausgreifen möchte. Emma Brockes leistete weiterhin ihren unverzichtbaren Dienst als Außenbordgehirn und hat mir mehr geholfen als jedes Motivationsseminar.

Ich bin mir keineswegs sicher, ob es eine kluge Glücksstrategie von Heather Chaplin war, sich so voll und ganz auf dieses Projekt einzulassen, aber dass sie es getan hat, war ein Unterschied ums Ganze. Aus diesem und vielen anderen Gründen bin ich unglaublich glücklich, sie in meinem Leben zu haben.

Anmerkungen

Einige der Interviews in diesem Buch wurden ursprünglich im Rahmen von Reportageaufträgen für den *Guardian* geführt. In wenigen anderen Fällen wurden Szenen zusammengefasst oder Dialoge aus dem Gedächtnis rekonstruiert.

1. Wenn man sich zu sehr bemüht, glücklich zu sein

1 Eric Anderson: »Media Barred from Get Motivated! Seminar, at Least for Now«, *Albany Times* Union Blog »The Buzz«, 21. Juli 2009; sowie Tamara Lowes Kommentar unter blog.timesunion.com/business/media-barred-from-get-motivated-seminar-at-least-for-now/

2 Rebecca Cathcart: »Crystal Cathedral Files for Bankruptcy«, *New York Times*, 18. Oktober 2010.

3 Dies ist ein endlos diskutiertes Thema, über das sich Psychologen und Ökonomen ständig streiten, und wie immer beruht es auf umstrittenen Definitionen von Glück. Eine der umfangreichsten und aktuellsten Überprüfungen der vorliegenden Erkenntnisse, bei der festgestellt wurde, dass es langfristig keine Korrelation zwischen Wirtschaftswachstum und verbessertem Wohlbefinden gibt, ist Richard Easterlin u. a., »The Happiness-Income Paradox Revisited«, *Proceedings of the National Academy of Sciences* 107 (2010), S. 22463–8.

4 Siehe vorige Anmerkung; siehe auch: Daniel Kahneman u. a.: »Would You Be Happier If You Were Richer? A Focusing Illusion«, *Science* 312 (2006), S. 1908–10. Was vielleicht noch wichtiger ist: Es scheint tatsächlich so zu sein, dass man weniger glücklich

ist, wenn man sich statt anderer Prioritäten nur materielle Ziele setzt, siehe: Carol Nickerson u. a.: »Zeroing in on the Dark Side of the American Dream«, Psychological Science 14 (2003), S. 531–6.

5 Siehe etwa: Robert Witter u. a.: »Education and Subjective Well-Being: A Meta-Analysis«, *Educational Evaluation and Policy Analysis* 6 (1984), S. 165–73.

6 Die kanonische Quelle hierzu ist Barry Schwartz: *The Paradox of Choice*, New York: Ecco 2003.

7 Robert H. Frank: »How Not to Buy Happiness«, *Daedalus* 133 (2004), S. 69–79.

8 Ein Beispiel ist Gerald Haeffel: »When Self-Help Is No Help: Traditional Cognitive Skills Training Does Not Prevent Depressive Symptoms in People Who Ruminate«, *Behaviour Research and Therapy* 48 (2010), S. 152–7. Fairerweise sei erwähnt, dass Studien die positive Wirkung einiger spezieller Selbsthilfebücher gezeigt haben, namentlich *Feeling Good* von David Burns – siehe: Eric Stice u. a.: »Randomized Trial of a Brief Depression Prevention Program: An Elusive Search for a Psychosocial Placebo Control Condition«, *Behaviour Research and Therapy* 45 (2007), S. 863–76.

9 Mehr hierzu siehe: Steve Salerno: *Sham: How the Self-Help Movement Made America Helpless*, New York: Crown 2005.

10 Brad Bushman: »Does Venting Anger Feed or Extinguish the Flame? Catharsis, Rumination, Distraction, Anger, and Aggressive Responding«, *Personality and Social Psychology Bulletin* 28 (2002), S. 724–31.

11 Beide Zitate: Alan Watts, *The Wisdom of Insecurity*, New York: Vintage 1951, S. 9.

12 Aldous Huxley: *Complete Essays 1939–1956*, Lanham, Maryland: Ivan R. Dee 2002, S. 225.

13 Peter Vernezze: *Don't Worry, Be Stoic*, Lanham, Maryland: University Press of America 2005, S. XX.

14 Daniel Wegner, *White Bears and Other Unwanted Thoughts*, New York: Guilford Press 1989, S. 3.

15 Daniel Wegner: »How to Think, Say or Do Precisely the Worst Thing for Any Occasion«, *Science* 325 (2009), S. 48.

16 Wegner: *White Bears and Other Unwanted Thoughts*, S. 44.

17 Ebd., S. 54.

18 Ebd., S. 128–9; siehe auch: Daniel Wegner u. a.: »Ironic Processes in the Mental Control of Mood and Mood-Related Thought«, *Journal of Personality and Social Psychology* 65 (1993), S. 1093–1104.

19 Chris Adler u.a.: »Relaxation-Induced Panic (RIP), S. When Resting Isn't Peaceful«, *Integrative Psychiatry* 5 (1987), S. 94–100.
20 Wegner: *White Bears and Other Unwanted Thoughts,* S. 9, dort Bezug nehmend auf Erich Lindemann: »Symptomatology and Management of Acute Grief«, *American Journal of Psychiatry* 101 (1944), S. 141–8.
21 Wegner: *White Bears and Other Unwanted Thoughts,* S. 149, dort Bezug nehmend auf Barclay Martin: »Expression and Inhibition of Sex Motive Arousal in College Males«, *Journal of Abnormal and Social Psychology* 68 (1964), S. 307–12.
22 Joanne Wood u.a.: »Positive Self-Statements: Power for Some, Peril for Others«, *Psychological Science* 20 (2009), S. 860–6.
23 Barbara Ehrenreich: *Bright-Sided,* New York: Metropolitan, 2009, S. 12. Deutsche Fundstellen siehe: Ehrenreich, Barbara: *Smile or Die. Wie die Ideologie des positiven Denkens die Welt verdummt,* München: Kunstmann 2013.
24 Edith Wharton: »The Last Asset«, in: *The Collected Stories of Edith Wharton,* New York: Carroll & Graf 2003, S. 65.
25 Steven Hayes: »Hello Darkness: Discovering Our Values by Confronting Our Fears«, *Psychotherapy Networker* 31 (2007), S. 46–52.

2. Was würde Seneca tun?

1 Jeanne Pugh: »The Eternal Optimist«, *St. Petersburg Times,* 8. Juni 1985.
2 Die klassische Studie zum »depressiven Realismus« ist Lauren Alloy und Lyn Abramson: »Judgment of Contingency in Depressed and Nondepressed Students: Sadder but Wiser?«, *Journal of Experimental Psychology* 108 (1979), S. 441–85.
3 Heather Barry Kappes und Gabriele Oettingen: »Positive Fantasies about Idealized Futures Sap Energies«, *Journal of Experimental and Social Psychology* 47 (2011), S. 719–29.
4 Ebd.
5 William Irvine: *A Guide to the Good Life: The Ancient Art of Stoic Joy,* New York: Oxford 2008, Kindle-Ausgabe.
6 Mark Aurel: *Selbstbetrachtungen,* Deutsche Bibliothek in Berlin, nach der Übersetzung von F.C. Schneider, 5. Buch, Nr. 19.
7 William Irvine: *A Guide to the Good Life.*
8 Zitiert in: William Stephens: »Epictetus on How the Stoic Sage Loves«, https://philarchive.org/rec/STEEOH-8

9 Quelle hier: *Moral Epistles to Lucilius,* Cambridge: Harvard University Press 1917, S. 119. Deutsche Ausgabe: *Briefe an Lucilius,* div. Ausgaben, etwa: *Seneca – Philosophische Schriften,* Wiesbaden, Marix Verlag 2004.
10 Mark Aurel: *Selbstbetrachtungen,* 5. Buch.
11 Lucius Annaeus Seneca: *Trostschrift an seine Mutter Helvia,* V (4).
12 Mark Aurel: *Selbstbetrachtungen,* Deutsche Bibliothek in Berlin, nach der Übersetzung von F.C. Schneider, 9. Buch
13 Mark Aurel: *Selbstbetrachtungen,* Deutsche Bibliothek in Berlin, nach der Übersetzung von F.C. Schneider, 8. Buch.
14 Michael Kaufman: »Albert Ellis, Influential Figure in Modern Psychology, Dies at 93«, *New York Times,* 24. Juli 2007.
15 Myrtle Heery: »An Interview with Albert Ellis«, https://web.archive.org/web/20070912185241/www.psychotherapy.net/interview/Albert_Ellis
16 Ebd.
17 Albert Ellis: *How to Make Yourself Happy and Remarkably Less Disturbable,* Atascadero, Kalifornien: Impact 1999, S. 60.

3. Die Ruhe vor dem Sturm

1 Diese Anekdote stammt aus: Rick Fields: *How the Swans Came to the Lake: A Narrative History of Buddhism in America,* Boston: Shambhala 1992, S. 252.
2 Jack Kerouac: *Pomes All Sizes,* San Francisco: City Lights 1992, S. 96.
3 Ann Charters: *Kerouac: A Biography,* New York: Macmillan 1994, S. 219.
4 J. Krishnamurti, »Dialogue at Los Alamos«, März 1984; https://www.holybooks.com/wp-content/uploads/Jiddu-Krishnamurti-at-Los-Alamos-1984.pdf5
5 Näheres hierzu siehe: University of North Carolina at Charlotte, »Brief Training in Meditation May Help Manage Pain, Study Shows«, https://www.sciencedaily.com/releases/2009/11/091110065909.htm, sowie Fadel Zeidan u.a.: »The Effects of Brief Mindfulness Meditation Training on Experimentally Induced Pain«, *The Journal of Pain* 11 (2010), S. 199–209.
6 Fadel Zeidan u.a.: »Brain Mechanisms Supporting the Modulation of Pain by Mindfulness Meditation«, *Journal of Neuroscience* 31 (2011), S. 5540–8.
7 Aus einem TED-Talk von Tony Robbins: https://www.youtube.com/watch?v=YUcjNtLFqsI

8 Julie Fast: *Get It Done When You're Depressed,* New York: Alpha Books 2008.
9 Zitiert in: Julie Burstein und Kurt Andersen: *Spark: How Creativity Works,* New York: HarperCollins 2011, S. 13.
10 Shoma Morita: *Morita Therapy and the True Nature of Anxiety-Based Disorders,* übers. von Akihisa Kondo, Albany: State University of New York Press1998, S. 53.
11 Siehe: James Hill: »Morita Therapy«, https://web.archive.org/web/20111023230409/http://moritaschool.com/content/morita-therapy.
12 Stephen Mitchell (Hg.): *Dropping Ashes on the Buddha: The Teaching of Zen Master Seung Sahn,* New York: Grove 1994, S. 51–2.

4. Zielbesessen

1 Mein Bericht über die Reisen von Christopher Kayes, sein Bericht über die Everest-Katastrophe von 1996 und seine Interpretation der Everest-Studie von 1963 sowie Zitate von Ed Viesturs, James Lester, Beck Weathers und anderen stammen aus einem Interview mit Kayes und aus seinem faszinierenden Buch *Destructive Goal Pursuit: The Mount Everest Disaster,* New York: Palgrave Macmillan 2006.
2 Meine Hauptquelle ist Christopher Kayes: *Destructive Goal Pursuit,* die fragliche Studie ist jedoch detailliert dargestellt in: James Leste: »Wrestling with the Self on Mount Everest«, *Journal of Humanistic Psychology* 23 (1983), S. 31–41.
3 Lawrence Tabak: »If Your Goal Is Success, Don't Consult These Gurus«, *Fast Company,* 18. Dezember 2007.
4 Alexis de Tocqueville: *Democracy in America,* Bd. 2, New York: HarperCollins 2007, S. 369. Französische Originalausgabe: *De la démocratie en Amérique,* Paris: Gosselon 1835.
5 Tim Lott: »Why Uncertainty Is Good for You«, *The Sunday Times,* 24. Mai 2009.
6 David Cain: »How to Get Comfortable Not Knowing«, https://www.raptitude.com/2009/06/how-to-get-comfortable-not-knowing
7 Colin Camerer u. a.: »Labor Supply of New York City Cabdrivers: One Day at a Time«, *Quarterly Journal of Economics* 112 (1997), S. 407–41.
8 Lisa Ordóñez u. a.: »Goals Gone Wild: The Systematic Side Effects of Over-Prescribing Goal Setting«, *Academy of Management Perspectives* 23 (2009), S. 6–16.

9 Sean Cole: »It's Not Always Good to Create Goals«, American Public Media, *Marketplace,* https://www.marketplace.org/topics/life/its-not-always-good-create-goals, sowie Drake Bennett: »Ready, Aim… Fail«, *Boston Globe,* 15. März 2009.
10 Edwin Locke und Gary Latham: »Has Goal Setting Gone Wild, or Have Its Attackers Abandoned Good Scholarship?«, *Academy of Management Perspectives* 23 (2009), S. 17–23.
11 John Muir: *My First Summer in the Sierra,* New York: Houghton Mifflin 1911, S. 211.
12 Gregory Bateson: *Steps to an Ecology of Mind,* Chicago: University of Chicago Press, 1972, S. 124.
13 Steve Shapiro: *Goal-Free Living,* Hoboken, New Jersey: Wiley 2006, S. XII.
14 Steve Shapiro: *Goal-Free Living,* S. V.
15 Informationen und Zitate zum Thema Effectuation stammen hauptsächlich aus: Leigh Buchanan: »How Great Entrepreneurs Think«, *Inc. Magazine,* Februar 2011, sowie von der Website https://effectuation.org
16 Erich Fromm: *Man for Himself,* New York: Macmillan, 1947, S. 45. Deutsche Ausgabe etwa: *Den Menschen verstehen – Psychoanalyse und Ethik,* München: Deutscher Taschenbuch-Verlag 2004.
17 Bill Moyers, *A World of Ideas*, New York: Doubleday, 1989, S. 448.

5. Ist da jemand?

1 Alle Zitate von Eckhart Tolle stammen entweder aus meinen Treffen mit ihm oder aus: *Jetzt!* beziehungsweise *Eine neue Erde.* Siehe: Oliver Burkeman: »The Bedsit Epiphany«, *Guardian*, 11. April 2009; Eckhart Tolle: *Jetzt! Die Kraft der Gegenwart*, Bielefeld: J. Kamphausen Verlag 2012 und: *Eine neue Erde*, München: Arkana 2015.
2 Dieses wie die folgenden Zitate stammen aus: René Descartes: *Meditationen über die Grundlagen der Philosophie,* Hamburg: Felix Meiner 1993, S. 19 f.
3 Christopher Grau (Hrsg.): *Philosophers Explore the Matrix,* New York: Oxford University Press 2005 S. 13.
4 David Hume: *An Enquiry Concerning Human Understanding and Selections from a Treatise of Human Nature,* Thom Chittom (Hrsg.): New York: Barnes and Noble 2004, S. 200. Deutsche Ausgabe etwa: David Hume: *Eine Untersuchung über den menschlichen Verstand,* Hamburg: Felix Meiner 2022.

5 Zitiert nach: Julian Baggini: »The Blurred Reality of Humanity«, *Independent,* 21. März 2011.
6 Siehe: Michael Gazzaniga: *The Ethical Brain,* New York: HarperCollins 2006, S. 149.
7 Paul Hauck: *Overcoming the Rating Game: Beyond Self-Love, Beyond Self-Esteem,* Louisville, Kentucky: Westminster John Knox Press 1992, S. 46.
8 Alle Zitate aus Alan Watts: *The Wisdom of Insecurity,* New York: Vintage, 1951.

6. Die Sicherheitsfalle

1 Alle Zitate zu Bruce Schneier stammen aus meinem Interview mit ihm oder aus seinem Essay »The Psychology of Security«. Siehe: Oliver Burkeman: »Heads in the Clouds«, *Guardian,* 1. Dezember 2007; und Bruce Schneier, »The Psychology of Security«, abrufbar unter https://www.schneier.com/essay-155.html
2 Siehe: www.dni.gov/nic/NIC_global_trend2020_s4.html
3 Alan Watts: *The Wisdom of Insecurity,* New York: Vintage 1951, S. 14.
4 Ebd., S. 15.
5 Zitiert nach: Susan Schwartz Senstad, »The Wisdom of Vulnerability«; abrufbar unter https://voicedialogue.org/articles-b/Wisdom_Of_Vulnerability.pdf
6 Aus einem TED-Talk von Brené Brown, abrufbar unter www.ted.com/talks/brene_brown_on_vulnerability.html
7 Zitiert nach: Vincent Genovesi: *In Pursuit of Love: Catholic Morality and Human Sexuality,* Collegeville, Minneapolis: Liturgical Press 1996, S. 28.
8 Thomas Merton: *The Seven Storey Mountain,* New York: Harcourt 1948, S. 91.
9 Zitiert nach: Helen Tworkov: »No Right, No Wrong: An Interview with Pema Chödrön«, *Tricycle,* Herbst 1993.
10 Ebd.
11 Aus Jean-Pierre Larroque: »Of Crime and Camels«, Blogbeitrag auf https://jplarroque.com/index.php/2011/07/22/of-crime-and-camels/
12 Siehe: »Colleen ›Inspired‹ by Poor People«, anonymer Beitrag auf www.metro.co.uk/showbiz/22368-coleen-inspired-by-poor-people
13 All World Values Survey-Ergebnisse sind abrufbar unter https://www.worldvaluessurvey.org. Siehe außerdem beispiels-

weise: »Nigeria Tops Happiness Survey«, anonymer BBC News Artikel, 2. Oktober 2003, unter: news.bbc.co.uk/2/hi/3157570.stm

14 Einen guten Einblick in diese Forschung geben Carol Graham und Matthew Hoover: »Poverty and Optimism in Africa: Adaptation or Survival?«, vorbereitet für den Gallup Positive Psychology Summit, Oktober 2006, abrufbar unter https://www.brookings.edu/views/papers/graham/20061005ppt.pdf

15 Die Studie ist von der World Health Organization World Mental Health Survey Consortium und trägt den Titel »Prevalence, Severity, and Unmet Need for Treatment of Mental Disorders in the World Health Organization World Mental Health Surveys«; berichtet wurde darüber in dem Bericht »Global Study Finds Mental Illness Widespread«, *Associated Press,* 7. Juli 2004.

16 Alan Watts: *The Wisdom of Insecurity,* S. 16.

7. Das Museum des Scheiterns

1 Neil Steinberg: *Complete and Utter Failure,* New York: Doubleday 1994, S. 31.

2 Ola Svenson: »Are We All Less Risky and More Skillful Than Our Fellow Drivers?«, *Acta Psychologica* 47 (1981): S. 143–8.

3 Siehe beispielsweise Kevin Dunbar: »Scientific Creativity«, *The Encyclopedia of Creativity,* Steven Pritzker und Mark Runco (Hrsg.), Waltham, Massachusetts: Academic Press 1999, S. 1379–84; abrufbar unter www.utsc.utoronto.ca/~dunbarlab/pubpdfs/DunbarCreativityEncyc99.pdf

4 Aus einem Vortrag auf der PopTech-Conference von Kevin Dunbar: »Kevin Dunbar on Unexpected Science«

5 Siehe: Jonah Lehrer: »Accept Defeat: The Neuroscience of Screwing Up«, *Wired,* Januar 2010.

6 Alle Zitate aus Jerker Denrell stammen aus meinem Interview mit ihm oder aus Jerker Denrell: »Vicarious Learning, Undersampling of Failure, and the Myths of Management«, *Organization Science* 2003 (14), S. 227–43; und aus Jerker Denrell: »Selection Bias and the Perils of Benchmarking«, *Harvard Business Review,* April 2005.

7 Jerker Denrell und Christina Fang: »Predicting the Next Big Thing: Success as a Signal of Poor Judgment«, *Management Science* 56 (2010), S. 1653–67; siehe außerdem Joe Keohane: »That Guy Who Called the Big One? Don't Listen to Him«, *Boston Globe,* 9. Januar 2011.

8 Ros Coward: »Wonderful, Foolish Dome«, *Guardian,* 12. März 2001.
9 Neil Steinberg: *Complete and Utter Failure,* S. 3.
10 Natalie Goldberg: *The Great Failure,* New York: HarperCollins 2005, S. 1–2.

8. Memento mori

1 Sigmund Freud: *Reflections on War and Death,* New York: Moffat Yard 1918, Google Books digitalisierte Version, S. 41. Deutsche Ausgabe etwa: Sigmund Freud: *Zeitgemäßes über Krieg und Tod,* Stuttgart: Reclam 2012.
2 Sam Keen, Vorwort zu: Ernest Becker: *The Denial of Death,* New York: Free Press 1973, Kindle Ausgabe.
3 The Rutgers experiments sind Mark Landau et al.: »Deliver Us from Evil: The Effects of Mortality Salience and Reminders of 9/11 on Support for President George W. Bush«, *Personal and Social Psychology Bulletin* 30 (2004), S. 1136–50.
4 Jeff Greenberg et al.: »Evidence for Terror Management Theory II: The Effect of Mortality Salience on Reactions to Those Who Threaten or Bolster the Cultural Worldview«, *Journal of Personality and Social Psychology* 58 (1990), S. 308–18.
5 Abram Rosenblatt et al.: »Evidence for Terror Management Theory: I. The Effects of Mortality Salience on Reactions to Those Who Violate or Uphold Cultural Values«, *Journal of Personality and Social Psychology* 57 (1989), S. 681–90.
6 Jamie Goldenberg et al.: »I Am *Not* an Animal: Mortality Salience, Disgust, and the Denial of Human Creatureliness«, *Journal of Experimental Psychology* 130 (2001), S. 427–35.
7 Ebd.
8 Jessica Tracy et al.: »Death and Science: The Existential Underpinnings of Belief in Intelligent Design and Discomfort with Evolution«, *PLoS One* 6 (2011): e17349.
9 Siehe: Sam Keen: »How a Philosopher Dies«; available online at samkeen.com/interviews-by-sam/interviews-by-sam/earnest-becker-how-a-philosopher-dies/
10 Sam Keen, Foreword to Ernest Becker: *The Denial of Death.*
11 Alle Nagel-Zitate aus: »Death«, *Mortal Questions,* New York: Cambridge University Press 1979, S. 1–10.
12 Zitiert nach: Irvin Yalom: *Staring at the Sun,* San Francisco: Jossey-Bass 2008, Kindle Ausgabe.

13 Zwei der Beispiele stammen aus dem Ipsos Global Survey, einer Umfrage, an der Mexiko an dritter Stelle steht, Details dazu finden sich in: »World Is Happier Place Than in 2007 – Poll«, Reuters, 10. Februar 2012; und die Ergebnisse von 2010 des Happiness Barometer Project, finanziert von Coca-Cola Company in Kooperation mit Complutense University of Madrid, in dem Mexiko auf dem ersten Platz steht: Siehe: https://investors.coca-colacompany.com/news-events/press-releases/detail/26/coca-cola-study-measures-global-happiness-study-reveals

14 Zitiert nach: Elizabeth Fullerton: »Booming Death Cult Draws Mexican Gangsters, Police«, Reuters, 13. Mai 2004.

15 Zitiert nach: Judy King: »Los Dias de los Muertos«, in *Mexico Connect,* abrufbar unter https://www.mexconnect.com/articles/1427-los-dias-de-los-muertos-the-days-of-the-dead

Epilog

1 Steven Edward Jones: *Satire and Romanticism,* New York: Palgrave Macmillan 2000, S. 196.

2 Zitiert ebd., S. 195–6.

3 Zitiert nach: Jacob Wigod: »Negative Capability and Wise Passiveness«, *PMLA* 67 (1952), S. 383–90.

4 Alle Zitate von Paul Pearsall aus: *Awe: The Delights and Dangers of Our Eleventh Emotion,* Deerfield Beach, Florida: Health Communications, 2007.

5 Aldous Huxley: *Complete Essays 1939–1956,* Lanham, Maryland: Ivan R. Dezember 2002, S. 225.

6 Lao-tzu: *Tao Te Ching: A New English Version,* übersetzt von Stephen Mitchell, New York: HarperPerennial, 1991, S. 27.

Register